中国财富管理50人论坛书系

U0649125

新规下的
健康投资文化培育

——金融投资者调查研究报告（2020年度）

杨凯生 等◎著

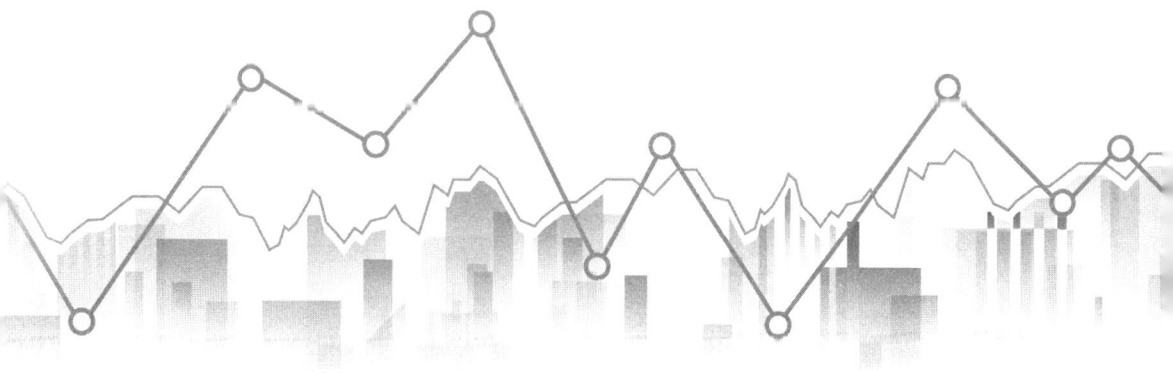

中国金融出版社

责任编辑：王雪珂
责任校对：张志文
责任印制：陈晓川

图书在版编目（CIP）数据

新规下的健康投资文化培育——金融投资者调查研究报告（2020 年度）/杨凯生等著. —北京：中国金融出版社，2021.11
ISBN 978 - 7 - 5220 - 1082 - 3

Ⅰ.①新… Ⅱ.①杨… Ⅲ.①金融投资—金融市场—研究报告—中国—2020 Ⅳ.①F832.48

中国版本图书馆 CIP 数据核字（2021）第 046585 号

新规下的健康投资文化培育——金融投资者调查研究报告（2020 年度）
XINGUI XIADE JIANKANG TOUZI WENHUA PEIYU：JINRONG TOUZIZHE
DIAOCHA YANJIU BAOGAO（2020 NIANDU）

出版
发行 **中国金融出版社**

社址　北京市丰台区益泽路 2 号
市场开发部　（010）66024766，63805472，63439533（传真）
网 上 书 店　www.cfph.cn
　　　　　　（010）66024766，63372837（传真）
读者服务部　（010）66070833，62568380
邮编　100071
经销　新华书店
印刷　保利达印务有限公司
尺寸　169 毫米 × 239 毫米
印张　19
字数　245 千
版次　2021 年 11 月第 1 版
印次　2021 年 11 月第 1 次印刷
定价　69.00 元
ISBN 978 - 7 - 5220 - 1082 - 3
如出现印装错误本社负责调换　联系电话（010）63263947

课题组名单

指 导 单 位：清华大学五道口金融学院

中国银行业协会

中国证券投资基金业协会

特别鸣谢单位：东方证券资产管理有限公司

鸣 谢 单 位：中国银行业协会、中国证券投资基金业协会、清华大学
五道口金融学院、西南财经大学、工商银行、建设银行、
招银理财、东方证券资产管理有限公司、中金公司、中
融信托、富达国际、宏利投资管理、富邦华一银行

课题牵头人：杨凯生

指 导 专 家：周更强　陈春艳　李建勇　任　莉　陶仲伟
刘　辉　刘　洋　吴　波

编 委 会：杨凯生　刘喜元　贾　辉　时　昕

课题组成员（按照参与章节顺序排列）：

杨凯生　宋明沙　彭　倩　李　健　杨　海

张伟强　周从意　宋　爽　聂　飙　张　科

杜靖文　梁令媚　易　静　李玲霞　卫卿元

韩　冰　施如画　黄剑焜　陈　亮　李　楠

王　强　张陶然　魏君慧　李少杰　丛　黎

邱铠平　孔仲翘　王文锋　邱泽惠　纪睿坤

编 辑 组：宋　爽　李　楠　时　昕　吕　焜　单　福

刘宇轩　刘海鸾

致　谢

　　谨向参与投资健康文化培育系列专题研讨会的各位专家、学者及行业同仁致以谢意，对他们在专题研讨、报告评审中表现出的无私、专业、真知、哲思致以敬意。

　　他们是：吴晓灵、李剑阁、孙天琦（人民银行）、尹优平（人民银行）、廖媛媛（银保监会）、罗艳君（银保监会）、刘健钧（证监会）、孙晓霞（国债协会）、钟蓉萨（时任基金业协会）、王娴（清华大学）、刘燕（北京大学）、李建军（中央财经大学）、李建勇（西南财经大学）、邓智毅（东方资产）、陶仲伟（时任工商银行）、梅雨方（建设银行）、汪涛（招银理财）、孔庆龙（民生银行）、雷宇（摩根资产管理）、陈则玮（宏利投资管理）、肖雯（珠海盈米基金）。

1

序

近年来，我国资产管理行业呈井喷式发展，银行、信托、证券、基金、期货、保险资管和金融资产投资等各类金融机构广泛参与了金融服务细分领域，在满足居民和企业投融资需求、改善社会融资结构等方面发挥了积极作用。然而，在资管行业快速扩张的同时，也出现了多层嵌套、刚性兑付、期限错配和监管套利等问题。2018 年 4 月 27 日，人民银行、银保监会、证监会和外汇局联合发布了《关于规范金融机构资产管理业务的指导意见》（以下简称《资管新规》）。在《资管新规》发布两周年之际，行业治理已取得初步成效，系统性框架已基本搭建，产品净值化转型加快，行业发展势头良好。但我国投资者金融素养普遍较低，风险自担意识薄弱，非理性行为突出，金融产品消费习惯的改变仍需时日。《资管新规》的施行，既提高了金融机构的合规标准，同时也对投资者理性投资提出了更高的行为要求。

健康投资文化培育，这个话题很大，内容涵盖面也非常广。选择投资者教育作为切入点，是因为投资者教育是健康投资文化培育的一个重要方面。从全球的情况来看，无论成熟市场还是新兴市场，投资者教育都是各个国家和地区的监管部门和行业自律组织的一项重要工作，而且是一项基础性、长期性的工作。党的第十九届四中全会明确提出"要健全具有高度适应性、竞争力、普惠性的现代金融体系"。十九届五中全会通过的关于"十四五"和 2035 远景目标建议中也明确提出"要建立现代金融体系"。这个要求很高、内容很丰富，需要落实大量的任务。提升金融市场投资者的投资水平、风险识别能力，转变投资者理念，是其中应有之意。投资者要树立自主决策、风险自担的理念，逐步破除刚性兑付的意识。这是衡量金融市场的完备、成熟、现代化程度的重要标准和必然要求。

经过这些年的发展，我国资本市场已经具有相当的规模。随着法律法规的不断建立和健全，基础性制度已经逐步完善，金融产品和金融工具不断创新，投资者投资理财的观念在逐渐普及、信心在不断增强，原先银行的一些储蓄客户分流到资本市场。我国资产管理市场已经成为社会大众参与改革开放、分享发展成果、实现财富保值、增值的重要渠道。

资产管理市场在促进居民储蓄向投资者转换、间接融资向直接融资体系过渡等方面发挥了积极作用，但也面临着金融产品的销售机构和投资者在一定程度上不够成熟、不够理性等问题。造成这种现象的原因是多方面的，但投资者教育的不充分显然是重要原因之一。

在这样的新形势下，做好投资者教育工作，其重要性越来越突出。我们认为：

首先，加强投资者教育是实现资本市场长期稳定发展的需要。所谓投资者教育就是要引导投资者树立正确的投资理念，掌握正确的投资方式，从盲目入市转换到理性投资，让投资者通过各种形式的学习，更多地了解基础经济金融知识，学会参与资本市场的方法，认识进入资本市场进行投资理财的机会和风险。投资者教育的对象主要是中小投资者和散户，但培育更多合格的优秀机构投资者也是十分重要、十分紧迫的。投资者素质的普遍提高，是市场健康稳定发展的重要基础。

其次，加强投资者教育是保护中小投资者权益的需要。发展资本市场必须注意保护中小投资者的权益。中小投资者相对缺乏投资的专业知识，在信息掌握上也处于弱势。因此，加强投资者教育在某种意义上就是保护中小投资者的合法权益，使中小投资者在进入资本市场时，尽可能多地知道如何从自己的实际情况出发、从自身所能承担的风险和自己期待的收益等方面综合考虑，权衡选择，谨慎投资，有效防范风险。

最后，加强投资者教育是实现行业自律的需要。一些金融机构在开展相关业务时，似乎面临着两难选择，它既要宣传产品的收益，又要揭示产品的风险；既要向投资者介绍选择投资产品的一般原则，又不能代替投资者作基本的判断和决策；既要保护公众的投资热情、促进金融市场的持续发展，又要做好风险揭示工作，防止误导投资者，切实保护投资者合法权益。因此投资者教育在一定程度上对金融机构自身资产管理水平的提升、风险能力的增强、金融服务的改善都是一种倒逼。

所以，开展投资者教育不仅对投资者有益，对金融机构自身也是有帮助的。这不仅是金融行业重要的社会责任，也是金融机构自身不断走向成熟的一个标志。从这个意义上讲，投资者教育并不是简单的谁在教育谁的问题。

选择研究健康投资文化的培育问题，是因为投资者是金融行业可持续发展的基础，保护投资者就是夯实金融机构可持续发展的基础。在此背景下，中国财富管理 50 人论坛请我来牵头，组织中国银行业协会、中国证券基金业协会、清华五道口金融学院、西南财经大学、工商银行、建设银行、招商银行、东方红资管、中金公司、中融信托、富达国际、宏利投资管理及富邦华一银行等业界龙头机构组成联合课题组，历时一年多，其中虽然经历了疫情的冲击，但通过课题成员多次的沟通交流，最终形成了《新规下的健康投资文化培育——2020 年度金融投资者调研》这一课题成果。

本书分为总报告、调研篇和案例篇三个部分：总报告对于健康的投资义化内涵和投资者教育的内容进行了梳理，并在此基础上对形成健康投资文化的要素进行了分解，对各方面的市场主体在实践活动中面临的问题和挑战进行了总结，并通过对中外对比提出对加强投资者教育和培育健康投资文化的相关建议。调研篇虽然篇幅不长，但却是整个报告的重点。主要通过对我国具有代表性的资产管理机构、互联网机构客户以及理财客户经理进行问卷调研，对投资者金融知识结构、投资态度和金融行为进行了一定的描绘。案例篇通过银行销售转型、投顾业务前景、海外经验等方面的比较详实的案例报告，呈现了中国资产管理行业投资者教育和保护工作的现状与前景。尽管这个报告已尽可能早地完成，但由于疫情的影响，报告发布有所延迟，加之我国资本市场变革之快，本书对很多形势发展方面的跟踪还有所欠缺。因此，本书的出版主要是健康投资文化培育的一个前期阶段性成果，希望能从某些方面给予监管部门和业界人士提供一定参考。

在此，特别鸣谢东方红资产管理对本课题的大力支持！同时，感谢中国银行业协会、中国证券基金业协会、清华五道口金融学院、西南财经大学、工商银行、建设银行、招商银行、东方红资管、中金公司、中融信托、富达国际、宏利投资管理及富邦华一银行对本课题的参与和支持！相信在大家的共同努力和推动下，我国投资者文化培育必将迎来蓬勃发展的新局面。

杨凯生

前　　言

　　我国资产管理市场已经成为社会大众参与改革开放、分享发展成果、实现居民财富保值增值的重要渠道。资产管理市场在促进居民储蓄向投资转换、间接融资向直接融资体系过渡等方面发挥了巨大的作用，但也面临着隐性刚性兑付依然存在、销售机构和投资者存在一定程度的利益冲突等问题。另外，因我国资产管理市场发展起步较晚，投资者教育工作开展时间也相对较短，因此，投资者普遍存在金融素养较低、风险识别和承担能力较差、投资短期化等问题和特征。

　　2018 年 4 月起，资管新规及系列配套细则陆续出台，资产管理行业开始回归"受人之托，代客理财"的本源，同时，"打破刚兑"、期限匹配等要求也给资产管理机构带来了转型挑战。新规发布两年多来，行业对于资产端如何顺利转型进行了诸多探讨，也在发行符合新规的产品方面作出了大量努力，取得了一定成效。然而，资产端的资金来源于负债端即投资者，投资者能否成功地转型在很大程度上决定着资产管理业务转型的成败。因此，一方面资产管理机构要加强合规销售、信息披露与投资者适当性管理，实现"卖者尽责"；另一方面，也要求行业将投资者教育和保护工作摆在更加重要的位置，使投资者树立正确的投资观，加强风险认知和承担意识，增强"买者自负"的契约精神，推动行业顺利转型，同时要培养长期投资的理念，加强投资者保护，促进行业长远健康发展。

　　在此背景下，中国财富管理 50 人论坛启动《新规下的健康投资文化培育——金融投资者调查研究报告（2020 年度）》专项课题，组织来自银行业协会、中国证券基金业协会、西南财经大学、清华大学五道口金融学院的专家学者，以及东方红资产管理、工商银行、招商银行、中融信托、中金公司、富达国际、宏利投资管理、富邦华一银行的相关负责人，通过对比研究、市场调查、案例分析、专家访谈等多种方式，深入分析投资者金融知识、金融态度、金融行为等特征，总结境内外监管部门、金融机构、社会组织及媒介等不同主体在投资者引导和陪伴方面的先进经验，为相关政策的出台和优化提供参考，为机构落实和改善投资者服务提供建议，为推动我国健康成熟投资文化的形成提供智力支持。

课题报告分为总报告、调研篇和案例篇三部分。总报告首先对健康投资文化的内涵和投资者教育的内容进行了梳理，并在此基础上对形成健康投资文化的要素进行分解，对各市场主体的实践和面临的问题和挑战进行了总结，然后通过对境外市场的经验总结和中外对比，对投资者进行"画像"，提出加强投资者教育工作、培育健康投资文化的相关建议。调研篇通过对我国具有代表性的资产管理机构和互联网机构的客户及理财客户经理进行问卷调研，对投资者的金融知识结构、金融态度、金融行为以及理财经理在转型背景下的行为等特征进行了描绘。案例篇通过涉及银行销售转型、银行理财机构投资者陪伴、基金和信托行业的投资者教育实践、投顾业务前景、金融科技的应用及境外经验等方面的十篇生动、详实的案例报告，为读者呈现了中国资产管理行业投资者教育及保护工作的现状和前景，对未来的发展方向提供了有价值的借鉴与启示。

在制度建设不断完善，产品结构不断优化，行业健康度不断提升的当下，树立敬畏市场、敬畏法治、敬畏专业和敬畏风险的理念，坚持"卖者尽责、买者自负"的原则，并推动建设公开、公平、公正的市场环境和市场秩序，是形成健康理性投资文化的必然要求。而健康理性投资文化的形成，需要投资者、金融机构、官方组织、国民教育体系、社会组织及媒体等主体的共同努力，从法律体系和制度建设、投资者教育工作实践、社会力量引导等多方面共同推动。截至目前，我国已先后出台多部法律和制度，推动"卖者尽责、买者自负"理念的落实，但在资产管理业务的基础法律关系、资产管理业务的信义义务规范、金融消费者及投资者的定义及范围、统一法律属性产品的法律规定等方面仍有进一步完善的空间。在法律法规指导下，各市场主体积极践行投资者教育责任，取得了一定效果，目前以政府部门为主导，行业主体共同参与实施的投资者教育工作体系基本建立，社会组织和媒体积极发挥宣传引导作用，金融机构的投资者教育工作也逐步走向成熟。但是，在看到成绩的同时，也要清晰认识到目前投资者教育和保护工作仍面临着缺乏统筹规划、长效机制尚未建立、投资者参与程度有待提高、刚兑文化短期内难以破除、销售模式亟待转变等诸多问题和挑战。

通过对中外投资者教育的对比可以发现，以美国为代表的发达国家较早建立起了"三大支柱"养老金体系，并通过养老金方面的投资者教育向大众普及了金融知识并培养了长期投资文化。此外，发达国家还非常重视投资者适当性管理，并将其与投资者保护和投资者教育结合起来。

在调研篇，通过向商业银行、证券公司、信托公司、互联网机构的理财客户发放调研问卷，我们发现各类理财客户平均偏好中短期投资，对于风险的承受能力较弱，绝大多数投资者更熟悉预期收益型理财产品，对于脱仲刚兑仍有期待。

在案例篇，工商银行、招商银行、基金业协会、东方红资产管理、中融信托、中金公司、富达国际、宏利投资管理、富邦华一银行九家机构和单位分别从不同角度，展现了银行、基金、证券、信托、互联网金融机构等资管机构在投资者教育方面的实践，梳理了美国、加拿大等发达国家及台湾地区的投资者教育与保护工作经验，为我国投资者教育、引导及保护工作提供了启示与借鉴。

为加强健康投资文化培育，推动资产管理行业顺利转型，在法律层面，要通过完善立法等途径营造"卖者尽责、买者自负"的法律环境，在资管行业中逐步推动"信义义务"共识，进一步完善司法救助机制，加强投资者保护；在制度层面，要统筹推进投资者教育工作，在监管层面出台投资者教育引导规范标准，将投资者教育纳入国民教育体系，扩大投资者教育主体，进一步深化投资者教育的深度和广度；应当充分发挥行业自律组织的领头羊功能，加大投入，推动投资者教育工作形成行业合力；对于机构来说，要将投资者教育工作纳入长期战略布局，紧跟行业发展不断完善投资者教育的内容，增强与投资者的互动，重视投资者的需求与体验，推动科技为投资者教育赋能，不断丰富投资者教育的形式，要加强投资者适当性管理和信息披露，保护投资者合法权益；此外，可借鉴国外经验，通过大力发展养老金第二支柱和第三支柱，提升普通民众的投资意识和认知。

目　　录

总 报 告

第一章　健康投资文化的概念厘定

经济的快速发展，财富的迅速积累以及居民投资理财意识的逐步提高，促进了居民对资产保值增值的需求。近年来，我国资产管理行业呈井喷式发展，银行、信托、证券、基金、期货、保险资管、金融资产投资等各类金融机构广泛参与了金融服务细分领域，在满足居民和企业投融资需求、改善社会融资结构等方面发挥了积极的作用。然而，在资管行业快速扩张的同时，也暴露出多层嵌套、刚性兑付、期限错配和监管套利等问题。针对上述问题，2018 年 4 月 27 日，人民银行、银保监会、证监会和外汇局联合发布了《关于规范金融机构资产管理业务的指导意见》（以下简称《资管新规》）。《资管新规》的核心要求是打破刚兑、破除多层嵌套与禁止资金池模式，清理理财乱象；让资产管理业务回归受人之托、代客理财的本源，实现对金融风险的有效防控，从而引导社会资金流向实体经济，更好地支持经济结构调整和转型升级。特别地，《资管新规》明确了刚性兑付的认定与罚则，强调了金融机构对投资者的适当性管理和资管产品的净值化管理，同时也对投资者的金融知识水平和风险意识提出了更高的要求。

在《资管新规》发布两周年之际，行业治理已取得初步成效，系统性制度框架已基本搭建，产品净值化转型加快，行业发展势头良好。但我国资本市场起步晚、发展快，法治诚信和契约精神还有待进一步深化，资管业务作为联结资金供给方与资金需求方的重要对接纽带，其参与主体——投资者并未深刻理解资管业务的信托和委托关系，且从市场现状来看，我国投资者金融素养普遍较低，风险自担意识薄弱，非理性行为突出。《资管新规》的施行，既加强了金融机构的合规标准，同时也对投资者理性投资提出了更高的行为要求。在资管市场转型的重要阶段，培育健康的投资文化，从广度和深度上提高投资者教育和服务水准，提升投资者金融知识水平和金融技能，强化投资者的风险自担意识，促进形成投资者合法权益得到有效保护的投资氛围，使得投资者风险承受能力和底层资产趋于适配，可对资管行业生态体系的构建产生重要的推动与引领作用。

第一节　健康投资文化的内涵

在制度建设不断完善，产品结构不断优化，行业健康度不断提升的当下，树立敬畏市场、敬畏法治、敬畏专业和敬畏风险的理念，坚持"卖者尽责、买者自负"①的原则，并推动建设公开、公平、公正的市场环境和市场秩序，是形成健康理性投资文化的必然要求。为实现对投资者合法权益的有效保护，并规范卖方机构的经营行为，投资者是否充分了解相关金融产品、投资活动的性质及风险并在此基础上形成自主决定，也将被作为《九民纪要》中针对投资者权益保护纠纷案件的审理所应当查明的案件基本事实。

一方面，"卖者尽责"要求金融机构把加强投资者教育和保护投资者合法权益摆在更加突出的位置。首先，各金融机构加强投资者教育，强化投资者适当性和销售合规性管理。宣传树立"代客理财，盈亏自负"观念，讲清资管业务与自营业务的边界和法律关系。其次，各金融机构应压实金融机构

---

①　2019年11月18日，最高院民二庭发布《全国法院民商事审判工作会议纪要》正式稿（又称"《九民纪要》"），针对投资者权益保护纠纷案件的审理，《九民纪要》确立了"卖者尽责、买者自负"的原则。

保护消费者权益的义务和主体责任。作为专业的机构，要切实践行"卖者尽责"。坚决执行投资者风险承受能力评估、风险匹配原则、信息披露等规定。审慎客观开展资管产品风险评级、投资者风险承受能力评估，并根据风险收益匹配原则，向投资者销售适当产品，形成金融机构和消费者间的良性互动。此外，《资管新规》还明确了资产管理业务应打破刚性兑付、不得承诺保本保收益的要求，以实现资产管理产品向净值化管理的转型。

另一方面，"买者自负"则要求投资者坚持理性投资观念，且具备必要的金融素养与风险识别能力。在健康投资文化中，投资者应理解资产管理业务的信托关系和委托关系，打破刚性兑付预期，明晰公允价值计量，充分了解资产管理产品特征，并根据自己实际的财产与收入状况、风险偏好和投资经验，慎重选择与自己风险承受能力相匹配的产品或服务，合理控制风险，真正做到"买者自慎""买者自负"。

第二节　健康投资文化的主体及基本要求

健康投资文化的塑造离不开其参与主体，投资者、金融机构、官方组织、社会组织及媒体等，各主体在健康投资文化培育中具有不同的角色定位。本课题将明确界定各主体的范围，从良好资管行业生态体系构建的角度，基于健康投资文化的内涵，对各主体提出相应的基本要求，使得资管市场充分发挥业务功能，实现市场的重塑与转型。

一、投资者

1. 投资者的界定

投资者是资管市场体系结构中基本且重要的主体，明晰投资者的界定是我们开展调研的基础。本次课题的"投资者"，主要是指资产管理业务的投资者，即委托银行、信托、证券、基金、期货、保险资产管理机构等金融机构，对其财产进行投资和管理的自然人和法人。

在投资者分类方面，《资管新规》指出，"资产管理产品的投资者分为不特定社会公众和合格投资者两大类"。其中合格投资者①在家庭金融资产、投资年限、投资产品等方面具备一定特征，不特定社会公众则普遍风险识别能力和风险承担能力相对较弱，是进行投资者保护和投资者教育的重点对象。

2. 对投资者的基本要求

《资管新规》的实施下，市场状况发生改变，在资产端，资管类产品在收益兑付上正逐步打破刚性兑付，实现净值化管理。在资金端，投资者对投资理财的目的、风险、标的产品等还缺乏清晰认识，部分投资者对资管产品仍保有"隐性刚兑"和"固定收益"的预期，这一矛盾给资管行业的转型增加了不确定性。营造健康投资文化，实现良好的资管行业生态，对投资者提出了一定的要求。

（1）投资者需明确自身投资目的。正确认清投资目的是投资者理性投资的重要前提。目前我国资产管理行业正践行普惠金融理念，着力寻求所托管资产的保值增值，以不断满足人民日益增长的美好生活需要。因此，投资者在投资决策时，应根据自身资产状况和现金流、投资风险偏好、风险承受能力等决定投资目的，以实现资产保值增值为基本目标，不应混淆投资与投机概念，过度追求高风险高收益，避免和减少盲目的投机行为。

（2）投资者需厘清资产管理业务的法律关系，明确风险自担原则。资

---

① 合格投资者是指符合以下两个特征的投资者：第一，具备相应风险识别能力和风险承担能力，具体表现为，家庭金融资产不低于500万元，或者近3年本人年均收入不低于40万元，且具有2年以上投资经历；或最近1年末净资产不低于1 000万元的法人单位。第二，投资于单只资产管理产品不低于一定金额，具体表现为，投资于单只固定收益类产品的金额不低于30万元，投资于单只混合类产品的金额不低于40万元，投资于单只权益类产品、单只商品及金融衍生品类产品的金额不低于100万元。若是同时投资多只不同产品的，投资金额按照其中最高标准执行。

产管理业务实质是一种金融契约的信托关系或委托关系。在资产管理业务中，要打破投资者长久以来对资管产品形成的"隐性刚兑"和"固定收益"预期，首要是使投资者明晰，在法律上，投资者作为委托人是资产的持有者，而资产管理公司只是资产的受托方。受托方仅履行代其投资和管理资产的勤勉尽责义务并收取相应的管理费用，而作为委托人的投资者则在获得收益的同时，还需要自行承担资管产品的投资风险。

（3）投资者需提升自身金融素养，识别标的产品金融风险，做出理性投资决策。资管产品的净值化，意味着在投资过程中，投资者不仅需要提高风险意识，还需要合理权衡风险和收益，做出在自身风险承受范围内的最优投资决策。因此，在具备风险自担认知的基础上，投资者还需通过提升金融素养，增强其金融知识储备、金融决策能力，以及参与投资的自信。进而在投资过程中，实现对标的资管产品基本状况的了解，以及其风险性与适当性的合理评估，做到理性投资于真正适合自身的资管类产品。

（4）投资者需明晰自身合法权益，了解常见维权途径。《资管新规》下"自担风险"的原则也要求投资者提升"知权、行权、维权"水平，积极维护自身合法权益。首先，投资者需要了解其在信息告知、风险警示、适当性匹配等方面所享有的权益，主动关注金融资管机构的相关信息披露和风险揭示，依法行使监督权。其次，投资者需了解常见维权途径，当金融机构侵害其合法权益，或因未履行尽责义务，导致其投资风险扩大时，应主动寻求相关维权机构的援助。

二、金融机构

1. 资管行业金融机构的界定

金融机构是塑造资管行业健康投资文化的重要参与者。广义的金融机构指从事银行、证券、保险、信托、基金等与金融业有关的金融中介机构，为金融体系的一部分。针对资产管理的金融机构指银行、信托、证券、基金、期货、保险资产管理机构、金融资产投资公司等接受投资者委托，对受托的投资者财产进行投资和管理的金融机构。

2. 对金融机构的基本要求

随着投资者对资管产品的需求逐步加大，不同类型投资者也对资管产品的多样性提出要求。与此同时，《九民纪要》以及《资管新规》的施行，对金融机构发展运营及风险防控有了更为严格的标准。金融机构能否满足投资者需求，落实相关规章制度，引导社会资金流向实体经济，也是塑造健康投资文化不可或缺的一环。

（1）金融机构开展资产管理业务需具备一定的前提和基础。其一，金融机构应当拥有规定的资质条件，以此开展相应的金融业务。其二，开展资产管理业务的金融机构，应当具备与资产管理业务发展相适应的管理体系和管理制度，并且公司治理良好，风险管理、内部控制和问责机制健全。其三，金融机构应当建立健全资产管理业务人员的资格认定、培训、考核评价和问责制度。相应的前提和基础是保障金融机构资产管理业务有序开展的必要条件。

（2）金融机构在开展所有业务时，需充分贯彻产品的适当性原则。适当性原则要求金融机构向投资者推介、销售金融产品时，必须履行了解客户、了解产品、向投资者销售与其风险识别能力和风险承担能力相适应的资产管理产品的义务，并在发行产品时向投资者明示资产管理产品的类型。这一行为是为了确保投资者能够在充分了解相关金融产品、投资活动的性质及风险的基础上做出自主决定，并承受由此产生的收益和风险。贯彻落实适当性原则，一方面，金融机构需确保自身行为理性，避免因业绩压力或追求高额管理费而向投资者推荐风险不匹配产品；另一方面，金融机构需规劝投资者行为理性，避免投资者为追求高额收益而忽略产品风险。同时，金融机构适当性原则的充分贯彻也是资管行业遏制潜在系统性金融风险的重要举措。

（3）金融机构需具备专业的能力，以设计多样性、差异化的资管产品来满足投资者的多元化需求。金融机构作为资金融通的中介机构，在引导社会经济流向中需起到带头作用。在汇集资金端，金融机构需充分考虑不同投资者的理财需求、风险承担能力，在价格合理、方便快捷、成本可担的基础上，提供在收益、风险、流动性等方面具有差异化的产品供投资者选择。在资金投向上，鼓励金融机构投向符合国家战略和产业政策要求、符合国家供给侧结构性改革政策要求的领域，也鼓励金融机构通过发行资产管理产品募集资金支持经济结构转型，支持市场化、法治化债转股，降低企业杠杆率。因此，银行、信托、保险、证券、基金等各类金融机构需突出自身差异化特色，推出种类多样的资管产品，以满足不同投资者的多元化需求，做到更好地服务实体经济。

（4）金融机构的一切行为应以保护投资者的权益为基础。投资者在资管市场处于信息弱势地位，抗风险能力和自我保护能力较弱，合法权益容易受到侵害。基于此，首先，金融机构应坚持"了解产品"和"了解客户"的经营理念，在产品设计环节，需提前考虑如何保护投资者利益，降低产品固有风险，充分考虑面对非系统性风险的应急措施。其次，金融机构应当向投资者主动、真实、准确、完整、及时披露资产管理产品募集信息、资金投向、杠杆水平、收益分配、托管安排、投资账户信息和主要投资风险等内容，确保投资者充分了解相关风险及自身权益利益。

（5）金融机构需加强投资者教育。《资管新规》和《九民纪要》强调"卖者尽责、买者自负"，其突出特征表现为"打破刚兑"和"净值型管理"，而投资者对这一理念的接受有一定的缓冲期，固有投资习惯的改变需要有效的投资者教育引导。金融机构在向投资者传递产品转型信息时，应加强投资者教育，不断提高投资者的金融素养和风险意识，以更好地推动行业转型。

三、官方组织

1. 官方组织的界定

官方组织（包括半官方行业协会）也是新规下健康投资文化培育的重要参与主体。资管行业的官方组织包含了人民银行、银保监会、证监会等各个监管部门及其下设的行业协会（证券业协会、基金业协会等）和各交易所（证券交易所、期货交易所），以及金融司法部门和其他政府相关部门。官方组织在制度设计、合规审查、风险防范和投资者教育等方面都发挥着不可替代的作用。

2. 官方组织在资管行业投资文化培育中的作用

新规下的健康投资文化培育对官方组织发起了新的挑战，也提出了新的要求。

（1）健全资管行业的制度建设，搭建系统性的制度框架。健全制度建设是资管市场平稳运行和投资者权益有效保护的重要保证。目前，与新规相关的配套细则和监管制度文件已陆续出台，还有部分正在征求意见或在论证起草过程中，涉及银行理财、信托、保险资管、券商资管等各个领域。新规下的制度建设不但是一个系统性的工程，而且还具有长期性、动态性、体系化的特点。《资管新规》在施行过程中有可能引发新的行业问题，官方组织对问题的处理将会是完善制度建设的重要实践参考。官方组织要在实践中不断完善和改进制度，做到真正的有规可循，有法可依，切实规范资管行业，保障投资者权益。

（2）践行统一监管的方针。长期以来，官方组织实行分业监管，导致不同资管机构利用监管措施的差异，通过相互合作实现监管套利，特别是银行的表外理财业务，利用银信、银证或银基等合作模式将表外资金投入融资严控的地方融资平台、房地产行业，以此规避监管。新规下，官方组织需统一规制各类金融机构的资产管理业务，实行公平的市场准入和监管，消除监管套利空间，实现募资端和投资端的分类监管。

（3）进一步加强穿透式监管。资管行业的多层嵌套加剧了投资者的个人投资风险，并推高了宏观环境的杠杆水平，极易引发系统性金融风险。通道业务中的通道费用增加了实体经济的融资成本，造成金融利润挤压实体经济的现象。新规下，官方组织还需进一步加强穿透式监管，弄清资管产品的最终资金流向，提升资金利用的透明度，及早发现问题和规避风险。穿透式监管和上述的统一监管将为健康投资文化的培育提供有利的监管保障。

（4）建立多元化投资者救济途径。个人投资者在资管市场处于信息弱势地位，抗风险能力和自我保护能力较弱，易与金融机构产生金融纠纷。因此，建立多元化、合理、顺畅的官方救济途径，对于解决金融纠纷，保障投资者的合法权益具有重要意义。一方面，各官方组织应积极合作推行具有中国特色的 ADR（替代性纠纷解决方式），将其作为重要的非诉讼救济途径。首先，监管部门和金融司法部门联合设立的协调办公室，应积极引导、鼓励投资者和金融机构以平和的心态、理智的行为协商解决纠纷。其次，当纠纷双方无法协商达成一致时，仲裁委员会应对符合仲裁要求的纠纷提供相应的仲裁服务。另一方面，当非诉讼途径无法合理解决纠纷时，法院作为重要的金融司法部门，则应提供有效的诉讼途径。

（5）推动投资者教育。新规下资产管理行业发生着重大变革，践行"打破刚兑"和"净值化管理"的要求，投资者需要从购买资管产品时保本保收益的传统观念转化到"托人理财，风险自担"的新理财观念。因此，监管机构有必要大力推动金融机构开展投资者教育，进一步加强对投资者的投资理念、理财习惯转变的有关教育，逐步培育投资者风险收益匹配的投资理念。

四、国民教育体系、社会组织及媒体等其他主体

1. 国民教育体系、社会组织及媒体等其他主体的界定

国民教育体系、社会组织及媒体等其他主体在培育健康投资文化的过程中起到协作配合的作用，也是投资者教育体系架构中的重要补充。该参与主体通常包括以下几类：国民教育体系，包括基础教育单位（小学、初中、高中）和高等院校（大学）；社会组织，包括各学会、研究会、科研机构等；媒体（如电视台、报纸、网站）以及其他第三方机构。

2. 对国民教育体系、社会组织及媒体等其他主体的基本要求

健康投资文化培育的关键是开展有效的投资者教育，从投资者教育的公共产品属性来看，需要超越个人经济利益的政府及社会性组织来充当投教的实施主体，国民教育体系、社会组织及媒体等其他主体具有成为投资者教育第三方机构的天然优势。各主体的合理分工有助于引导投资者树立正确的投资理财意识，促进投资者教育工作得到更有效的拓展和深化。

（1）国民教育体系应注重基础金融知识的长期化、常态化教育。发达国家投资者教育的经验表明，将投资者教育的内容纳入国民教育体系，可扩大金融知识普及范围，极大地促进投资者群体素质的整体提升。构建国民教育体系，从小培养国民的金融素养，不仅可以减轻目前金融机构对基础金融知识教育的过度承担，使得金融机构能发挥自身的相对优势，专注于专业化和有针对性的投资者教育服务，还有助于发挥投资者教育的正外部性，提升全民的金融知识储备，促进投资者行为的理性，有利于金融市场的健康、稳定和长远发展。

（2）社会组织应侧重培养潜在投资者的投资意识。以各学会、研究会、科研机构等为主的社会组织在健康投资文化建设中，是金融机构、国民教育体系的重要辅助。该主体有一定的公正性，投资者的接受度相对较

高，具有成为投资者教育第三方机构的平台优势。社会组织可通过灵活多样的宣传手段，普及证券期货基础知识，帮助社会大众认识资本市场，树立合法合规的意识，加深潜在投资者对现实投资环境的理解，助力于培育合格的市场投资者队伍。

（3）媒体应加强投资者理财意识的正确引导，提高新政策、大事件后的投资者教育。在新互联业态下，投资者的信息获取心理和习惯发生了较大变化，媒体的信息传递优势凸显，把握新闻传递的及时性、准确性和客观性，避免误导投资者，着力营造客观、真实的投资文化宣传环境是媒体工作的基本原则。且财经媒体作为财经信息的传递者和解读者，更贴近资本市场和投资者立场，更熟悉监管者动向，更富于市场运营经验，应助力投资者树立正确的理财意识，充分利用传统媒体和新兴媒体资源开展投资者教育服务创新，提高新政策的解读力度和市场大事件后的风险教育。

第三节　投资者教育概述

一、投资者教育的定义

在"卖者尽责、买者自负"的健康投资文化倡导和培育过程中，投资者教育是必不可少和至关重要的一个环节。哈佛大学教授 Cambell 在 2006 年提出，旨在提高投资者金融素养的教育活动可以引导和规范投资者行为，从而起到保护投资者的目的。随后越来越多的国家将注意力聚焦于国民金融素养问题上，加大了以提升金融素养为目的的投资者教育工作力度，相应地将金融教育作为构建资本市场良好生态环境和可持续发展的最重要基础性制度进行重点建设。按照国际证监会组织（IOSCO）的定义，投资者教育被理解为针对个人投资者所进行的有目的、有计划、有组织的系统的社会活动，它旨在通过传播投资知识、传授投资经验、培养投资技能、倡导理性投资观念、提示相关投资风险、告知投资者权利及保护途径，进而提高投资者素质。

在《资管新规》的背景下，投资者教育可以具体理解为帮助投资者理解和明晰资管市场的政策和规定，同时通过向投资者传授投资技能、分享资管产品的特点、揭示资管产品的风险、告知其合法权益及维权途径等，进而提高投资者素质。通过投资者教育，投资者在资管市场上的理念更端正、行为更理性、操作更规范。

二、投资者教育的内容

从市场的角度，投资者教育应该提高投资者对于市场规范发展的理解，以及对于披露信息的解读能力；从专业的角度，投资者教育应该致力于提升投资者的金融素养，提升投资者的金融专业知识，帮助他们了解自身权益并明晰如何维护合法权益；从风险的角度，投资者教育要求金融从业人员客观地为投资者揭示产品风险。结合国内外相关文献，课题组把投资者教育的内容界定为以下四个基本维度。（1）帮助投资者理解资管市场中的信托关系和委托关系，为其普及并使其明晰资管市场中的法律知识、法律关系以及法律规则。（2）提高投资者的金融素养，即参与资管市场投资所需的相关金融知识、金融决策能力和投资自信心，提高投资者的风险识别能力和风险自担意识。（3）普及长期投资理念，引导投资者理性投资及合理配置资产，培育长期投资者。（4）帮助投资者明确自身合法权益与义务，掌握常见维权渠道与路径。

第二章 形成健康投资文化的要素分解，以及现状和挑战分析

随着《资管新规》及相关细则的出台，资管行业面临"打破刚兑、回归本源"的转型，转型过程需要投资者的支持和配合，需要形成和建立健康成熟的投资文化。本章将着重介绍健康投资文化相关的法律和制度、各市场主体的实践、面临的问题和挑战以及发达国家保护投资者的相关经验做法等。

第一节 法律基础和制度建设

资产管理业务包括资金提供方、资产管理机构、融资企业等主体。因此，培育健康的投资文化，既需要端正投资者的理念和行为，也需要规范资产管理机构的行为，如，资管机构是否做到了"卖者尽责"，投资者是否做到了"买者自负"。而如何界定"卖者尽责、买者自负"则需要背后法律和制度的界定和规范。为培育"卖者尽责、买者自负"的健康投资文化，国家先后出台了多部法律和制度，起到了一定的效果，但也存在需进一步明确的地方。

一、现有法律和制度基础

目前，关于"卖者尽责、买者自负"的相关法规散见于《信托法》《证券法》《证券投资基金法》《消费者权益保护法》《关于加强金融消费

者权益保护工作的指导意见》《关于规范金融机构资产管理业务的指导意见》（以下简称《资管新规》）等法律和规章制度中，《第九次全国法院民商事审判工作会议纪要》（以下简称《九民纪要》）中也有所涉及。归纳起来，主要包括勤勉尽责义务、适当性管理、信息披露要求以及投资者保护等内容，具体见下表。

第一，明确了资管机构的勤勉尽责义务。根据《资管新规》的定义，资产管理业务是指银行、信托、证券、基金、期货、保险资产管理机构、金融资产投资公司等金融机构接受投资者委托，对受托的投资者财产进行投资和管理的金融服务。当前市场基本形成共识的是，资管机构作为受托方，应树立客户利益优先的行为规范，坚守诚实信用、勤勉尽责的职业操守①。《资管新规》对资产管理机构也提出了统一明确的要求：金融机构为委托人利益履行诚实信用、勤勉尽责义务并收取相应的管理费用，委托人自担投资风险并获得收益。并强调：金融机构未按照诚实信用、勤勉尽责原则切实履行受托管理职责，造成投资者损失的，应当依法向投资者承担赔偿责任。由此可以看出，资管产品要以保护投资者利益为基础，积极履行诚实信用、勤勉尽责义务。

第二，明晰了资管产品的信托委托关系。我国一直以来实行分业监管和机构监管，不同资管产品所适用的法律法规不同，导致资管产品背后所隶属的关系也不尽相同，如有的资管产品属于委托关系，有的资管产品属于信托关系。但总的来看，契约型的资管产品为信托关系，而公司型和合伙型的私募股权基金等则更适合全权委托关系②。这一观点也越来越得到社会人士认同。《资管新规》在定义资产管理业务时也对私募投资基金进行了单独说明，指出："私募投资基金适用私募投资基金专门法律、行政法规，私募投资基金专门法律、行政法规中没有明确规定的适用本意见，创

---

① 金融委办公室秘书局局长陶玲在"2020中国资管年会"上的讲话。
② 中国人民银行原副行长，中国财富管理50人论坛总顾问吴晓灵在本课题评审会上的讲话。

表 2-1　主要资管产品的相关法律规定

机构	产品类别	相关法律	概念及范畴	勤勉尽责	适当性管理	信息披露	投资者教育及投诉
金融机构	理财、基金、证券、信托等资管产品	《关于规范金融机构资产管理业务的指导意见》	资产管理业务是指银行、信托、证券、基金、期货、保险资产管理机构、金融资产投资公司等金融机构接受投资者委托，对受托的投资者财产进行投资和管理的金融服务。	第二条　金融机构为委托人利益履行诚实信用、勤勉尽责义务并收取相应的管理费用，委托人自担投资风险并获得收益。	第六条　金融机构发行和销售资管产品，应当坚持"了解产品"和"了解客户"的经营理念，加强投资者适当性管理，向投资者销售与其风险识别能力和风险承担能力相适应的资管产品。	第十二条　金融机构应当向投资者主动、真实、准确、完整、及时披露资产管理产品募集信息、资金投向、杠杆水平、收益分配、托管安排、投资账户信息和主要投资风险等内容。	第六条　金融机构应当加强投资者教育，不断提高投资者的金融知识水平和风险意识，向投资者尽责传递"卖者尽责、买者自负"的理念，打破刚性兑付。
银行	银行理财	《商业银行理财业务监督管理办法》	理财业务是指商业银行接受投资者委托，按照与投资者事先约定的投资策略、风险承担和收益分配方式，对受托的投资者财产进行投资和管理的金融服务。	第六条　商业银行开展理财业务，应当按照本条例《指导意见》第八条规定，勤勉尽职地履行受人之托、代人理财职责，投资者自担投资风险并获得收益。	第二十六条　商业银行销售理财产品，应当加强投资者适当性管理，向投资者充分披露信息和揭示风险，不得误导投资者购买与其风险承受能力不相匹配的理财产品。	第三章第五节专门介绍了信息披露内容。	第二十三条　商业银行应当建立有效的理财业务投资者投诉处理机制，明确处理投资者投诉的途径、程序和方式，根据法律、行政法规、金融监管规定和合同约定受理投资者处理投资者投诉。

机构	产品类别	相关法律	概念及范畴	勤勉尽责	适当性管理	信息披露	投资者教育及投诉
理财子公司	银行理财	《商业银行理财子公司管理办法》	银行理财子公司接受投资者委托，按照与投资者事先约定的投资策略、风险承担和收益分配方式，对受托的投资者财产进行投资和财产管理的金融服务。	第三条 理财子公司开展理财业务，应当诚实守信、勤勉尽职，遵守成本可算、风险可控、信息充分披露的原则，严格管理要求，保护投资者合法权益。		第四十条 银行理财子公司应当根据理财业务特征，建立健全理财业务管理制度，包括产品准入管理、风险管理和内部控制、人员管理、投资管理、销售管理、合作机构管理、产品托管、产品估值、会计核算和信息披露等。	第四十八条 银行理财子公司应当建立有效的投资者保护机制，设置专职岗位并配备与业务规模相匹配的人员，根据法律、法规、行政监管规定，妥善处理投资者投诉。
保险	保险资管	《保险资产管理产品管理暂行办法》	本办法所称保险资管产品业务，是指保险资产管理机构接受投资者委托，设立保险资管产品并担任管理人，依照法律法规和有关合同约定，对受托的投资者财产进行投资和财产管理的金融服务。	第六条 保险资产管理机构开展保险资管产品业务，应当遵守法律、行政法规以及银保监会的规定，遵循公平、公正原则，维护投资者合法权益，诚实守信、勤勉尽责，防范利益冲突。	第七条 保险资产管理机构开展保险资管产品业务，应当加强投资者适当性管理，向投资者充分披露信息和揭示风险，不得承诺保本保收益。投资者应当根据自身独立审慎决策能力审慎决策，独立承担投资风险。	第五章专门设置了信息披露与报告章节	第二十三条 投资者对登记结果有异议的，登记平台应当及时复查并予以答复；因工作失误造成数据错差并造成损失的，登记平台应当承担相应责任。

续表

机构	产品类别	相关法律	概念及范畴	勤勉尽责	适当性管理	信息披露	投资者教育及投诉
券商	券商资管	《证券公司客户资产管理业务管理办法》等	第二条 证券公司在中华人民共和国境内从事客户资产管理业务，适用本办法。	第三条 证券公司从事客户资产管理业务，应当遵守法律、行政法规和中国证监会的规定，遵循公平、公正的原则，诚实守信，勤勉尽责，维护客户的合法权益，避免利益冲突。	第三条 证券公司从事客户资产管理业务，应当充分了解客户，对客户进行分类，遵循风险匹配原则，向客户推荐适当的产品或服务，禁止误导风险承受能力与风险不相符的客户购买产品或接受服务。	第三十六条 证券公司应当向客户如实披露其客户资质、管理能力和业绩等情况，并应当充分揭示市场风险，证券公司因丧失客户资产管理业务资格给客户带来的法律风险，以及其他投资风险。	第二十九条 证券公司将其管理的客户资产投资于本公司发行的证券，或者从事其他重大关联交易的，应当遵循客户利益优先原则，事先取得客户的同意，事后告知委托机构和客户，同时向证券交易所报告，并采取有效措施，防范利益冲突，保护客户合法权益。

续表

机构	产品类别	相关法律	概念及范畴	勤勉尽责	适当性管理	信息披露	投资者教育及投诉
信托	信托资管	《信托公司资金信托管理暂行办法（征求意见稿）》	本办法所称资金信托业务，是指信托公司作为受托人，按照投资者的意愿，以信托财产保值增值为主要信托服务内容，将投资者交付的资金进行管理、运用、处分的信托业务活动。	第三条 信托公司运用信托资金管理，应当遵守法律、行政法规、国务院银行业监督管理机构的监督管理规定和信托文件约定，恪守、履行诚实、守信、谨慎、有效管理的义务，为投资者的合法利益最大化处理信托事务，根据所提供的受托服务收取信托报酬。	第二十二条 信托公司应当根据资金信托业务性质、特征，建立健全资金信托业务管理制度，包括投资者适当性管理、准入管理、投资决策、风险管理、合规管理、人员与授权管理、销售管理、投资合作机构管理、托管、估值、会计核算和信息披露等。	第十九条 信托公司应当在资金信托文件中约定信息披露的内容、方式、渠道、频率以及各方责任，按照法律、行政法规、国务院银行业监督管理机构有关规定和信托文件约定及时、准确、完整披露信息，确保投资者能够依法查阅和复制所披露的信息资料。	第二十一条 信托公司董事会和高级管理层应当充分了解资金信托业务及所面临的各类风险，确定开展资金信托业务的总体战略和政策，建立与之相适应的管理制度、内部控制机制，具备的业务处理需要的系统和管理信息系统、会计核算系统等人力、物力资源。

续表

机构	产品类别	相关法律	概念及范畴	勤勉尽责	适当性管理	信息披露	投资者教育及投诉
基金	基金	《中华人民共和国证券投资基金法》	第二条　在中华人民共和国境内，公开或者非公开募集资金设立证券投资基金，由基金管理人管理，基金托管人托管，为基金份额持有人的利益，进行证券投资活动，适用本法。	第九条　基金管理人、基金托管人运用服务机构从事基金财产管理、基金服务活动，应当恪尽职守，履行诚实信用、谨慎勤勉的义务。	第九十一条　非公开募集基金，不得向合格投资者之外的单位和个人募集资金，不得通过报刊、电台、电视台、互联网等公众传播媒体或者讲座、报告、分析会等方式向不特定对象宣传推介。	第七章　公开募集基金的投资与信息披露	第一百一十一条　基金行业协会履行下列职责：（五）提供会员服务，组织行业交流，推动行业创新，开展行业宣传和投资人教育活动。

21

业投资基金、政府出资产业投资基金的相关规定另行制定。"今后，随着相关法律和制度的完善及资管机构的转型发展，资管产品的信托关系将有望在法律层面得到进一步明确。如新颁布的证券法，则进一步明确了资管产品的证券性质，因此，从根本属性上来说，资管产品是信托关系。①

第三，明确了卖方机构的适当性义务。适当性义务不仅是卖方机构为保护投资者合法权益而应当履行的义务，也是要求金融投资者独立承担投资风险的前提和基础。《证券法》、《资管新规》以及《九民纪要》等都对卖方机构适当性义务进行了说明。如《资管新规》第六条规定：金融机构发行和销售资产管理产品，应当坚持"了解产品"和"了解客户"的经营理念，加强投资者适当性管理，向投资者销售与其风险识别能力和风险承担能力相适应的资产管理产品。禁止欺诈或者误导投资者购买与其风险承担能力不匹配的资产管理产品。金融机构不得通过拆分资产管理产品的方式，向风险识别能力和风险承担能力低于产品风险等级的投资者销售资产管理产品。《九民纪要》也指出，适当性义务是指卖方机构在向金融消费者推介、销售银行理财产品、保险投资产品、信托理财产品、券商集合理财计划、杠杆基金份额、期权及其他场外衍生品等高风险等级金融产品，以及为金融消费者参与融资融券、新三板、创业板、科创板、期货等高风险等级投资活动提供服务的过程中，必须履行的了解客户、了解产品、将适当的产品（或者服务）销售（或者提供）给适合的金融消费者等义务。

第四，强化了卖方机构的信息披露义务。信息披露是解决投资者和资产管理者信息不对称问题的关键一环。为做好信息披露工作，《证券法》、《资管新规》等法律法规均对信息披露义务进行了明确要求。如《证券法》专设了信息披露章节，在第七十八条明确提出：发行人及法律、行政法规和国务院证券监督管理机构规定的其他信息披露义务人，应当及时依

---

① 全国政协委员、中国证监会原主席肖钢在"2020年中国资产管理年会"上的讲话。

法履行信息披露义务。信息披露义务人披露的信息，应当真实、准确、完整，简明清晰，通俗易懂，不得有虚假记载、误导性陈述或者重大遗漏。《资管新规》第十二条指出：金融机构应当向投资者主动、真实、准确、完整、及时披露资产管理产品募集信息、资金投向、杠杆水平、收益分配、托管安排、投资账户信息和主要投资风险等内容。国家法律法规另有规定的，从其规定；并对不同资管产品所应披露的信息进行了明确。

第五，强调了投资者的"买者自负"。健康投资文化的建立，除了需要强化卖方机构的"卖者有责"外，还需要规范投资者的行为，帮助其树立"买者自负"理念。金融委办公室秘书局局长陶玲在"2020 中国资管年会"上也指出，在卖者尽责的前提下，健康的金融市场必须是投资者风险自担的市场，不论是收益，还是风险，都由投资者享有和承担。在打破刚兑的过程中，一些投资者会遭受损失，但所有投资者都会因此受到教育，有助于培育正确的投资理念和收益预期。《资管新规》第六条也提出：金融机构应当加强投资者教育，不断提高投资者的金融知识水平和风险意识，向投资者传递"卖者尽责、买者自负"的理念，打破刚性兑付。同时，还依据资管产品的风险大小及投资者的风险识别和承受能力对投资者进行了区分。如《资管新规》第五条规定：资产管理产品的投资者分为不特定社会公众和合格投资者两大类；并对合格投资者条件进行了明确。通过加强投资者教育和对投资者进行分层，可帮助投资者逐少树立"买者自负"的投资理念。

二、仍需要明确的三个方面

一是金融消费者和投资者概念有待明确。金融消费者和投资者是金融市场中最庞大的利益群体和最重要的资金来源方，也是金融市场中最脆弱、最需要关怀的群体。"金融消费者"作为受保护主体，其概念最早出自 2015 年国务院发布的《关于加强金融消费者权益保护工作的指导意见》。2016 年起施行的《中国人民银行金融消费者权益保护实施办法》第二条首次对"金融消费者"的概念进行了定义，即金融消费者是指购买、使用金融机构提供的金融产品或服务的自然人。这也是目前唯一对"金融消费者"的官方定义。而《资管新规》等政策中则采用了投资者的说法：资产管理产品的投资者分为不特定社会公众和合格投资者两大类。合格投资者是指具备相应风险识别能力和风险承担能力，投资于单只资产管理产品不低于一定金额且符合一定条件的自然人和法人或者其他组织。后续，仍需进一步明确金融消费者及投资者的概念和区别，以更好地保护金融消费者和投资者的合法权益。

二是信义义务具体标准有待规范。当前，对资管业务上位法的理解还不统一，资产管理业务中的信义义务规范还不完善，主要体现为效力、内容、体系三个方面。从效力看，我国现行法律法规尚未将金融机构在资产管理业务中的信义义务设定为法定义务，也未对当事人协议免除信义义务行为的效力作出规定，《九民纪要》中也仅规定了受托人信义义务的举证责任，而未明确"信义义务"的边界问题；从内容看，尽管《资管新规》对金融机构信义义务提出总括性规定，但规定过于笼统，且与域外立法相比位阶较低，难以起到统领全局的效果；从体系看，除《资管新规》的总括性规定之外，关于金融机构信义义务的规范散见于《商业银行法》《信托法》《证券法》《保险法》等多部法律之中。由于长期以来金融行业推行分业监管模式，现行关于金融机构信义义务的规范难免存在重复规制、规制遗漏、强度不均等问题，后续有待进一步明确标准加以规范。

三是同一法律属性产品的监管标准有待统一。当前，银行理财产品的法人主体地位尚不明晰，与公募基金、信托产品等资管产品的独立法人地位存在差异，不同的监管标准容易产生监管套利，给金融消费者合法权益带来负面影响。同时，随着金融业的对外开放，如果银行理财子公司和基金管理公司的公募产品规则不一致，会给外资股东造成困扰，也会引起不公平竞争和市场混乱。此外，当前不同资管产品之间的税收政策也不一致。后续，同一法律属性产品的法律规定有待进一步统一。

三、境内外相关制度安排借鉴

以美国明确和落实信义义务为例，为进一步规范投资顾问行为、保护投资者权益，2019 年 6 月，美国证监会发布了《关于投资顾问行为标准的解释》，对投资顾问的信义义务与相应的行为标准进行了综合梳理与全面解读。信义义务包括忠实义务（a duty of loyalty）与审慎义务（a duty of care）。信义义务要求投资顾问"采纳委托人的目标、目的与意愿"。这就意味着投资顾问必须在任何时候服务于客户的最佳利益，不使客户利益服从于自己的利益。忠实义务要求投资顾问不得将自己的利益凌驾于客户的利益之上。为履行忠实义务，投资顾问必须全面、公正地向客户披露与顾问关系有关的所有重大事实。与顾问关系有关的重大事实，包括顾问机构就所提供的建议付诸实施的行事方式。审慎义务包括提供适合客户的建议的义务。为了提供此种建议，投资顾问必须对客户目标有合理理解，而此种合理理解的基础，对于散户客户来说通常包括了解其投资画像，对机构投资者来说，了解其投资使命。根据对客户目标的合理理解，提供符合客户最佳利益的建议的义务，是审慎义务的一个关键组成部分。同时，该解释文本还明确了客户范围，既包括资产、投资知识和经验有限的散户客户，也包括拥有非常大的投资组合和丰富的知识、经验和分析资源的机构客户。

第二节　各市场主体的实践以及面临的问题和挑战

近年来，政府部门、社会组织、金融机构共同参与投资者教育和引导工作，投资者的金融知识水平、风险意识、维权意识都有了一个比较大的提高，取得了较好成效。未来在资管行业打破刚性兑付、严格规范产品运作的改革背景下，投资者教育显得尤为重要和紧迫，但也面临诸多的问题和挑战。

一、官方组织

1. 政府部门投资者教育相关实践

《资管新规》发布以后，在政府部门的引导、规划与组织下，投资者教育的重要性逐渐得到各方的认同，目前以政府部门为主导、行业主体共同参与实施的投资者教育工作体系基本建立。总结起来，呈现出以下两个特点。

第一，监管机构为投资者保护建章立制。一是推出系列针对性政策，提供制度保障。《资管新规》出台以来，监管部门不断完善"顶层设计"，从制度和投资者自身两方面加强投资者保护，引导投资者树立正确的投资理念和投资模式。如新修订的《证券法》新增了"投资者保护"，成为证券投资者保护制度体系建设的里程碑。二是设立相应的领导机制，提升统筹协调力度。从整体来看，国际金融危机以后，当时的"一行三会"均成立金融消费者保护局，确立了金融消费者权益保护监管框架，为开展投资者教育工作打下了坚实基础。从局部来看，各监管部门也在打造各自的投资者保护组织体系，如证监会先后设立了证券投资者保护基金和中小投资者服务中心两家专门机构，近期又专门成立了投资者保护工作领导小组，由证监会主席担任组长，加强投资者保护工作的统筹协调和推动落实。三是组织开展投资者活动，不断提升投教工作的渗透力和影响力。央行、银保监会等监管部门积极推动投资者教育手册与网站宣传，并组织开展多渠道、常态化的投资者教育活动，包括投资者座谈会、投资者培训、现场教育、设立"全国投资者保护宣传日"等活动。四是紧跟金融科技发展趋势，实现对投资者权益的精准维护。金融市场快速发展、金融科技日新月异，监管机构不断强化监管科技应用实践，积极运用云计算、区块链等创新技术支持监管，推动风险事前预防和事中实时监控，在监管资源有限的条件下最大限度地发挥监管影响力，实现了对投资者权益的精准维护，提升了服务效率。例如，证监会近期借助北斗卫星确认獐子岛财务造假，高效和精准地打击了证券市场违法行为。五是完善维权机制，保护投资者资金安全。监管部门积极推动完善金融消费纠纷多元化解决机制，指导调解机构在统计分析、政策研究、经验交流、宣传教育、公众咨询、纠纷调解等方面发挥作用。

表 2－2　监管部门出台的系列政策汇总

机构	时间	形式	主要内容
国务院金融稳定发展委员会	2020.04.15	第二十六次会议专题研究了加强资本市场投资者保护问题	会议强调，监管部门要依法加强投资者保护，提高上市公司质量，确保真实、准确、完整、及时的信息披露，压实中介机构责任，对造假、欺诈等行为从重处理，坚决维护良好的市场环境，更好发挥资本市场服务实体经济和投资者的功能。
	2018.12.20	召开资本市场改革与发展座谈会	会议强调，要强化信息披露制度，切实做好投资者保护。
多部委联合	2020.07.04	发布《标准化债权类资产认定规则》	人民银行、银保监会、证监会、外汇局制定了《标准化债权类资产认定规则》，明确了标准化债权资产和非标准化债权类资产的界限、认定标准及监管安排，引导市场规范发展，强化投资者保护，促进直接融资健康发展。
	2019.09	专项活动	人民银行、银保监会、证监会、国家网信办联合开展了"金融知识普及月　金融知识进万家　争做理性投资者　争做金融好网民"活动。活动期间，公众通过金融管理部门和银行、保险、证券等行业的金融机构举办的各类线上线下活动持续了解和学习金融知识。
	2019.12.25	央行等四部门联合发布《关于进一步规范金融营销宣传行为的通知》	《通知》对银行业、证券业、保险业等金融细分行业营销宣传行为一般性特点研究总结后提炼出统一性规范要求，有利于统一金融营销宣传行为监管尺度，解决金融营销宣传行为监管所面临的突出问题，督促市场经营主体严格守法合规开展金融营销宣传活动，对于切实保护金融消费者合法权益、防范化解金融风险具有重要意义。

续表

机构	时间	形式	主要内容
中国人民银行	2020.06	专项活动	开展"普及金融知识，守住'钱袋子'"活动。专项活动针对低净值人群的需求，以"非接触式"宣传方式为主，开展金融知识普及活动，引导低净值人群学习自身亟须的金融知识，了解金融支持政策，提升风险防范意识，守住"钱袋子"，助力实现全面建成小康社会、决战决胜脱贫攻坚目标任务。
	每年3月、6月、9月	专项活动	每年3月、6月、9月，在全国各地都会开展集中性金融知识普及活动，提高群众金融风险意识，增强公众自我保护能力。
中国银行保险监督管理委员会	2020.03	宣传周活动	启动全国银行业保险业"3·15"消费者权益保护教育宣传周活动。
	2019.11	印发《关于银行保险机构加强消费者权益保护工作体制机制建设的指导意见》	将消费者权益保护考评结果纳入监管评级内容。此外，如若金融消费者保护体制机制建设不完善而导致风险、整改追责不到位的，监管机构还有权对金融机构进行处罚。
	2019.03	宣传周活动	启动了"3·15"银行业和保险业消费者权益保护教育宣传周活动。
中国证券监督管理委员会	2019.10	发布《关于做好公开募集证券投资基金投资顾问业务试点工作的通知》	《通知》正式启动公募基金投资顾问业务试点工作，财富管理开始从卖方投顾向买方投顾转换，推动销售机构与投资者利益相向而行。
	2019年以来	系列专项活动	围绕科创板组织开展了"走近科创，你我同行"专项活动；持续推动将投资者教育纳入国民教育体系；设立了"5·15全国投资者保护宣传日"；建设了100多家实体和互联网投教基地；举办了全国证券期货投教产品征集活动；指导投服中心联合央视财经频道共同举办第二届"股东来了"权益知识竞赛。

第二，司法部门为投资者保驾护航。在投资者行权维权方面，司法相关部门建立了多元纠纷化解、持股行权、先行赔付等多项机制，在实践中取得良好效果。一是积极探索金融矛盾纠纷解决新机制、新途径。目前，全国已经建立了多个省市级的金融纠纷调解中心，对节约司法资源、帮助金融监管部门从具体的纠纷调解事务中解脱出来、营造稳定的金融法治环境，具有重要的现实意义。2018 年最高人民法院、证监会联合下发《关于全面推进证券期货纠纷多元化解机制建设的意见》，2019 年最高人民法院、中国人民银行、银保监会联合印发《关于全面推进金融纠纷多元化解机制建设的意见》，明确要求加强金融纠纷调解组织建设，畅通金融消费者权利救济渠道，文件的发布将推进金融纠纷多元化解机制的建设。二是搭建在线矛盾纠纷多元化解平台，高效开展金融矛盾纠纷化解工作。采用线上线下同步的形式，精准促进诉讼与调解衔接，让金融纠纷真正实现"化解在诉前、调解在庭前"，有效缓解了法院"案多人少"的矛盾，助推了良好的金融法治环境建设。最高法、证监会拟开发证券纠纷解决信息化平台，将"一站式"实现线上立案、审理、执行，高效便捷地保护投资者权益。

2. 面临的问题和挑战

在看到成绩的同时，我们也应当看到要推动投资者保护再上台阶，仍面临一定的问题和挑战。

第一，投资者教育的战略规划和长效机制仍需完善。从国际经验来看，美、英、日等多国都推出了针对投资者教育的国家层面战略。当前我国的投资者教育工作已有阶段性进展，但尚未引起足够重视，也未出台国家层面的统筹规划和立法安排。在防范化解金融风险的背景下，大部分监管条文侧重用来防范和控制由于资产管理机构不规范从事资产管理业务而引发的金融体系风险，而在投资者教育方面略显不足。与此同时，当前投资者教育的落实责任主要在销售金融产品的机构，很难完全避免利益冲突。整体来看，我国投资者教育比较碎片化，不利于投资者教育工作的稳步推进和长远发展。

第二，市场主体参与投资者教育的积极性仍有待提升。在目前以销售为导向的大环境下，商业银行等金融机构难以有真正内生的动力去承担投资者教育工作，同时，大多数投资者由于受长期刚性兑付、习惯思维等因素影响，对产品的合同条款、风险分类、净值变动、投研能力、历史业绩不作分辨，导致开展投资者教育的工作量和所需消耗的成本非常高。同时，商业银行转换传统粗放的销售模式需要适应过程，也需要给予一定时间和风险容忍度，帮助商业银行顺利过渡，进而提升市场主体参与投资者教育工作的积极性。

第三，投资者教育的反馈机制和制度尚未实现多渠道双向互动。目前，监管层不断加大市场风险信息的日常披露，使得投资者可以获取更多需要的信息，但这种教育多为单边推动模式，缺乏教育反馈机制。相关部门要加快建立反馈机制，进一步畅通反馈渠道，使投资者的意见和声音及时、准确、完整地传递到投资者教育的主管部门和单位，提升反馈沟通的效率。

二、社会组织、媒介等引导

1. 相关实践

在培育健康投资文化实践中，社会组织、智库和媒介积极发挥监管助手和宣传引导作用，有计划、有针对性地加强投资者教育，提升了投资者的获得感。

第一，投资者教育纳入国民教育体系取得积极成效。投资者教育是一项长期系统工作，将其纳入国民教育体系，有助于提升公众投资理财素养，促进资本市场规范发展。早在 2013 年，国务院明确要求"将投资者教育逐步纳入国民教育体系，有条件的地区可以先行试点"。近年来，经过多方努力，部分地区在不同教育阶段开展了不同程度的试点工作，涉及500 多所学校，惠及了上百万学生。此外，还有多家金融机构开展了投资者教育进校园活动，根据小学生、中学生、大学生的年龄特点，通过设置讲座、提供标准课件、建设实践基地等模式，使金融投资知识融入相应课程并纳入学分体系，切实拓宽延伸学生的投资基础理论学习与实践范围，拓展了投资者教育的深度和广度，为培育合格投资者奠定基础。

第二，行业自律组织积极开展投资者教育与保护工作。近年来，行业自律组织立足自身职能定位，积极发挥行业自律优势，不断优化、细化相关规则，引导会员单位积极开展投资者教育与保护工作。同时，积极发挥行业智库作用，通过组织研讨等方式，为监管部门、金融机构和金融消费者搭建了沟通桥梁，畅通了多方交流渠道。以中国银行业协会为例，协会定期参加发改委、银保监会等国家有关部委组织召开的座谈会，积极反应银行业、金融消费者和投资者在转型及消费投资过程中遇到的问题，为后续出台针对性的措施提供了智力支持。

表 2-3　相关行业协会组织在投资者教育方面的具体实践

机构名称	投教活动实践
中国银行业协会	连续 9 年组织开展普及金融知识万里行活动，持续引导会员单位积极组织开展金融消费者教育服务工作，着力提升金融消费者风险防控意识。同时，联合银行业理财登记托管中心发布《中国银行业理财市场报告》，以理财登记系统的大数据为基础，秉承客观、公正、准确、科学的理念，全面反映银行业理财市场的运行情况，加大理财市场信息披露透明度，强化投资者教育和权益保护。
中国证券业协会	2015 年设立证券期货投资者教育基地，在投资者教育、专项宣传以及推进投教知识纳入国民教育方面做了大量工作。作为公益性平台，发布《中国证券业协会会员投资者教育工作指引（试行）》，增强风险防范意识，促进证券市场的健康稳定发展；举办《资本市场 30 年：中国金融产品市场发展解读》系列直播活动，梳理证券行业之外的金融产品、创新产品以及产品的变化发展、优劣点和配套的监管要求等，帮助投资者增强对新时代政策环境和发展方向的认知。
中国保险行业协会	组织开展教育宣传周系列活动、投资者教育公益讲堂、发布典型理赔案例等活动，坚持公益性与实效性相结合，丰富金融知识宣传教育活动形式，深化消费者普及金融保险知识，提升保险行业消费者依法维权意识和风险识别防范能力。

机构名称	投教活动实践
中国证券投资基金业协会	为了更好地落实投资者教育相关工作，坚持始终把投资者的需求放在心里、抓在手里，坚持广泛团结、号召行业力量，共同为投资者教育的推广和落地服务。召开资产管理行业座谈会，发布基金个人投资者投资情况调查问卷分析报告，携手京东金融推出防范非法集资的投资者教育小工具——扑克牌、行业投教作品征集等活动，使投资者教育真正发挥实效。
中国银行间市场交易商协会	作为以市场为导向的自律机构，与广大市场成员一道建立市场公约，推广和实施市场行为准则和从业人员道德操守，规范市场行为，协调会员利益，倡导和构建有序竞争的市场道德规范及市场正义理念。通过举行银行间市场投资者教育与服务专项活动，出版系列培训教材，引导投资者树立正确理性的投资理念。
中国信托业协会	举办投资者教育活动，指导信托投资者理性投资；设立专门的信托消费者权益保护专业委员会，从组织架构、行业性的角度开展消费者保护；制订《信托消费者权益保护自律公约》，引导信托投资者树立风险意识，增强投资者合法权益保护意识。
中国期货业协会	主动承担知识普及、风险提示和信息咨询等投资者教育义务，通过制定投资者教育专项活动方案，召开中小投资者服务论坛，设立期货投资者适当性指示测试平台，发布期货投资者教育系列宣传片，出版期货投资者保护丛书等形式，积极开展投教活动，引导信托投资者树立风险意识。
中国保险资产管理业协会	发布《保险资产管理产品估值指引（试行）》，对提升产品估值和净值计量规范、保护投资者合法权益具有重要意义；成立了保险机构投资者专委会，通过召开专题研讨等形式研究分析当前形势和配置策略，维护了保险资产安全运行。
中国财务公司协会	组织会员单位开展金融消费者教育与金融知识普及宣传活动，提高了消费者金融知识素养和风险责任意识。

第三，民间智库平台积极发挥引领作用。一方面，汇聚业内外意见领袖，开展专家大讲堂、论坛研讨、座谈交流等线上线下互动活动，引导投资者理性投资，加强投资者风险防范和权益保护意识，提升资本市场文化的软实力。另一方面，为满足多元化的投资者教育需求，积极联合金融机构升级投研体系，及时解读行业热点舆情事件，向投资者普及金融知识。

例如，中国财富管理 50 人论坛自成立以来，充分发挥民间智库的作用，依托论坛成员的智慧和力量，围绕诸多热点议题进行了广泛和深入的跨行业交流，产生了一系列具有代表性的课题成果，促进了资产管理市场的健康发展。

第四，媒体中介积极发挥宣传引导作用。《中国投资者教育现状调查报告（2019）》显示，2019 年投资者对于媒体作为投教主体的知悉度为 83.67%，较 2018 年（知悉度为 71.5%）大幅提升，在所有主体中仅次于金融机构，排名第二。同时，互联网投资者教育基地通过直播、微课、视频、漫画等形式，从金融知识、投资风险揭示、投资者权益保护等方面，为投资者提供专业、新鲜、丰富的投保信息，搭建了连接监管部门、资本市场和投资者的桥梁。疫情下更是催生了"直播潮"，越来越多的金融机构把路演、理财营销及投资者教育搬进了直播间，通过科技助力投资者与金融机构间的沟通交流，普及理财知识，提升投资者金融素养。此外，部分社会组织积极加强与主流媒体的沟通合作，建设互联网投教基地网站和微信公众号以外的第三个平台，发布行业投教动态、展示投教产品、提供资本市场仿真模拟交易工具，以提升投资者教育的覆盖面和渗透率。近期，全国首家新媒体投资者教育基地揭牌，新媒体投教基地契合了年轻投资者信息获取方式的喜好，融合了视频播放平台的宣传优势，填补了互联网投教基地的空白，有助于扩大投资者教育的覆盖面和影响力。

2. 投资者教育面临的问题与挑战

随着新媒体、新科技与金融服务的深度融合，投资者教育取得了一定成效。但在培育成熟理性投资文化的过程中，也面临一些问题和挑战。

第一，投资者教育的宣教效果有待提升。目前，投资者教育渠道大多是通过营业网点和微信、视频等新媒体渠道完成，传统宣传教育方式信息碎片化、传播"眼球"化、重宣传、轻实践，对于投资者教育普及比较困难，客户对新产品的接受度、理解程度总体相对较低。投资者的教育还比较粗放，没有对投资者进行分层并制定差异化有针对性的培训和教育，在新产品设计、营销管理上不能精准匹配客户，存在一定错位。

第二，第三方服务机构的作用有待扩充。专业的第三方服务机构可以为金融机构提供新视野和成熟的市场经验，协助机构完善公司治理体系、规章制度、运营管理、产品设计、服务交互等。当前，服务机构主要从事业务咨询和金融服务的辅助层面的工作，涉及金融机构公司治理及投资者教育方面相对较少，尚未充分发挥多元化的辅助作用，资源整合利用度不高。服务机构基于多年的行业数据和经验积累，自身拥有资源丰富的数据库，但与官方机构或行业协会尚未建立数据共享机制，对于金融机构产品设计和投资者教育未形成闭环管理及反馈机制，存在很大的提升空间。

第三，投资者教育的专业性有待提高。当前，我国大多数投资者教育是通过市场化方式完成的，在金融专业化培训学习方面缺乏一定的系统性和专业性。比如，我国的教育体系以应试教育为主，把金融教育融入教育课程以及师资培训还需要较长时间。

三、金融机构

1. 金融机构的投资者教育工作逐步成熟

金融机构作为直接服务投资者的主体以及金融产品的设计者、发行者，是形成健康投资文化最重要的一环。在国内金融供给侧结构性改革的大环境下，金融机构作为联通投资者与资产的桥梁，其作用是尽可能地将投资者的投资需求与实体经济的融资需求相匹配，提升直接融资比例和股权融资比例，解决民企和小微企业融资难融资贵问题，促进实体经济健康发展。投资者作为资金的供给方，金融机构有必要落实好投资者教育和权益保护工作，帮助投资者正确认识市场、了解自身的投资需求和风险偏好，引导社会资本流入符合国家战略发展方向的领域。

　　然而，在资产管理行业发展之初，投资者教育的重要性未引起国内金融机构的足够重视，内容和手段较为单一，大多机构以增加金融产品销量为主要目标，兼顾投资者适当性，以向投资者发放普适性的材料为主要的教育方式，忽视投资者真实的投资需求与投资过程中的体验。

　　以基金公司为例，2007 年以前，其发放的投资者教育材料主要是介绍"基金是何物"；2007—2008 年，随着股票市场大涨，基金公司发布了基金投资策略、投资知识、QDII 基金投资等多个版本的投资者教育资料以提示相关投资风险，从而帮助投资者提升对基金公司和基金产品的甄别能力[①]。随着资管行业逐渐发展成熟，投资者队伍的不断壮大以及投资者对投资知识需求的日益增长[②]，加强投资者教育的重要性与日俱增，构建投资者教育生态圈日渐成为金融机构的普遍共识，也是金融机构切实履行社会责任的重要方式。最新数据显示，2018 年，103 家基金公司共计投入了约 1.4 亿元的教育经费，平均每家基金公司的投资者教育支出约 136 万元[③]；102 家证券公司共计支出了约 3.6 亿元的投教经费，平均每家证券公司的投教经费约 350 万元[④]。

　　国内金融机构经过多年实践，在客户服务、投资者教育领域逐步积累经验，逐渐坚持"提供好的产品和服务"与"教投资者如何选择好产品和做好资产配置"并举，注重对投资者在投资前的引导和投资中的陪伴，为投资者利益和财富增值保驾护航。近年来，业内一些优质金融机构在服务交互、产品设计中切实理解投资者需求，建立起了长期可持续的客户服务

[①]　来源：钟蓉萨，《创新开展投资者教育　多渠道探索实现方式》。

[②]　根据中国证券投资基金业协会开展的 2018 年度个人基金投资者情况抽样调查显示，65.7% 的基金个人投资者有进一步了解证券、基金、期货等方面投资知识的需求，并有 56.6% 的投资者希望了解新基金产品的深度介绍信息。且根据人民银行金融消费权益保护局发布的《2019 年消费者金融素养调查简要报告》，有 88.3% 的金融消费者认为金融教育"非常重要"或"比较重要"。

[③]　来源：中国证券投资基金业协会，《2018 年度公募基金管理公司社会责任报告》。

[④]　来源：中国证券业协会，《中国证券业发展报告 2019》。

体系，同时在企业社会价值中找到了社会、企业、员工、投资者之间利益的平衡点，不断优化公司治理结构、制度管理以切实保障投资者利益。

在服务交互方面，金融机构充分运用营业场所、媒体报道等传统渠道以及微博、微信、网络直播、投资者教育基地等新型渠道，通过产品介绍、案例分析等多种方式对投资者进行投资决策教育、资产配置教育和权益保护教育①。

除了基础金融知识的普及，部分金融机构开始着力推动投资者教育向纵深发展，如基金公司结合市场情况与时俱进，不断拓展投资者教育内容的深度和广度，内容涵盖价值投资、定投、资产配置、四维理财观、投资行为心理学、基金诊断、基础知识等；运用 Inv – Edu – Tech② 以专业、有趣、易懂、互动的方式让投资者教育更加行之有效，投资者教育从传统的依托面对面开展、纸质材料开展等，逐步增加了音频、视频、动画、人机互动等多种形式。相信在不久的未来，海外机构已经尝试的结合 VR 技术的投资者体验活动，也会在国内出现；金融机构将进一步创新并丰富投资者教育方式，推出品牌化、多元化的投资者教育产品等。

在产品设计方面，金融机构观察到国内投资者存在很多短期非理性行为，如追涨杀跌、频繁交易等，在牛短熊长的资本市场中，大多投资者难以获取长期持续的稳定回报。因此，金融机构自发创新产品封闭机制③、后端收费模式来帮助投资者养成长期投资的习惯，设计长期定投方案以帮助投资者摊平成本与降低风险，同时通过借鉴海外成熟市场的发展经验并

---

① 根据《2018 年度公募基金管理公司社会责任报告》，2018 年接受调查的 117 家基金公司累计举办投教专项活动 1.8 万余次，活动受众人数约 5 000 万人次，较上年显著提升。

② Inv – Edu – Tech 是宜信公司创始人唐宁在 2017 年第四届金融科技外滩峰会上提出的概念，指 Investor Education Technology（投资者教育科技），即用科技手段做更好的投资者教育，把一些难懂的金融知识栩栩如生地呈现出来，实现科技让金融投资者教育更美好。

③ 封闭运作的产品能引导投资者进行长期投资，避免追涨杀跌、频繁交易，同时也有助于产品规模保持稳定、创造更好的投资业绩。根据华宝证券研究，封闭运作期的主动权益类产品的认可度逐渐提高，2019 年国内全市场共发行了 179 亿元具有封闭期限的主动权益基金，占全年主动权益基金发行量的 7%。

结合本土国情，推出 FOF、MOM、养老目标产品、买方投顾①等解决方案类型的新业务，开启了投资者资产配置和投资者教育的新时代。

在公司治理和运营管理方面，金融机构开始探索在投资、销售、激励约束等方面建立与健康投资文化相匹配的机制，更加关注客户真实需求与盈利体验。如部分金融机构针对投资者教育工作制定了内部规章，设置专人专岗甚至专门的部门来从事投资者教育服务，建立了高管直接领导、各部门积极参与的投资者教育架构②，持续增加投资者教育工作投入；建立起"以客户利益最大化为核心"的企业文化，树立追求长期价值增长、兼顾经济和社会效益的社会责任投资理念；对销售的考核方面，减少销量的打分权重，同时给予客户参与市场的加权成本和服务容量更高的考核权重；拉长对投研团队的考核周期，由原来的一年延长至三年、五年甚至十年等。

总体来看，近几年国内金融机构在投资者教育领域已经有了较大程度的发展。不过对比境外市场在服务对象的分层与细化、服务内容的丰富与延展上存在着值得我国借鉴的方面。

在服务对象方面，从国外的投资者教育历史可以发现，其投资者教育存在两个特殊时点。

第一个时点是二战以后的"婴儿潮"，由此在未来数十年间所带来的寿命增长和老龄化，使得居民不能指望单靠政府的养老金计划就能满足他

---

① 2019 年 10 月 24 日，证监会下发《关于做好公开募集证券投资基金投资顾问业务试点工作的通知》，正式拉开买方投顾试点的序幕。在买方投顾模式下，投资者向投顾机构支付投资顾问费，避免了传统卖方销售模式下投资者与金融机构、销售机构之间的利益冲突。买方投顾注重将投资者的不同需求与各类投资策略相匹配，在规避非理性投资的同时引导投资者形成长期投资理念。

② 根据《2018 年度公募基金管理公司社会责任报告》，截至 2018 年底，有 35 家基金公司在开展投资者教育工作时专门成立了投资者工作小组，具体负责投资者教育工作的规划、实施和控制；有 20 家基金公司有明确的投资者教育体系；有 52 家基金公司依据公司规章制度或相应政策开展了投资者教育工作。组建投资者工作小组能够进行跨部门的协调，它由公司管理层担任组长，成员包括市场部、营销策划部、监察稽核部、运营部、投资研究部等多个部门负责人，灵活的联席机制反映出基金管理公司对投资者教育工作的重视，也有利于集中资源、提高效率，保障投资者教育工作的顺利开展。

们日后的退休需求，既促进了个人投资需求和基金市场的发展，也促进了作为日后投资市场重要参与者的青少年人群成为重要的投资者教育对象①。

第二个时点是 2008 年国际金融危机以后，日益复杂的金融产品以及仍旧落后的投资者金融素养让监管意识到了金融扫盲的重要性，从而扩大了投资者教育的范围，特别是针对低收入家庭以及围绕养老金计划进行了更多的宣传②。以美国为例，养老金的推广是其投资者教育历史上意义重大的标志性实践，众多美国家庭通过养老金投资（如 DC 计划、IRA 账户等）参与资本市场，随着美国股票市场走强，以及基金公司为发展养老金业务而不断创新产品设计、持续优化投教内容和方式等，许多投资者对共同基金等金融产品的熟悉度和认可度与日俱增。

当前我国的宏观环境也与上述时点有着极为相似的背景，一是人口老龄化开始显现，年轻人相比老一代也愈发重视投资理财；二是资管行业变革迅速，包括养老 FOF、智能投顾在内的产品创新与模式创新层出不穷。因此，在这种宏观大趋势下的变化下，国内金融机构未来也必须进一步做好投资者教育，不断提高广大群众的投资理财意识和风险管理能力。

在服务内容方面，国外买方投顾模式（投资者按资产管理规模向服务提供方付费）下，投资顾问与投资者的利益高度绑定，对投资者的服务更注重客户资产增值与盈利体验，对投资者的引导和陪伴是全方位的。国内在现有的资产管理产品销售模式下，销售机构与资产管理人的利益则更趋一致，双方更容易以增加销量、做大规模为共同利益诉求，因此投资者教育更容易停留在落实投资者适当性要求与产品宣传推介合规层面，在时点上也更倾向于投前阶段，而忽视投后的投资者陪伴。随着《资管新规》的深化与资本市场的发展，买方投顾在国内也已从公募基金行业开始试水。

---

① 学术期刊 Case Western Reserve Law Review 49（1998）. James A. Fanto. "We're All Capitalists Now: The Importance, Nature, Provision and Regulation of Investor Education."

② OECD 报告《FINANCIAL EDUCATION AND THE CRISIS》和 BPDA 报告《A Review of Financial Education Practices in the United States》.

相信未来，更多的资产管理机构（管理人）与财富管理机构会在投资者适当性的基础上，更重视投前的需求引导与匹配、投后的陪伴与服务。

2. 金融机构在投资者教育实践中面临的问题和挑战

（1）不同金融机构的投教发力方向存在差异

国内资管行业自 2010 年开始，经历了几年的粗放式高速发展，在相关法律制度和监管规则逐步完善前，国内资本市场和金融机构积累了一些系统性风险。当前我国资本市场主要存在三个层面的结构性错位：一是资金风险偏好与资产实际风险不匹配，二是资金结构供需不匹配，三是资产价格与内在风险不匹配。具体而言，在产品设计方面，产品同质化程度较高，隐性保本保收益的低风险刚兑产品占比高，净值化产品占比则较低；在产品发行和销售方面，投资属性较弱、销售能力强的商业银行产品发行量大，而投资属性较强、销售能力较弱的信托公司、基金公司、券商资管等机构产品发行量较小；资产管理人方面，部分领域少量管理人管理着巨额资金，另外的领域则存在大量专业人才只有少量资金甚至无产品无资金可管的情况[①]。我国资本市场存在的上述结构性错位，干扰了资管产品的风险定价，给投资者教育增加了困难，对净值型产品的投资者教育造成了极大的障碍，健康投资文化的培育更是任重道远。

银行、信托、证券、基金、期货、保险资管等金融机构在长期经营中形成了不同的经营模式、产品形态和客户群体。如基金公司在权益投资和"固收＋"策略投资方面享有优势；银行理财子公司在债券及非标债权投资、信用风险研究等方面积累了丰富经验；保险资产管理机构更为擅长大类资产配置、另类资产投资等；私募基金则以更为多元化的策略、追求绝对收益见长。不同金融机构引导客户形成健康投资理念的侧重点以及面临的问题和挑战也有所不同。

---

① 来源：华宝证券，《2020 年中国金融产品年度报告：财富管理新时代》。

截至 2019 年底，我国各类资管产品的规模、净值化占比、个人投资者占比差异较大。如图 2 - 1 所示，非保本的银行理财和信托产品规模最大，但这两类产品的净值化比例相对较低；券商资管、非货基公募基金、银行理财子的理财产品、私募证券基金的净值化比例较高。

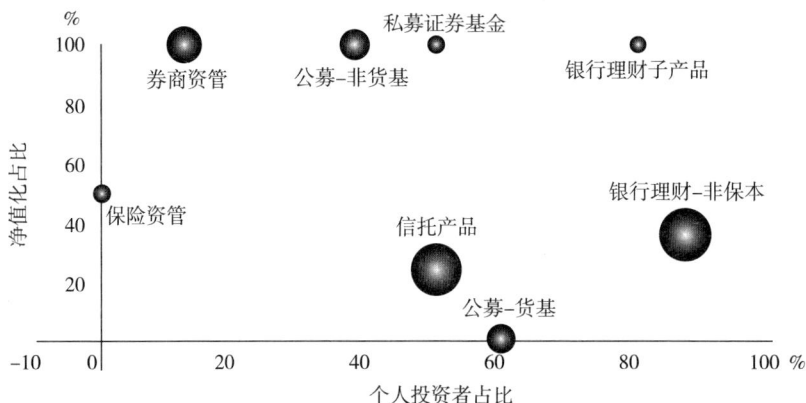

注：规模以圆圈的面积来标示。信托产品及私募证券基金的个人投资者占比数据未公开，上图假设其为 50% 。

图 2 - 1 2019 年底国内各类资管产品的规模、净值化程度和投资者结构

（资料来源：华宝证券，《2020 年中国金融产品年度报告：财富管理新时代》）

与银行、信托等金融机构相比，证券公司、基金公司的客户群体投资知识、风险偏好相对较高，更容易接受"收益自享、风险自担"的理念，但大多数客户难逃"追涨杀跌、频繁交易、追逐热点"等短视投资行为，因而这类金融机构在向客户输送金融知识和市场资讯的基础上，更为注重"长期投资、价值投资、资产配置"等理念的培育，更重视定投等投资方式的养成。为了引导投资者形成长期投资、价值投资等理念，证券公司、基金公司身体力行，一是倡导投资者利益至上的行业文化，将投资者利益置于股东利益、员工利益之上；二是对投研团队的考核更注重长期，避免短期炒作行为；三是在提升投资研究能力的同时，不断提升专业的服务能力，重视为投资者创造持续回报、重视投资者盈利体验、重视在不同市场情况下对投资者的持续陪伴，以增强投资者对金融机构的信任感和忠诚度。

银行、信托等金融机构的产品此前多为预期收益型、保本保收益型。《资管新规》实施后，在刚兑打破以及净值化转型的大趋势下，该类金融机构转型最大的困难莫过于投资者教育，亟须引导投资者逐步接受净值化产品，转变老百姓长期以往对银行理财、信托产品安全保本等一些固有思维。上述金融机构需要尽快提升投资者对市场波动与资产价格波动的了解，增加对投资收益来源的理解及对收益与风险相匹配的认知。行业在回归"受人之托、代人理财"的资产管理业务本源的同时，金融机构需要为投资者提供更加多元化的产品以及更为专业化、个性化、全方位的投资服务。

（2）金融机构开展投教面临的共同问题和挑战

当前，随着投资者教育的不断深入，国内投资者教育已取得部分成效，投资者的心理及行为特点发生了一些积极变化。根据中国证券投资者保护基金公司《2018年度中国资本市场投资者保护状况白皮书》调研显示，投资者更加重视长期投资，约五成投资者的投资目标是注重长期收益、希望稳定增长，而追求短期收益的投资者占比仅约20%。但国内投资者教育仍处于初级阶段，与海外成熟的投教立体化模式差距依然存在，国内现存的财富管理模式及卖方销售模式亟待转型，金融机构的投资者教育活动仍然任重而道远。具体来看，国内金融机构开展投教共同面临的问题和挑战主要有以下三个方面：

一是国内广大投资者的财富管理意识还处于初级阶段，刚兑文化短时间内难以完全破除，投资者的投资常识、理念及行为仍有很大的提升空间。相比金融机构而言，投资者处于信息不对称的弱势地位，且随着金融产品日益丰富、产品结构日趋复杂、交叉销售和投资日益频繁，两者间的不平等更加明显。根据前述《2018 年度中国资本市场投资者保护状况白皮书》，自然人投资者存在一些突出问题，如风险意识不够强，对产品收益的关注度明显高于产品风险；知识水平十分有限，受调查投资者中七成左右属于新手上路或仅具备基础投资知识。尽管国内投资者经过资本市场多年洗礼，部分已成长为具有一定金融知识基础的投资者，但长期以来国内资产管理市场充斥着各色各样的刚兑产品，大多投资者对产品净值化、资产配置、长期投资等理念接受程度仍然较低。此外，投资者对很多诸如养老 FOF、基金组合等创新产品既没有概念也没有投资意愿，对投资顾问的买方收费模式既不了解也没有付费意愿。投资者教育是一项长期、艰巨的系统工程，需破除以往"重投资、轻服务""重首发、无陪伴"的业务模式，持续引导、陪伴投资者，长此以往投资者教育才能真正行之有效。

二是现有的金融产品销售模式还未能够与投资者利益真正达成一致，投资者教育活动营销性质较强，从销售导向转换至服务导向尚需时日。合理的销售模式有助于形成健康投资文化，不合理的销售模式则与投资者教育的目标背道而驰。目前业内金融产品销售基本都是卖方销售模式，由销售机构按销售规模的一定比例向投资者收取相应的前端费用和尾随佣金，这会导致销售机构更倾向于向投资者推荐容易形成规模或尾佣较高的金融产品，鼓励投资者参与投资而忽视对投资者的风险教育，鼓励投资者频繁交易而忽视对投资者的盈利体验。我国现阶段资本市场以中小投资者为主，投资者行为偏差较为严重，在当前产品销售模式下，广大投资者的投资知识、投资能力以及权益保护能力难以得到有效提升，损害投资者利益的乱象频发。鉴于金融机构开展投资者教育工作与自身盈利存在一定程度的利益冲突，部分投资者对金融机构的投资者教育活动信任度不高，参与投资者教育活动的积极性也较低。可以预见，我国金融机构向买方投顾模式的转型道阻且长。

三是新产品、新业务、新媒体、新科技层出不穷，传统的投资者教育方式有效性有所降低，如何系统、全面、科学地引导和教育投资者成为新形势下金融机构服务客户所面临的重大难题。面对市场上纷繁的金融机构和资管产品，投资者面临选择难题与信任困境，根据央行《2019 年消费者金融素养调查简要报告》，有 17.02% 的消费者不知道如何比较同类金融产品或服务，29.05% 的消费者对金融产品或服务的风险缺乏认知力，32.23% 的消费者无法辨别非法投资。国内现有的投教方式大多是由机构进行单向的知识输出，不够场景化①，较为晦涩难懂且缺乏吸引力，对投资者的反馈重视程度较低。此外，随着投资者的年龄变迁，年轻一代逐渐成为重要的新生力量，创新满足与数字时代和人口结构变化相适应的投教方式和教育工具显得越发重要。尤其是在国内资本市场改革提速的现阶段，主动提升金融机构自身专业能力，优化投资者教育方法和内容，增厚服务质量和效益，或许是金融机构在竞争激烈的当下实现共赢的主要方法。

随着国内新一轮金融对外开放浪潮涌起，未来将有越来越多具有竞争力的海外金融机构进场，丰富国内资产管理市场主体和产品种类的同时，也会带来更为先进、专业的资产管理经验以及更为成熟的投资者教育理念和模式。"他山之石，可以攻玉"，国内金融机构应积极借鉴海外优秀金融机构的产品设计、资产配置、风险管理、公司治理、客户服务等经验，同时结合自身优势，构建资管新业态，满足广大投资者多元化服务需求。可以预见，注重投资者陪伴与盈利体验、帮助投资者形成判断并建立信任、能提供定制化解决方案的金融机构，将在群雄逐鹿的竞争市场中脱颖而出。

---

① 根据余德曼的《境外投资者教育经验调研报告》，境外投资者教育通常将大众消费、储蓄、投资等与理财、财务规划相关的场景罗列出来，根据相应的场景梳理需求，再根据需求策划投教内容，把相关的金融知识与大众生活紧密结合起来。

第三章　投资者教育的历史和中外对比

第一节　投资者教育理论研究

随着金融市场的发展，投资者教育作为一项长期的、基础性和常规性的工作，重要性不断凸显。国外对于投资者教育的研究起步较早，以Lusardi 为代表的学者进行了较多前沿性研究。近年来，随着我国金融市场的不断完善，越来越多的国内学者也开始关注投资者教育领域，以尹志超、顾海峰等为代表的国内研究者在该领域进行了卓有成效的研究，形成了很多有价值的研究成果。这些学术研究成果，为进一步的理论探讨奠定了基础，也为监管和行业实践提供了有益参考。但整体来看，投资者教育领域的现有研究成果还缺乏完整性和系统性，尚未形成一个有高度、成体系的投资者教育理论框架。本部分将先从整体角度对国内外投资者教育相关研究进行概述，然后聚焦资管领域，对其中的重点领域进行梳理。

一、关于投资者教育理论的一般性研究

概括来说，国内外研究者有关投资者教育的研究成果主要体现在两个方面，即必要性研究和效应研究。关于必要性的研究，一方面，从市场有效性视角，现实金融市场并不满足 Fama 有效市场假说（EMH）理论下的完美假设条件（Ball，1978；张兵和李晓明，2003）。基于 Fama 的有效市

场假说理论，当市场有效时，市场信息完全，投资者可以迅速对新信息进行充分解读，并通过交易行为影响市场价格，最终使价格及时、准确、充分地反映市场上已有的全部信息。但是市场中制度环境、博弈规则以及信息披露机制的不完善，都可能导致信息成本和信息不对称问题的出现。而个人投资者受到自身信息集和信息处理能力的约束，在信息不对称情况下，难以判断产品价格是否合理，也无法正确识别产品的风险，从而使得投资者无法权衡风险与收益，无法作出合理的投资决策（Hastings 和 Tejada – Ashton，2008；李月琳和胡玲玲，2012）。最终不仅会损害投资者自身收益，还会导致市场信息传递效率降低，市场价格偏离程度扩大，市场失效。另一方面，从行为金融学视角，国内外学者都发现金融市场中的投资者存在着多种非理性行为，包括过度自信、羊群效应、处置效应等（Odean，1998；Lakonishok 等，1990；Brown，2006；陈日清，2014；宋军和吴冲锋，2001；伍燕然，2016）。这些非理性行为也会在一定程度上增加市场的"噪声交易"，影响市场价格的波动，降低个人投资者的总体投资收益（Campbell 和 Kyle，1993；许志等，2013；陈日清，2014）。同时部分投资者存在"博傻"心理，盲目投身于金融市场，促使本应实现资本优化配置的市场转化为投机场所导致过度追求高风险高收益，最终无法实现资产保值增值（顾海峰，2009，2013；李学颖，2005）。

已有大量研究表明，投资者教育可以较为有效地解决金融市场所暴露出的上述问题。部分国内外学者立足各国基本情况，直接研究了投资者教育的效应，认为投资者教育不仅可以扩大投资者信息集，降低非理性行为，同时还会促进投资者的自我保护，推动金融市场的健康有效发展（Hong 等，2004；Brav 和 Heaton，2002；李建勇等，2015；陈平，2008；庄学敏，2009，2012；何德旭等，2015；张腾文等，2016）。还有诸多研究借助金融素养这一中介变量，对于投教的积极效应进行了探索。国外学者较早地通过实验的方式证明了金融教育与金融素养的正相关关系，以及这一影响的可持续性（Danes 等，1999；Lusardi 和 Mitchell，2007；Bernheim 等，2001）。有关金融素养的研究成果也在很大程度上与投资者教育的有效性和持续性的结论相呼应。研究结果表明，由于金融素养的提升意味着投资者拥有更多的金融知识储备以及更强的金融决策能力和决策自信，因此金融素养对投资者的金融市场参与度和风险偏好、信息搜集和处理能力以及理性行为选择等都具有正向影响（Dohmen，2010；尹志超等，2014；Hsiao 和 Tsai，2018；Forbes 等，2010；郝鹏，2012；Halling，2009；Bucher－Koenen 和 Ziegelmeyer，2014；Bianchi，2018）。总的来说投资者教育有利于我国金融市场活跃度的提升，以及投资者投资收益和财富积累的提升（Calvet 等，2009；朱涛，2015）。

二、关于资管行业投资者教育的理论研究

投资者教育的一般性研究肯定了投教对个人投资者的积极影响，但是迄今为止，关于资产管理行业的投资者教育的专门研究还不多见，但是，不少研究者关注到在资管市场转型的重要阶段，投资者的风险识别能力、风险防范意识、家庭财务稳健性，以及长期理财规划意识等问题的重要，亦有一些文献涉及该领域的诸多问题。课题组围绕这些问题对相关文献进行了初步梳理。结果表明，在资管市场体系不断完善的过程中，通过投资者教育去优化投资者的理财投资行为是必要且有意义的。

首先，在风险识别能力上，与低金融素养投资者愿意选择从家庭成员和同事处获取投资帮助的行为不同，金融素养较高的投资者会更倾向于从金融机构举办的研讨会和专业投资顾问等更为正规的渠道获取有效信息（Lusardi，2005），同时他们对于所获得的信息的处理能力更好，风险识别能力也更强（Forbes 等，2010；曾志耕等，2015）。

其次，在风险防范意识上，金融素养最差的人最不喜欢进行分散化投

资，而金融素养较高的投资者风险防范意识更强，其投资组合的多样性指数、分散化水平以及有效性都更高（Guiso，2009；Von Gaudecker，2015；Gerardi 等，2013；吴卫星等，2016）。

此外，在家庭财务稳健性上，金融素养较低的投资者往往拥有更高的借贷成本以及更为严重的过度负债问题；家庭财务脆弱性较大，发生借贷违约行为可能性更高（Lusardi 和 Tufano，2009；Loke，2017；Daud 等，2019；Gerardi 等，2010）。

而与之相对，金融素养高的投资者通常会倾向于正规信贷，同时持有活期储蓄和循环贷款以保持资产的流动性，总体上家庭脆弱性较低（Disney 等，2011；Yusof 等，2015；尹志超等，2015）。最后，在长期理财规划意识上，相较于低金融素养投资者而言，高金融素养的投资者更愿意参与提前养老规划，进而在退休后获得更多的财富积累（Lusardi 和 Mitchell，2011；Dvorak 和 Hanley，2010；Lusardi 和 Michaud，2017；施喜容和孟德锋，2018）。

第二节　投资者教育发展历程与中外对比

一、境外投资者教育概况

境外投资者教育多围绕传播金融知识、培养投资理财技能、揭示投资风险等方面开展，旨在帮助投资者科学、合理地对个人资产进行规划与配置。开展投资者教育的机构众多，涵盖了监管机构、自律组织、金融机构、公益组织、学校、媒体等。投教的覆盖面较广，受众不局限于资本市场的投资者，学龄前儿童、学生、职场人士、老年人等，包括贫困人口都是投教的服务对象。在境外，投资者教育也被称为金融理财（Financial

Competency）教育、财商（Financial Literacy）教育。

二、代表性国家投资者教育发展概述

发达国家的资本市场体系较为健全，开展投资者教育的时间也较早。英美等国的相关行业协会、金融机构在市场建立初期便开始自发性地开展投教活动，但由于早期的各施教主体间缺乏协调性和统一性，致使投资者教育的效率低下、内容错配以及利益冲突等问题突出，投教整体效果不佳。随着这些国家相关法律法规的逐渐完善以及官方机构不同程度的介入、引导，其投资者教育体系逐渐完成向专业化的转型，投教内容的针对性和覆盖面得以显著提升。下面将以美国、英国和澳大利亚三个典型国家为例，对其投资者教育发展历程做简要梳理。

1. 美国投资者教育历程

美国早期的投资教育主要由各消费者组织介绍个人理财、投资等方面的知识，证券中介机构则仅将投教作为市场营销的手段，而对投资者的权益保护却鲜有提及。1994 年，全国证券交易商协会（NASD）设立了 NASD 投资者教育基金会，同年美国证券交易委员会（SEC）时任主席 Arthur Levitt 建立了投资者教育与协助办公室（The Office of Investor Education and Assistance），负责协调开展投资者教育活动、受理投资者的咨询与投诉等，并要求上市公司信息披露的语言尽量避免涉及法律或技术性的专业词汇，力求语言的通俗易懂。

进入 21 世纪以来，美国相关政府机构和各行业协会更加广泛、深入地开展投资者教育。美国证券业及金融市场协会（SIFMA）和美国金融业监管局（FINRA）和于 2006 年和 2007 年先后成立，美国投资者教育的体系与架构更加完善，教育的方式也由早期的投放理财知识读本、开办投资课程、宣传会等，拓展为建立针对性教育平台、开发投资游戏等更为系统化和专业化的举措。此外，美国也是较早制定和实施投资者教育国家战略的国家。2006 年，金融扫盲和教育委员会（FLEC）制定了第一个国家战略"掌握未来：金融扫盲国家战略"，作为美国金融扫盲和投资者教育的蓝图；2011 年，在原战略的基础上，该委员会发布了修订后的国家战略"促进美国的金融成功：金融扫盲国家战略"，为美国金融扫盲战略和投资者教育提供了总体框架。

2. 英国投资者教育历程

英国的投教工作在 1998 年之前主要由投资咨询机构、消费者组织和证券公司等自发进行，英国金融服务局（FSA）的参与度不高，投教体系整体上仍存在不系统、不全面等问题。1998 年，英国颁布了《金融服务与市场法》，规定 FSA 负有促进公众对英国金融体系全面了解的法定职责，标志着 FSA 全面介入投资者教育工作。1999 年以来，FSA 开展的投教工作主要包括投放宣传资料、开通消费者帮助（Consumer Help）网页、开展成人投资知识培训班、将投资知识列入中小学教育的课程等。2006 年，FSA 制定了英国首个金融教育国家战略（2006—2011），并以此为依据加强对学校金融教育的支持。

3. 澳大利亚投资者教育历程

早在 20 世纪 90 年代，澳大利亚的金融中介机构就通过举办讲座、设立网站等方式，向投资者提供金融知识和理财技能。澳大利亚的证券交易所（ASX）以投资者见面会、投资竞赛活动等方式开展投资者教育工作。这一时期澳大利亚的各施教组织间缺乏统一和协调，投教内容上存在相互重叠、覆盖面不全等问题。1998 年，澳大利亚颁布了《金融服务改革法案》，该法案明确了澳大利亚证券与投资委员会（ASIC）保护投资者权益、开展投资者教育的职责。此后 ASIC 设立了专门机构，从监管机构的立场出发，建立了投资者教育资料数据库，设立了投资者教育论坛，以及开展了投资者教育深入调研等工作。2011 年，澳大利亚发布了第一个国家金融素养战略计划，从提供工具支持、制定解决方案、建立广泛合作关系等多方面着手改善澳大利亚的金融福祉。

三、中国投资者教育发展历程

与发达国家相比，我国的资本市场建立较晚，投资者教育工作长期面临参与动力不足、覆盖面不全等问题。随着中国资本市场的稳步发展，投教工作的重要性也日益凸显。目前，投资者教育被视为一项重要的基础性制度建设，也是监管机构、自律组织和金融机构等长期的、常规性的工作。我国的投资者教育的发展进程可简单划分为导入期、发展期和转型期：

（1）投资者教育导入期（1990—2000年）。随着20世纪90年代我国证券市场建立及《公司法》《证券法》等的相继出台，投资者教育市场也开始逐渐活跃。2000年，中国证监会发起了一系列大规模的投资者教育"运动"，同年，上交所成立了"投资者教育中心"，专事投资者教育工作。这一时期投资者教育的内容和形式还较为单一，金融机构参与度也较低。

（2）投资者教育发展期（2001—2017年）。在法律法规的不断建立和健全，相关投资者教育规章制度的逐步完善下，我国投资者教育步入发展期，银监会、证监会、上交所及各金融机构也在这期间开展了一系列投资者教育相关工作。2001年7月，上交所联合国泰君安等19家机构，组建了覆盖全国的"投资者教育网络"和"投资者教育中心"二级网站。2007年7月，中国银监会的公众教育服务区正式对广大社会公众开放，并举办了"公众理财教育展览"。2013年，国务院发布了《国务院办公厅关于进一步加强资本市场中小投资者合法权益保护工作的意见》，再次强调了对中小投资者保护的要求，并提出应将投资者教育逐步纳入国民教育体系。

这一时期我国投资者教育的内容、形式逐渐丰富，投资者教育的参与度不断提高，实施主体不断扩大。

（3）投资者教育转型期（2018年至今）。2018年4月，人民银行、银保监会、证监会和外汇局联合发布了《关于规范金融机构资产管理业务的指导意见》，我国进入"大资管"时代，投资者教育工作也随之进入转型期。《资管新规》强调金融机构加强投资者教育、向投资者传递"卖者尽责、买者自负"健康投资理念的责任。2019年3月，证监会与教育部联合印发《关于加强证券期货知识普及教育的合作备忘录》，标志着持续推进投资者教育纳入国民教育体系，提升国民金融素养、推动全社会树立理性投资意识开始成为国家战略。当前，我国投资者教育的有形网络已初步形成，由金融监管部门、金融司法部门、金融机构、教育单位和媒体等多主体共同参与的投资者教育体系基本建立。

第三节　中外投资者教育对比

一、投资者教育发展路径对比

美国作为成熟资本市场的代表，其市场发展离不开全面、系统的投资者教育活动。美国投资者教育的发展经历了由非政府组织自发进行投资者教育到投资者教育系统化、官方化的转变。从早期消费者组织对投资者介绍理财和投资知识，到金融机构提供投资服务并对投资问题进行解答，再到多个政府组织承担投资者教育职能，并于2006年将投资者教育纳入国家战略，构建了更为广泛、专业的投资者教育体系，形成了"由下至上"的投资者教育发展路径。

英国早期的投资者教育活动也主要由社会投资咨询机构、消费者组织和证券公司等自发进行，直到 1998 年英国的《金融服务与市场法》对金融服务管理局（FSA）的投资者教育职责进行了明确界定，FSA 与其他社会组织代表组成了"消费者教育论坛"，以此协调、整合了全国的投资者教育活动。近十年来，在 FSA 的推动下，英国政府也已将投资者教育上升到国家战略层面。

澳大利亚、巴西等国家的投资者教育也大致经历了由社会组织到官方组织的"由下至上"发展路径。与此相反，我国的投资者教育则呈现先由监管机构和自律组织主导，再到金融机构承担相应职责的"由上至下"的发展路径。

20 世纪 90 年代《公司法》和《证券法》的出台为投资者权益的保护提供了法律依据，投资者教育受到监管机构和自律组织的重视。随着上市公司规模的不断扩大，充分加强投资者教育成为了实现资本市场长期稳定发展的必然要求，2000 年开始，银监会、证监会、上交所开始联合各金融机构开展了一系列投资者教育相关工作。2007 年后，资本市场广度和深度不断拓展，金融机构对投资者教育的参与度进一步提高，逐步成为投资者教育活动覆盖面最广、内容形式最丰富的施教者。尽管我国投资者教育起步较晚，但从最初就由官方组织统一布局、协调，并出台相关法律充分发挥各金融机构开展投资者教育活动的职能，"由上至下"的"金字塔"投资者教育体系初步形成。

二、投资者教育方式对比

美国的投资者教育体系建设经历了施教者的单一化、非政府性到多样化和官方化的过渡，已形成了系统化、丰富化的架构。这个过程中投资者教育方式也由基础的提供投资、理财知识读本，开办投资课程、宣传会等发展为建立针对性教育平台，设立投资者教育基金，开发投资游戏等更系统化和专业化的教育举措，且在 20 世纪 90 年代就将金融知识教育正式纳入中小学校课程。同样的，英国、澳大利亚等国家的教育方式也由基础的出版宣传资料、举办讲座、媒体宣传、设立网站等方式，发展为搭建投资者教育资源共享中心，创立网络社区、论坛等投资者教育交流平台，开展国民金融素养调查等活动。

我国的投资者教育方式与美国、英国等国家并无太大差异。在教育活动中，金融机构承担投资者教育的主要责任，例如印制分发金融理财知识读本、宣传册，开展相关宣传会，建立投资者教育基地，通过微信、微博、金融机构交易终端等互联网渠道发布投资者教育内容等，呈现出专业化、多样化、系统化的特点。此外，银监会、证监会、上交所、深交所等也在积极推动将投资者教育纳入国民教育体系，鼓励运用动画片、微电影、H5 页面、游戏等更具吸引力的教育方式来推动投资者教育活动的全面性。

从投资者教育活动种类的多样化、针对性、特色化来看，中外各个国家的投资者教育方式已发展得十分成熟，且社会组织与政府组织在开展教育活动中相辅相成，形成较为全面且系统的投资者教育体系。但美国、英国、澳大利亚等国家的施教者主要为国家政府机构，例如美国的投资者教育及援助办公室、金融业监管局，英国的金融服务局，澳大利亚的证券与投资委员会。而我国的投资者教育更多的集中于金融中介机构的宣传与教育，其他组织机构的投资者教育参与度较低，缺乏专业的、具有针对性的政府组织统筹规划投资者教育活动。

三、国家战略层面对比

1. 国外情况

美国、澳大利亚和英国都早已将投资者教育纳入国家战略体系，从宏观方向上明确提升国民金融素养的目标。下文简要列举了三个国家的投教国家战略的制定、管理和实施计划。

（1）美国。2006年，美国金融文化和教育委员会（FLEC）通过与全国各地的研究中心和大学合作，结合对金融消费者的调查访谈，制定了美国的投资者教育战略，战略的实施工作则主要由消费者金融保护局（CF-PB）来进行，并由国家儿童和青年委员会、高等教育委员会和早期职业生涯/退休规划委员会协助开展。

（2）英国。英国的第一版国家战略是从2006—2011年，主要由金融服务局（FSA）监督实施，旨在对投资者进行教育，从而保护金融市场中的投资者。英国议会随后建立了一个独立的机构以保障金融服务局投资者教育的责任，并协助制定和颁布投资者教育国家战略。英国在2015年10月颁发了最新版本的国家战略。英国还定义了一个金融福祉阶梯，以描述居民的五个层次上不同的财务状况表现。

（3）澳大利亚。澳新银行（ANZ Bank）从2003年起定期开展国民金融素养调查，以此作为制定金融教育国家战略的基础。2011年，澳大利亚证券投资委员会（ASIC）发布了第一个国家金融素养战略计划，从提供工具支持、制定解决方案、建立广泛合作关系等多方面着手改善澳大利亚的金融福祉。截至2019年，澳大利亚已经颁布了3次金融教育国家战略。

2. 国内情况

长期以来，与国外相比，我国的投资者教育缺乏科学规划，投资者获得的金融知识碎片化、浅层化，金融知识普及的针对性不强，导致投资者教育的效果不够理想。2013年，我国虽然制定了《中国金融教育国家战略》并提交G20，但该战略并未产生实质性作用。在此之后，我国的投资者教育主要从纳入国民教育体系，构建多层次投资者教育体系出发，逐步走向国家战略层面。

2013年发布的《国务院办公厅关于进一步加强资本市场中小投资者合

法权益保护工作意见》提出，将投资者教育逐步纳入国民教育体系，有条件的地区可以先行试点。2015 年，广州市 36 所中小学地方课程正式开设金融理财知识教育，成为国内首个将金融理财知识教育纳入国民教育地方课程体系之中的试点地区。

2017 年，证监会投资者保护局围绕包括推动将投资者教育纳入国民教育试点、进行投资者状况调查和投资者有效评估等在内的八个方面重点开展工作，并与教育部沟通，将投资者教育纳入国民基础教育，在中小学、高等院校、职业学校等各级各类学校设置课程，根据学生不同的教育程度普及证券投资知识、提高风险意识。同年 9 月，中国人民银行先后推动上海、广东、四川等 20 余省、市、自治区开展投资者教育纳入国民教育试点工作，将投资者教育纳入中小学、高等院校、职业学校等各级各类学校的课程设置，编制了中小学普及金融知识教材，培训了近万人的师资队伍，各类课程已覆盖数百万人。

2019 年 3 月，中国证监会与教育部联合印发《关于加强证券期货知识普及教育的合作备忘录》，标志着持续推进投资者教育纳入国民教育体系，推动全社会树立理性投资意识成为国家战略。该备忘录的工作方向是进一步将金融知识纳入课程教材体系，提升教师队伍金融素养，开发金融教育资源等，从而解决金融教育资源投入不足、社会关注度不高的问题。

第四节　中外资产管理方向的投资者教育对比

一、针对养老金的投资者教育

在养老金制度建设的国际经验上，最为突出的是美国"三大支柱"养老体系（第一支柱基本养老保险制度、第二支柱雇主养老保险计划和第三支柱个人储蓄养老保险计划)。而美国为了推动养老金计划的实施,也开展了相应的投资者教育。

第二支柱中 DC 计划①的最大特点是雇员能够自主决定养老金投向的资产组合,但这种方式又会导致雇员"非理性投资"的情况。美国最初希望通过投资者教育来解决这一问题,但效果甚微。原因在于,一方面雇员的参与积极性低,另一方面完成投教课程的雇员认为接受培训之后,仍然不知道如何进行理性的资产配置。因此,401K②计划推出了合格默认投资备选机制,当雇员不知道如何选择投资产品时,养老金受托人会默认将资金投向"合格默认投资备选"中的产品,间接减轻了投资者教育的工作量。而在"第三支柱"个人储蓄养老保险(IRAs)的投资者教育上,美国政府主要为设立该计划和对雇员开展该计划相关投资者教育的小企业进行 50% 费用抵扣的税收优惠,作为对该项计划和相应投资者教育的支持。

在我国,养老金第三支柱还处于起步阶段。由于养老金第三支柱直接面向个人,投资者教育将会在推动第三支柱的发展上发挥重要作用。虽然目前并没有养老金第三支柱相关的投资者教育文件出台,但市场各方对做好养老金第三支柱的投资者教育给予了高度重视。针对养老投资者教育方向主要有以下几点:(1)投资者教育要帮助个人树立养老意识,主动开展养老理财规划;(2)养老金是长期资金,投资者教育应该帮助投资者建立长期投资的观念;(3)在资产配置和风险意识的教育上,帮助个人树立多元化投资理念和相应的风险意识。在养老金第三支柱的监管层面上的投资

---

① DC(Defined Contribution)计划即缴费确定型计划,是企业首先确定缴费水平,由企业和职工按规定比例出资,计入个人账户。企业年金缴费可以交给某一金融机构,由该机构向职工提供投资工具,由职工决定投资组合;也可以购买已建立个人账户的团体年金保险,由人寿保险公司提供不同风格的投资账户,由职工决定在不同投资风格账户中的基金单位数。

② 401K 计划来自美国 1978 年《国内税收法》新增的第 401 条 k 项条款的规定(因此被称为"401K"),是一种适用于私人营利性公司,由雇员、雇主共同缴费建立起来的完全基金式的养老保险制度,属于缴费确定型(DC)计划,实行个人账户积累制。同时,企业向员工提供 3 到 4 种不同的证券组合投资计划,员工可任选一种进行投资。

者教育，未来的发展方向可能是：（1）严格投资者适当性管理，完善信息披露和风险管理；（2）加强渠道的教育，再由渠道教育投资者；（3）加强投顾队伍建设，为投资者在生命周期的不同阶段，提供与其风险敞口相匹配的投顾服务。

二、适当性管理与投资者教育

1. 适当性管理制度的发展

国际证监会将投资者适当性定义为金融机构所提供的金融产品或服务与投资者的财务状况、投资目标、知识经验以及风险承受能力等方面的直接契合程度。美国是投资者适当性管理制度发展较为成熟的国家，美国自2007年金融行业监管协会（FINRA）成立以来，逐渐形成了适当性管理统一的规则体系。2010年美国发布《多德—弗兰克法案》，进一步提升了认可投资者的标准和投资者适当性的管理义务。美国金融监管部门在司法实践中强调"卖者有责"，要求会员单位从"客户适当性""了解你的客户"以及"产品的适当性"等方面履行适当性义务。欧盟颁布的《欧盟金融工具市场指令》（MiFID Ⅱ）于2017年生效，规定了欧盟各成员国的金融机构在投资者适当性管理工作中的准则和义务。

我国适当性管理相关制度较早出现在银行业。2005年银监会颁布《商业银行个人理财业务管理暂行办法》，要求商业银行应当"了解客户的风险偏好、风险认知能力和承受能力，评估客户的财务状况，提供合适的投资产品由客户自主选择，并应向客户揭示相关产品风险"。证券市场投资者适当性制度体系构建的起步相对较晚。中国证券业协会于2012年发布了《证券公司投资者适当性制度指引》，严格划分了专业投资者和非专业投资者，明确指出证券公司在向客户销售金融产品或提供金融服务时应遵循适当性管理制度。2017年《证券期货投资者适当性管理办法》由证监会正式发布，为规范证券期货投资者适当性管理提供了法律依据。2018 年公布的《资管新规》中，要求金融机构发行和销售资产管理产品时，应当坚持"了解产品"和"了解客户"的经营理念，加强投资者适当性管理，向投资者销售与其风险识别能力和风险承担能力相适应的资产管理产品。《九民纪要》指出了适当性义务的履行是"卖者尽责"的主要内容，也是"买者自负"的前提和基础。

2. 适当性管理、投资者保护与投资者教育

投资者适当性管理制度对投资者保护、完善资管行业内部治理、减少系统性金融风险等方面都发挥着重要作用。只有切实地将投资者教育落实到各个工作环节中，才能正确引导投资者树立风险意识和自我保护意识，使其在投资过程中更加了解标的资管产品的基本状况，对其风险性与适当性进行合理的评估，做到理性投资于真正适合自身的资管类产品。

国外资本市场中绝大多数国家在投资者适当性管理制度上选择了制定以法为主导的立法模式，以投资者分类为前提，与强化投资者教育并举，对信息披露也十分重视。投资者分类保护是国际上投资者适当性管理的重要特征，也是投资者适当性管理制度中的重要环节。美国将投资者分为专业投资者与普通投资者两类；欧盟 2017 年生效的《金融工具市场指令》将投资者分为合格对手方、专业客户、零售客户三类。不同的投资者分类与经营机构所要履行的适当性操作程序相对应。将投资者分类保护纳入投资者适当性制度已经成为国际共识，但各国对投资者的分类标准和相应的保护措施仍有所差别。与投资者分类保护一样，投资者教育的制度设计也是投资者适当性管理制度中的关键环节。通过对投资者教育国际经验的梳理分析可以发现，一些典型国家和地区通过设立专门的投资者教育机构的方式，提升民众的金融素养，从而使投资者具备相应的专业知识、选择适合其状况的金融产品。

我国资本市场特点是以中小投资者为主，投资者保护应以提升投资者市场主体地位和保障投资者合法权益为出发点，以提高投资者的投资能力、保障投资者自我决策、培育合理的投资者结构并维持资本市场的稳定运行为目标。我国证监会 2017 年发布的《证券期货投资者适当性管理办法》中，明确提出对普通投资者在信息告知、风险警示、适当性匹配等方面给予特别保护。和国外拥有发达金融市场的国家相比，我国的投资者适当性管理起步较晚且发展稍缓，相关规则制度的实施效果欠佳，体系架构还有待完善，在投资者风险承受能力、投资目标的动态评估模型等方面还需不断完善，对于如何运用大数据、云计算等科技手段将投资者与金融产品进行更好的适当性匹配方面也有较大的探索空间，适当性管理的优化和完善仍然是我国资本市场前进道路中的重要内容。2020 年出现的"原油宝"事件、银行净值型理财产品出现负年化收益现象等，使得投资者适当性管理和相应的投资者保护问题再次成为行业内乃至全社会关注的焦点。《资管新规》下，一系列新资产管理产品逐步推出，对投资者的产品识别能力和投资分析能力提出了更高的要求，而中小投资者金融素养的匮乏和投资经验的不足问题突出，投资者教育工作的重要性和迫切性凸显。基于此，金融机构必须秉承"卖者有责"的基本原则开展业务活动和投资者教育工作，才能要求投资者"买者自负"，真正打破刚性兑付。投资者教育是投资者适当性管理体系的重要内容，加强投资者教育，可促使资产管理机构与投资者之间的交流更加深入，使投资者更加了解自身的风险承受能力与投资需求，进而更好地进行适当性管理。

总体来说，适当性管理制度本质是一项投资者保护制度，是维护投资者合法权益的第一道防线，是落实证监会"依法监管、从严监管、全面监管"要求的重要举措。适当性管理制度的核心在于适当性匹配，而投资者教育则是适当性管理制度、投资者保护实施的重要保证。三者环环相扣，共同构筑了保护投资者合法权益的第一道防线。

第五节　中外投资者保护经验借鉴

2007 年全球金融危机使各国重新意识到金融消费者和投资者保护的重要性，危机后，欧美等发达国家陆续推出了一系列金融监管改革措施，取得了积极成效。

一是注重立法，为投资者保护提供制度依据。如 2008 年金融危机后，奥巴马政府公布的金融监管改革方案和国会众议院通过的《2009 年金融消费者保护机构法案》《2009 年华尔街改革与消费者保护法案》掀起了新一轮的金融消费者保护改革。近期，相关法律规范也不断修订完善，如 2019 年 6 月，美国证监会发布了《关于投资顾问行为标准的解释》，对投资顾问的信义义务与相应的行为标准进行了综合梳理与全面解读。欧盟则出台了具有里程碑意义的金融法规《金融工具市场指令》（*Markets in Financial Instruments Directive*，MiFID），构建了金融消费者和投资者保护的立法框架，从增加市场透明度、出台更有效的客户细分规则等多个方面提高了对投资者的保护。

二是强化监管，规范金融机构展业行为。为保护金融消费者和投资者权益，危机后欧美等国家都对金融机构进行了严格的监管，以规范金融机构行为。如欧盟，在宏观审慎监管方面，成立了欧盟系统风险委员会（European Systemic Risk Board，ESRB）负责宏观审慎监管，对系统性风险提出预警并进行处置；在微观审慎监管方面，新成立了三家具有独立法人资格的欧洲监管局（European Supervisory Authorities，ESAs），形成了新的欧洲金融监管体系（European System of Financial Supervision，ESFS），负责微观审慎监管。

三是专设机构，保护金融投资者合法权益。如英国将之前负责监管各类金融服务的金融服务局（Financial Service Authority，FSA）拆分为三个机构：金融政策委员会（Financial Policy Committee，FPC）、审慎监管局

（Prudential Regulation Authority，PRA）和金融行为局（Financial Conduct Authority，FCA）。其中金融行为局以保护金融消费者和确保金融市场健康运行为目标，对所有金融机构的商业行为进行监管。此外，英国还于 2010 年 4 月成立了"消费者金融教育局"（Consumer Financial Education Body，CFEB），独立、系统、全面地开展金融消费者和投资者教育工作。美国方面，2011 年，美国也专门成立了保护金融消费者利益的联邦机构——美国消费者金融保护局。

四是强调信披，充分披露和提示相应风险。如美国，针对在危机中暴露出的问题，美国政府通过一系列改革强调了金融消费者和投资者的基础性准则，包括透明、公平、适用、普及等。根据有关法案，金融机构应当充分、准确、简单、有效地披露其提供的产品和服务的信息，让金融消费者和投资者更好地理解所消费的产品。英国方面，英国政府提出金融机构应该为消费者和投资者提供易于理解且高度透明的金融产品和服务，并且金融机构在提供产品和服务前还要对消费者的金融知识、经验、风险偏好、资产状况等进行充分了解，以保证所提供的金融产品和服务符合"合适且合理"原则。

五是多方参与，构建完善的投资者教育体系。如美国，为提升投资者金融素养，构建了一个多主体参与的相对成熟的投教体系。一是美国消费者教育协会、美国消费者权益协会、美国个人投资者协会、全国经济学教育协会、全国消费者教育联合会等消费组织，都会面向普通消费者和投资者介绍个人理财、投资等方面的知识和技巧。二是证券公司、经纪人、证券咨询机构等证券中介机构也承担着大量的投资者教育工作。三是美国的证券交易所也非常重视投资者教育工作，经常向大众介绍储蓄与投资的基本知识，宣传交易所的各项规则和服务，鼓励投资者进行投资等。四是美国证券交易委员会也积极参与投资者教育工作，通过印发书面材料等方式教育投资者如何保护自身权益、如何了解上市公司的披露资料等。

第四章　投资者教育的重要性及挑战

第一节　投资者"画像"

本报告将财富管理服务客户按理财渠道分为四类：互联网机构理财客户、传统金融理财客户、信托机构客户和私人银行客户。通过发放调研问卷，我们发现各类理财客户平均偏好中短期投资，对于风险的承受能力较弱，绝大多数投资者更熟悉预期收益型理财产品，对于隐性刚兑仍有期待。相对于净值型金融产品，不同渠道的理财客户都普遍更加偏好预期收益型金融产品。近一半投资者认为2021年之后仍有预期收益型金融产品可供投资。

从各类理财客户的对比来看，在投资期限方面，各类理财客户的投资期限均较多集中在1~3年，其中信托客户和私人银行客户平均投资期限最长，其次是传统金融理财客户，互联网理财客户的平均投资期限最短；从风险偏好看，各机构客户群体的风险偏好略有差别，但选择保守投资，不希望本金损失，愿意承担一定幅度收益波动的投资者在各个群体中均占比最高，表明投资者的风险承受意愿仍然比较有限；在投资决策方面，除私人银行客户外，各类机构客户中大部分均自主进行投资决策，其中互联网机构客户自主进行投资决策的占比最高，而私行客户则主要接受银行理财经理的推介；在新规产品接受度方面，各类机构客户均更为偏好预期收益型产品，其中信托客户最为明显，而互联网金融机构客户净值型产品接受度最高。

第二节　资管行业转型背景下投资者教育重要性凸显

根据银行业理财登记托管中心数据显示，资管新规发布前，保本理财产品约占全部理财（保本＋非保本）产品规模的 30%，与资管新规发布前相比，目前保本理财的规模压降幅度超 90%。可见资管新规打破刚性兑付已见成效。另一方面，截止 2020 年底，净值型理财产品存续余额为 17.4 万亿元，占全部理财产品存续余额的 67.28%，与 2019 年底相比，净值型产品比例有所提升，但要在 2021 年底前完成净值化转型仍存在一定压力。

财富管理行业一端连接着实体经济中的融资需求，一端连接着居民财富保值增值需求。2018 年 4 月《资管新规》出台之前，大资管行业刚性兑付普遍存在，主要通过期限和风险错配、多层嵌套等方式，将实体经济中的长端资金需求通过影子银行的方式匹配至居民短期理财产品滚动购买行为中去，这导致风险不断累积，更重要的是使得投资者风险意识淡漠，刚性兑付理念以及非理性行为根深蒂固，而理念、行为和习惯的固化与短期内要破刚兑显然无法匹配。因此，迫切需要加大投资者教育的广度和深度，提高投资者正确的投资认知，形成风险收益匹配的观念，增强"买者自负"的契约精神，这不仅决定《资管新规》能否顺利落地，也决定着整个行业能否健康可持续发展。

总体来看，《资管新规》对资管行业不同金融机构影响程度不一，合格投资者（主要是机构投资者）参与程度较高的产品转型较快，而以风险承受能力较低、客群较大的普通投资者（包括不特定社会公众和自然人合格投资者）为主的银行理财等转型进度不及预期。主要原因是机构投资者在专业知识、风控能力、权利主张等方面占据优势地位，对于打破刚兑的接受意愿和能力远远大于普通投资者，因此，投资者教育应把重点着眼于普通投资者。本节将聚焦资管行业转型背景下，外部环境在投资者教育方面存在哪些短板，同时分析投资者自身需要从理念和行为习惯等方面作出哪些改变以及面对哪些挑战，为下一步做好投资者教育奠定基础。

一、形成良好投资者教育氛围的外部环境仍需改进

1. 法律以及制度层面

现行权责对等的法律环境尚未形成。如，在处理基金销售和基金发行人之间关系时，以证监会为代表的监管机构认为二者的责任是各自承担，但《九民纪要》则要求销售机构与发行人对投资者的损失承担连带责任，这与金融业的特点不相符，容易造成卖方潜在责任过大，投资者保护快于投资者教育渗透进程，不利于营造权责对等的法律环境。

投资者自担风险的市场环境尚未建立。健康投资文化的培育应该建立在依法合规和按市场经济办事的原则基础之上，然而从过去资管产品违约案件来看，在相当一部分群体事件中，虽然主要源于投资者自身原因导致其购买产品或者接受服务不适当，但是出于对弱势投资者的道义支持，政府部门往往或多或少偏向于投资人，在可接受范围内满足其诉求，导致监管被刚兑"绑架"，而投资者则成为"温室里的花朵"，很难经得起打破刚兑的阵痛，急需正确的投资者教育理念引导"买者自负"的风险意识。

2. 金融机构层面

金融机构销售模式，是投资者教育中较为薄弱的环节，根据金融消费者相关调查显示[①]，金融消费者对资管机构合规销售方面的满意度较低。

一是金融机构在销售评价上偏重于对销售规模的考核，而忽视了投资者利益。在规模和业绩导向的业绩评价体系下，一方面，由于销售人员专业素质参差不齐，难以对投资者需求做出专业建议；另一方面，部分资管

---

① 参考信索咨询《2018 年中国银行业消费者权益保护满意度调查》

机构销售人员利用投资者缺乏专业知识、投机心理以及对机构品牌和口碑的信任进行误导甚至欺诈销售，未能根据客户的风险偏好、承受能力以及受教育程度等主客观因素推荐和定制不同的产品，致使投资者在信息高度不对称的情况下承受较大风险甚至蒙受损失，违背了为投资者最佳利益服务的责任和契约精神。

二是产品缺乏统一的信息披露和量化风险评级标准，造成各类资管产品横向比较较为困难，导致投资者无法直观了解和比较投资产品的真实风险状况，且由于产品后续运营状况披露较少，投资者无法实时衡量产品风险，在波动较大的情况下，信息无法全面及时公开往往会引发投资者对净值型产品的恐慌。

三是目前投顾服务的模式仍然以卖方投顾为主，其不直接向投资者收取咨询管理费，而是以代销费提成方式向资管机构收取，这很难让投顾机构完全站在投资者角度去推荐与其风险和需求适配的产品，而倾向于推荐代销费高或者周期较短的产品，不利于投资者资产保值增值以及中长期价值投资理念的形成。

此外，还应关注卖方机构打破刚兑过程中可能存在的道德风险。在新规出台以前，金融机构普遍会为声誉以及行业刚兑的共性行为而提供隐形担保，但随着打破刚兑预期以及经济下行压力不断加大，投资者可能会误认为金融机构将利用打破刚兑、买者自负为借口将违约行为合理化常态化，导致投资者对资管产品净值化转型持怀疑否定态度，从而引发对卖方机构的信任危机，延误净值化转型进程，亟待进行科学地投教引导。

二、投资者意识理念方面

1. 需要作出的改变

一是投资者应树立自身是其财产第一责任人的投资理念。需摒弃过去只看收益而忽视背后风险的观念，应意识到在获得潜在收益的同时必须承担潜在风险。

二是增强金融知识和风险管理的学习。投资者在资金、信息均处于劣势的情况下，只有更加注重相关知识的学习，提高风险防范意识和自我保护能力，才能有效抵御市场风险，减少因投机心理造成的财产损失。

三是积极接受监管部门、金融机构等施教主体进行的投资者教育，认识到投资者教育最终目的是帮助投资者构建正确的家庭理财观，让投资行为变得更长远、更理性、更从容、更快乐[①]，进一步增强自我维权意识，了解《资管新规》对促进财富管理健康可持续发展的重要性，意识到净值化转型是大势所趋。

2. 相应面临的挑战

一是由于我国金融行业特别是银行业以及国企背景的金融机构特殊信誉以及隐性刚兑的客观存在，投资者对部分资管产品尤其是银行理财会贴上"无风险"的标签，认为只要是通过银行或者具有国企背景大公司背书进行投资的产品都是稳赚不赔的，短时间内彻底转变需要进行针对性引导。根据《中国财富管理报告 2019》中对《资管新规》出台后投资行为调查结果来看，出现了投资者对银行理财更加担心却更有可能增加银行理财投资的矛盾现象，说明投资者并没有深刻意识到净值型产品的差异。

二是我国投资者教育起步较晚，在基础教育体系中渗透率较低，社会化投教的普及程度不高，相比西方国家"从娃娃抓起"的投教体系，我国个人财富规划意识和能力仍有待提高。根据央行《2019 年消费者金融素养调查简要报告》调查，消费者能够正确识别各类金融投资产品风险大小的占比仅为 29.89%。

三是虽然国家与监管部门越来越重视投教工作，各类投教主体都努力

---

① 董登新：《投资者教育的内涵及实现路径——投资者保护的最基础性工作》。

履行社会责任主动增加投教供给，但是投资者的投教需求仍有待提升，仍有较大比例的投资者缺乏长期接受金融教育的意识①。

三、投资者行为习惯方面

1. 需要作出的改变

一是理性投资，避免盲目从众。投资者应回归"投资有风险、决策需谨慎"的第一性原理，减少人云亦云的从众行为，构建全生命周期的理财观，应选择与自身风险偏好相匹配的产品，不要盲目购买亲朋好友、销售人员等推荐的不符合自身风险偏好的产品。

二是提升金融素养，增强产品信息知情权的权利意识。相关研究表明，投资者金融素养的提升有助于在购买金融产品时做出更全面理性的投资决策。此外，在购买资管产品时应仔细阅读并理解产品合同的权责利，对于不理解的合同条款要在"双录"或者具备留痕环境下询问销售人员。

三是应通过正规渠道购买产品，警惕诱导式销售。当前，"飞单"等隐蔽性较强、带有欺诈性质的违规销售行为不仅对投资者资金安全和金融机构声誉造成较大风险，而且容易引发投资者"谈理财色变"，刚刚唤起的全民理财意识和氛围有可能因此降温。如部分线上金融销售平台利用投资者对银行的盲目信任，在夸大产品收益率的同时冒称是某银行发行或者担保的理财产品，投资者需要具备相应的鉴别能力。例如可以通过具有唯一性的理财产品登记编码来判断产品是否合法合规。

四是及时更新个人风险评估信息，如实反映风险承受能力。金融机构通常是根据投资者提供的个人信息履行投资者适当性义务，而投资者也有义务基于诚信委托提供相关信息，以使卖方形成更为精确的投资者"画

---

① 中国投资者教育现状调查报告（2019）。

像"并执行投资者适当性要求。

2. 相应面临的挑战

一是路径依赖导致投资者仍然习惯于接受预期收益型产品，而对于每日盯市、波动性较高的净值型产品，由于确定性效应的存在，投资者特别是风险厌恶型投资者通常会排斥不确定性事件，不利于净值化产品推广。

二是投资者尚未养成重视合同条款的良好习惯，抱有口头承诺重于合同条款的心理，普遍存在机会主义和懈怠行为，认为只要能够获得预期收益，合同如何规定并不重要；另外，冗长晦涩的格式合同难以让投资者在短时间内明晰其权利义务和产品潜在风险。根据央行《2019年消费者金融素养调查简要报告》统计，仅有44.21%的消费者会仔细阅读合同条款。

三是对风险评估的重视程度不够。当前，投资者倾向于方便快捷的线上认购产品，对于线上风险评估问卷，一些投资者为了购买高风险等级的产品而谎报个人风险承受能力，甚至销售人员还配合默许投资者这些行为；同时还有部分投资者因无法准确理解问卷而随意作答，这些行为都导致了投资者信息记录的失真，无法利用其进行细化分析，反映客户的真实需求，容易形成买方道德风险。

四是投教内容偏功利化碎片化，不利于价值投资理念的形成。一方面，金融机构开展投教工作侧重于满足监管要求，提供充分适当的投教意愿较低。另一方面，当前的投教主体尤其是金融机构偏重于各自涉及的业务领域进行投教，鲜有能够系统性地针对投资者进行全生命周期的理财观念和需求进行施教，而此前资管产品多数是利用期限错配模式进行套利，造成了很多投资者不重视价值投资，特别偏好短期高收益产品，缺乏全生命周期特别是长期投资的理念，不利于打破期限错配和中长期净值化产品的推广。

第五章　健康投资文化培育相关建议

第一节　法律和制度层面建议

在分析当前法律和制度及借鉴国外相关做法的基础上，课题组认为，培育健康投资文化一要明确相关的定义和概念，二要通过完善立法等途径营造"卖者尽责、买者自负"的法律环境，三要在资管行业中逐步推动"信义义务"共识，四要大力发展机构投资者，五要进一步完善司法救助机制，六要进一步深化投资者教育的深度和广度。

第一，明晰金融消费者和金融投资者的概念。从国际经验看，美国政府严格区分了金融投资者和金融消费者，金融投资者主要指证券市场和衍生品市场的消费者，金融消费者主要指证券期货市场以外的消费者。鉴于我国现有法律法规中仍存在金融消费者和金融投资者的概念，为进一步厘清金融消费者和金融投资者概念和范畴，本文建议将享受金融机构间接金融服务，即享受银行存取款、支付结算、购买保险等金融服务的对象界定为金融消费者。此时金融机构最主要的职责是履行承诺，保证服务质量。而对于金融机构直接金融服务的参与方，如投资证券、购买理财产品的客户应该为金融投资者。《资管新规》也使用的投资者概念，并对投资者进行了分类，把资产管理产品的投资者分为不特定社会公众和合格投资者两大类，而未使用金融消费者的概念。

第二，完善法律和制度，营造"卖者尽责、买者自负"的法律环境。

一方面，从进一步发挥资管行业支持实体经济的角度考量，应进一步统一上位法、指导思想、监管理念、监管办法等，有效推进、清晰厘定集合资产管理、全权委托资产管理、投资咨询、财富管理等业务板块间的关联联系和定位，推动功能性监管与机构监管有机结合，降低监管套利和监管真空，统一各机构主体相似业务的监管体系或者法规。同时，在统一规则的同时给整个行业发展、产品创新留出一定空间。另一方面，结合当前银行理财的存量处置问题，补齐相关的制度短板，如理财子公司关联交易办法、理财子公司销售办法尽快出台等，为银行存量理财的处置、转型等提供依据。当金融机构能够提供合格的理财产品时，消费者才能做到买者自负。最后，也要加大对金融欺诈行为的法律制裁力度，提高金融机构违法的成本。

第三，在资管行业中逐步推动"信义义务"共识。信义义务的明晰和强化对保护资产管理产品投资者的合法权益来说甚为关键。信义义务首先应该表现为投资者利益优先。目前，我国信义义务的规范主要是《公司法》《证券法》《信托法》《证券投资基金法》，其中，《信托法》《证券投资基金法》中有关受托人信义义务的规定可以直接适用于资产管理业务中的相关金融机构。但总体来看，上述规范对信义义务的规定过于简单笼统，信义义务的内容也过于狭窄，有关信义义务的具体判定标准也不甚明了，难以在司法实践中被用来保护相关主体的合法权益。后续，可根据投资者的实际情况和产品属性，进一步细化信义义务规范标准。一是对各金融业重复的信义义务规范按照效力等级进行删减；二是根据各类资管产品的风险、收益等特征，确定金融机构信义义务的高低层级及具体要求；三是按照资管行业的发展变化，适时修订金融机构信义义务规范，以实现不同种类资管产品信义义务要求的平衡。

第四，大力发展机构投资者，逐步提升投资者素养。在打破刚兑的情形下，需要结合不同层次、不同群体的投资者情况去构建健康的投资文化。当前，我国的投资者素养普遍不高，对"买者自负"的接受度还不高。即使是拥有专业能力的机构投资者，也没有完全做好接受其所面临损失的准备。比如PE类私募基金，从文化、知识、财力角度来讲，PE投资可以说是我国最高层次的投资者群体，但他们对于股权投资风险承担的接受度还有待提升，虽然从知识角度会理解，但是从接受角度来讲，也还是会比较排斥，所以才会存在对赌协议。但相比普通投资者来说，机构投资者的金融素养还是处在较高水平，所以后续应大力发展专业化的机构投资者，引导更多的机构投资者参与资管行业，同时，为更好地与国际接轨，可依托金融对外开放机遇，引入更多外资机构投资者参与到资管行业中，提高投资者整体金融素养，助力健康投资文化的形成和发展。

第五，进一步完善司法救济机制。我国现行法律法规尚未明确提出可将金融机构信义义务规范作为民事裁判的依据，更多的是作为监管处罚的根据。将金融机构信义义务规范用作行政处罚和民事裁判的依据，有助于降低立法成本，也能起到保障投资者合法权益的作用。为此，有必要在立法上明确，无论是金融法律、监管法规抑或自律规范，其中关于对金融机构信义义务的规定，都可作为行政处罚、司法裁判、民事救济的援引依据。

第六，进一步深化投资者教育的深度和广度。2013年发布的《国务院办公厅关于进一步加强资本市场中小投资者合法权益保护工作的意见》，曾指出要将投资者教育逐步纳入国民教育体系。但现实中，投资者的金融素养差距过大，给金融机构等主体开展投教活动带来一定困难，使得投教的针对性不高，效率低下。一方面建议将投资者教育提升到国家金融发展的战略高度，制定投资者中长期发展规划，明确发展方向；另一方面，建议深化投资者教育的深度与广度，进一步将投资者教育纳入国民教育体系，通过科学设计投资者教育内容，合理定位不同教育主体角色分工，促进投资者群体素质的整体提升。

第二节　对机构主体的建议

一、促进行业共识，构建长期、健康投资生态

投资者教育及引导不应停留在知识和理念的普及及完善，更重要的是伴随投资者的全流程环节和生命周期，构建完整的长期、健康的投资生态圈，实现多方共赢。在资产管理行业链条中，从上游到下游依次为上市公司、资产管理人、销售机构及投资者。因此，在投资者教育和引导的过程中，除了着眼于投资者的投资行为，还需要考虑到投资其他环节的作用及影响，逐渐形成理念一致的投资闭环，也让投资者了解和认识到投资中各个环节所发挥的重要作用，从而帮助广大投资者建立更为理性的投资行为，获得长期稳定的投资收益。

二、打破原有销售模式，实现客户服务转型

资管行业的转型，是资产和负债的同时的转型，需要站在统一的角度统一考量。目前，行业转型更多地关注于对于资产的转型，资产转型对于金融市场会有直接的冲击，而且会影响实体经济。但实际上，整个资管业务的发展在极大的程度上取决于客户能否成功转型，也就是取决于客户的接受程度和整个渠道募集资金的能力。原来所有刚性兑付条件下的较粗放的销售模式，需要推倒重建。提高客户对于新规产品的接受程度，是整个转型中的重中之重，从这个角度上来说，在转型的过程中，需要优先考量客户需求，确保客户在整个过渡期中的平稳过渡，客户未来对于新规产品的接受程度，是整个资管行业实现成功转型的一个前提。

三、从投资者教育到投资者陪伴

新规前，由于规模占比较高的理财产品、信托产品等资管产品"刚性兑付"的特征，资管机构更多聚焦于向客户阐述收益和期限的销售行为；新规后，资管产品开启全面净值化转型道路，资管机构应秉承以客户为中心的服务理念；强调陪伴而非教育投资者，实现投资者全流程和全生命周期的共同成长。

四、投资者教育与品牌建设相结合

投资者教育是践行金融机构企业社会责任重要的组成部分。随着居民财富的增加，居民理财需求不断深化和拓展；面对纷杂的理财工具和产品以及变革的行业环境，居民理财观念、金融知识的积累严重滞后。而投资者教育的发展并非一蹴而就，需要不断的投入和积累。金融机构可将投资者教育的积累与自身品牌建设的积累相结合，践行社会责任，以专业陪伴客户，以投资者教育和陪伴树立专业、诚信的品牌形象，实现居民财富保值增值，推动投资者、机构、社会共赢和共同成长。

五、积极推动买方投顾，引导资管市场良性发展

随着居民财富的不断增长，居民资产配置结构中的金融资产配置比例逐渐提高，但相较于主要发达国家仍有较大的上行空间。除此之外，投资理念的逐渐成熟也促成了金融投资的机构化趋势明显。2019 年 10 月下旬中国证监会发布《关于做好公开募集证券投资基金投资顾问业务试点工作的通知》（以下简称《通知》）。买方投顾或有利于促使基金持有人成本下

降，引导市场良性发展。

六、科技助力投教，实现精准触达

为帮助长尾投资者获得公平、便捷的投教服务，金融机构可以通过使用数据分析能力，根据投资者客观风险承受能力、主观风险偏好、收益诉求、流动性诉求等来刻画投资者风险画像，为其提供有针对性的投教服务。通过运用大数据模型分析用户行为特征，分析用户对于金融教育内容的需要，并对用户进行分层的精细化运营，有针对性地向用户输出其所需要的教育内容，做到"千人千面"，在了解投资者的基础上针对性地满足投资者的受教育需求，为用户节省信息筛选成本，提高投教效果。

参考文献：

［1］ BALL R. The Global Financial Crisis and the Efficient Market Hypothesis：What have We Learned［J］. Journal of Applied Corporate Finance，2009，21：8 – 16.

［2］ Bernheim B D, Garrett D M, Maki D M. Education and saving：The long – term effects of high school financial curriculum mandates［J］. Journal of public Economics，2001，80（3）：435 – 465.

［3］ Bianchi M.. Financial Literacy and Portfolio Dynamics［J］. Journal of Finance，2018，73（2）：831 – 859.

［4］ Brav, A, Heaton, J. B. Competing Theories of Financial Anomalies［J］. Review of Financial Studies，2002，15（2）：575 – 606.

［5］ Brown, P., Chappel, N., Rosa, R., Walter, T. The Reach of the Disposition Effect：Large Sample Evidence AcrossInvestor Classes［J］. International Review of Finance, 2006, 6 (1 – 2): 43 – 78.

[6] Bucher – Koenen T, Ziegelmeyer M. Once Burned, Twice Shy? Financial literacy and wealth losses during the financial crisis [J]. Review of Finance, 2014, 18 (6): 2215 – 2246.

[7] Calvet, Laurent E., John Y. Campbell, Paolo Sodini, Measuring the Financial Sophistication of Households [J]. The American Economic Review, 2009, (2): 393 – 98.

[8] Campbell J. Y., Kyle A. S.. Smart Money, Noise Trading and Stock Price Behaviour [J]. Review of Economic Studies, 1993, 60 (1): 1.

[9] Danes S. M., Huddleston – Casas C., Boyce L.. Financial Planning Curriculum for Teens: Impact Evaluation [J]. Journal of Financial Counseling and Planning, 1999, 10 (1).

[10] Daud S. N. M., Marzuki A., Ahmad N., et al. Financial Vulnerability and Its Determinants: Survey Evidence from Malaysian Households [J]. Emerging Markets Finance & Trade, 2019, 55 (7 – 9): 1991 – 2003.

[11] Disney, Richard, Gathergood, Jhon. Financial Literacy and Indebtedness: New evidence for UK consumers [J]. discussion papers, 2011.

[12] Dohmen T, Falk A, Huffman D, et al. Are risk aversion and impatience related to cognitive ability? [J]. The American Economic Review, 2010, 100 (3): 1238 – 1260.

[13] Dvorak T, Hanley H. Financial literacy and the design of retirement plans [J]. The Journal of Socio – Economics, 2010, 39 (6): 645 – 652.

[14] Fama, Eugene F.. Efficient Capital Markets: A Review of Theory and Empirical Work [J]. Journal of finance, 1970, (25): 383 – 417.

[15] Forbes J, Kara S M. Confidence mediates how investment knowledge influences investing self – efficacy [J]. Journal of Economic Psychology, 2010,

31 (3): 435 –443.

[16] Frederick S. Cognitive reflection and decision making [J]. The Journal of Economic Perspectives, 2005, 19 (4): 25 – 42.

[17] Gaudecker H, Von M. How does household portfolio diversification vary with financial literacy and financial advice? [J]. The Journal of Finance, 2015, 70 (2): 489 –507.

[18] Gerardi K, Goette L, Meier S. Financial literacy and subprime mortgage delinquency: Evidence from a survey matched to administrative data [J]. 2010.

[19] Gerardi K, Goette L, Meier S. Numerical ability predicts mortgage default [J]. Proceedings of the National Academy of Sciences, 2013, 110 (28): 11267 –11271.

[20] Guiso L, Jappelli T. Financial literacy and portfolio diversification [J]. Csef Working Papers, 2009, 10 (5): 515 –528 (14).

[21] Halling P. Do better educated investors make smarter investment decisions? [J]. JEL classification G, 2009, 11: I21.

[22] Hastings J S, Tejeda – Ashton L. Financial literacy, information, and demand elasticity: survey and experimental evidence from Mexico [R]. National Bureau of Economic Research, 2008.

[23] Hong H, Kubik J D, Stein J C. Social interaction and stock - market participation [J]. The journal of finance, 2004, 59 (1): 137 –163.

[24] Hsiao Y J, Tsai W. Financial Literacy and Participation in the Derivatives Markets [J]. Journal of Banking and Finance, 2018, 88 (3): 15 –29.

[25] Lakonishok J, Shleifer A, Vishny R W, et al. Do Institutional Investors Destabilize Stock Prices? Evidence on Herding and Feedback Trading [J]. National Bureau of Economic Research, 1991.

［26］Loke Y J. Financial Vulnerability of Working Adults in Malaysia [J]. Contemporary Economics, 2017, 11 (2): 205 –218.

［27］Lusardi A. Financial education and the saving behavior of African American and Hispanic households [J]. Report for the US Department of Labor, 2005.

［28］Lusardi A, Mitchell O S. Financial literacy and retirement planning: New evidence from the Rand American Life Panel [J]. Michigan Retirement Research Center Research Paper No. WP, 2007, 157.

［29］Lusardi A, Mitchell O S. (2011a). The outlook for financial litera-cy, in: O. S. Mitchell and A. Lusardi (eds.), Financial Literacy: Implications for Retirement Security and the Financial Marketplace, New York, Oxford University Press.

［30］Lusardi A, Mitchell O S. (2011b). Financial literacy and plan-ning: Implications for retirement wellbeing [R]. National Bureau of Economic Research, 2011b.

［31］Lusardi A, Mitchell O S. (2011c). "Financial Literacy around the World: An Overview." Journal of Pension Economics and Finance. 10 (4): 497 508.

［32］Lusardi A, Mitchell O S. (2011d) Financial literacy and retirement planning in the United States, Journal of Pension Economics and Finance 10, 509 –525.

［33］Lusardi A, Michaud P C, Mitchell O S. Optimal Financial Knowl-edge and Wealth Inequality [J]. Journal of Political Economy, 2017, 125 (2): 431 –477.

［34］Lusardi A, Tufano P. (2009a) Debt literacy, financial experiences, and overindebtedness, unpublished working paper, NBER.

[35] Lusardi A, Tufano P. (2009b) Teach workers about the perils of debt, Harvard Business Review, November, 22 – 24.

[36] Odean T. Volume, Volatility, Price, and Profit When All Traders Are Above Average [J]. Journal of Finance, 1998, 53 (6): 1887 – 1934.

[37] Yusof S A, Rokis R A, Jusoh W J W. Financial fragility of urban households in Malaysia [J]. Jurnal Ekonomi Malaysia, 2015, 49 (1): 15 – 24.

[38] 陈平. 论我国股票市场投资者的有限理性行为——基于投资者认知偏差的分析 [J]. 当代经济, 2008, (5): 128 – 130.

[39] 陈日清. 投资者过度自信行为与中国 A 股波动性 [J]. 投资研究, 2014, 33 (02): 89 – 103.

[40] 顾海峰. 我国证券市场个人投资者教育问题研究 [J]. 上海金融, 2009, (5): 48 – 51.

[41] 顾海峰. 我国证券市场投资者非理性行为的治理路径研究——兼论投资者教育体系的构建 [J]. 南方金融, 2013, (3): 62 – 65.

[42] 郝鹏. 我国证券市场个人投资者教育探析 [J]. 现代商贸工业, 2012, (24): 107.

[43] 何德旭, 周宇. 中国证券投资者保护机制的创新方向与实现路径 [J]. 金融评论, 2015 (1): 1 – 9.

[44] 李学颖. 谈投资者教育 [J]. 金融教学与研究, 2005, (5): 52 – 53.

[45] 李建勇, 刘海二, 曹战京. 证券投资者教育与国民教育体系 [J]. 上海金融, 2015, (2): 50 – 55.

[46] 李月琳, 胡玲玲. 投资者信息行为分析: 信息源的选择与利用研究 [J]. 情报资料工作, 2012 (4): 90 – 97.

[47] 施喜容, 孟德锋. 金融知识、风险承受能力与退休养老规划选择 [J]. 金融教育研究, 2018, 31 (2): 14 – 20.

［48］宋军，吴冲锋．基于分散度的金融市场的羊群行为研究［J］．经济研究，2001（11）：21－27.

［49］伍燕然，黄文婷，苏淞，江婕．基金投资者处置效应的个体差异［J］．国际金融研究，2016（3）：84－96.

［50］吴卫星，吴锟，沈涛．自我效能会影响居民家庭资产组合的多样性吗［J］．财经科学，2016（2）：14－23.

［51］许志，干沁雨，徐加根．中国期货市场处置效应研究［J］．宏观经济研究，2013，（10）：114－122.

［52］尹志超，宋全云，吴雨．金融知识、投资经验与家庭资产选择［J］．经济研究，2014，49（4）：62－75.

［53］尹志超，吴雨，甘犁．金融可得性、金融市场参与和家庭资产选择［J］．经济研究，2015，50（3）：87－99.

［54］庄学敏．投资者信心、投资者行为与投资者教育效率研究［J］．经济管理，2009，31（2）：156－164.

［55］庄学敏．投资者教育能提高投资者理性水平吗？［J］．证券市场导报，2012，（1）：19－24.

［56］曾志耕，何青，吴雨，等．金融知识与家庭投资组合多样性［J］．经济学家，2015（6）：86－94.

［57］张兵，李晓明．中国股票市场的渐进有效性研究［J］．经济研究，2003（1）：54－61，87－94.

［58］张腾文，王威，于翠婷．金融知识、风险认知与投资收益——基于中小投资者权益保护调查问卷［J］．会计研究，2016（7）：66－73，97.

［59］宋涛，钱锐，李苏南．金融素养与教育水平对家庭金融行为影响的实证研究［J］．金融纵横，2015（5）：85－93.

调研篇

一、调查内容

自 2018 年 4 月《资管新规》出台以来，我国资产管理行业步入向新规转型的过渡期。在此期间，监管部门和金融机构开展了大量工作，确保转型的有序推进。根据《资管新规》第二十九条，过渡期将于 2020 年底结束。2020 年 7 月 31 日，考虑到新冠疫情对经济金融带来的冲击，央行会同有关部门研究决定将新规过渡期延长至 2021 年底。即便如此，资管机构的转型压力仍不容忽视。为了及时准确的掌握我国个人财富管理行业动态，课题组在全国范围内面向个人理财客户和理财经理开展了大规模的问卷调查，旨在全面观察我国个人理财行业的客户特征，了解当前市场参与者对《资管新规》的理解和认知。

调查问卷由"理财客户问卷"和"理财经理问卷"两部分组成。其中，理财客户问卷由"个人背景资料""家庭资产配置及负债情况""金融知识""风险偏好和投资服务偏好"和"资产管理新规产品偏好"五部分组成，偏重于了解个人投资者的资产配置情况和《资管新规》下的理财服务需求；理财经理问卷由"个人背景资料""客户服务情况""金融知识""资产管理新规产品认知及对业务的影响"四部分组成，偏重于了解理财经理提供专业理财服务的情况和产品转型对一线工作人员的影响。

本次调查覆盖了互联网和传统理财机构等多个渠道，调查对象覆盖了资产规模从一万元以下到千万元以上的各类理财客户，能够较为全面地展示我国个人理财市场的基本情况。

二、调查对象和调查方法

本报告将财富管理服务客户按理财渠道分为四类：互联网机构理财客户、传统金融理财客户、信托机构客户和私人银行客户。

互联网理财机构以提供低门槛的普惠金融服务为重要特征，客户群体通常体量巨大，而人均资产规模较小。课题组选取了某大型互联网理财服务平台进行客户调查，通过向手机客户端活跃用户大规模推送问卷、用户主动作答的形式，收回有效样本 4 728 份。由于互联网理财渠道通常不设置理财经理，因此未投放理财经理问卷。

传统金融理财机构主要包括银行和券商两类机构，是我国普通投资者接受理财服务的主要渠道。这类客户的资产规模显著高于互联网理财客户。针对这一类客户，课题组通过一家国有大行和一家券商进行客户调查，其中，该银行通过理财经理直接面向网点客户投放问卷，该券商在各个营业部通过理财经理向客户推送电子问卷，均覆盖了全国范围内不同社会人口特征、不同资产规模的客户。两家机构共收回有效客户问卷 1 500 份，客户经理问卷 300 份。

信托类产品的认购起点较高，信托机构服务的理财客户的资产规模显著高于银行和券商的普通客户。课题组选取了某大型信托机构进行客户调查，通过该机构总部将问卷按照各个营业部人数比例下放，覆盖了不同年龄、资产规模特征的客户，通过理财经理电话采访和现场收集，收回有效客户问卷 627 份，客户经理问卷 153 份。

对于资产规模更高的理财客户，课题组选取某国有大行私人银行作为调查渠道。通过私人银行理财经理面向客户进行电话采访，获得有效客户问卷 133 份，客户经理问卷 127 份。

基于以上样本的回收结果，本报告刻画了我国理财客户和理财经理的群体特征，以及两类群体对于《资管新规》背景下净值型金融产品的理解和认知。

三、理财客户调查结果

（一）调查对象背景

从年龄结构来看，本次调研的调查对象中，互联网机构理财客户中年轻客户最多，小于 30 岁的占 49%。传统金融机构理财客户以中年为主，41 岁以上客户超过 50%。信托机构和私人银行客户年龄最大，41 岁以上客户占比超过 69%。从性别来看，除互联网机构男性客户占比为 72%，大于女性客户之外，传统金融机构、信托机构以及私人银行女性占比均大于男性，分别为 50.3%、60.4% 和 57.1%。

调查对象的教育背景方面，各机构的客户均以本科学历为主，本科及以上学历占总体的 50% 以上，远高于全国居民平均水平。

收入水平方面，互联网机构理财客户税后年收入 5 万元以下的最多，占 39.7%。传统金融机构理财客户税后年收入主要集中在 5 万 ~ 10 万元和 10 万 ~ 20 万元。信托机构客户税后年收入在平均意义上最高，20 万元以上的占比达到了 70% 以上。私人银行的高收入客户占比最高，收入 100 万元以上客户占比为 36.8%。

收入来源方面，调查对象的主要收入来源为工资劳务报酬，互联网机构理财客户中，主要收入来源为工资劳务报酬的占 75.2%，传统金融机构理财客户占 75.5%；信托机构客户占 46.9%，私人银行客户占 31.6%。此外，信托客户和私人银行客户有部分主要收入来源为生产经营所得。

金融相关教育背景方面，调查对象中大部分客户金融相关教育较为欠缺，未接受过教育或者自学过相关教材。各类机构理财客户均有约 60% 仅自学过一些金融的教材和书籍或完全没有接受过金融相关的教育。

投资经验方面，大多数客户的理财经验都是丰富或非常丰富，尝试过多种投资工具，总体占比达到了 50% 以上。

本调查还包含了投资者个人对自己金融知识水平的判断。超过 90% 的投资者认为自己的金融知识水平（远）高于或者约等于同龄人的平均水平，一定程度上反映了基金个人投资者对自己的金融知识水平的自信。

（二）调查对象家庭资产配置及负债情况

由于各机构服务的客户群体存在较大差异，不同机构之间客户持有的金融资产规模截然不同。互联网理财机构以低门槛为特征，提供的理财产品几乎没有购买金额的最低限制，主要面向资产规模较小的客户。传统金融机构以商业银行和券商为主，销售的部分理财产品有几万元到几十万元不等的购买起点限制。信托产品通常要求单笔认购金额在一百万元以上，而私人银行则对客户的资产规模有更高的要求。因此，互联网理财机构、传统金融机构、信托机构和私人银行客户的金融资产规模呈现出由低到高的特征。

在本次调查样本中，85.6%的互联网机构客户持有的金融资产不到10万元，99.7%的客户金融资产在100万元以下，而传统金融机构客户金融资产超过100万元的占比为58.4%。信托机构和私人银行客户的金融资产规模几乎都在500万元以上。

在调查对象持有的金融产品方面，调查结果显示银行理财产品在各类客户的资产配置中均有较大比重。银行理财产品在私人银行客户、传统金融机构理财客户和信托机构客户中的持有率分别为89.5%、38.6%和24%。私人银行客户资产配置中银行理财产品的占比相对较高，48%的客户将超过30%以上的金融资产配置在银行理财产品上。

在养老金来源方面，虽然各类机构的客户选择较为分散，但选择最多的是养老保险和个人储蓄。超过70%的客户选择了养老保险，接近20%的客户选择了个人储蓄。

（三）调查对象的金融知识

本次问卷中包含了9道关于金融知识的测试题。测试题涵盖存款利率、单利和复利的计算、通货膨胀、货币的时间价值、风险与收益的关系、银行职能、金融产品的风险对比、理财产品基本知识等9个方面的内容，全方位考察投资者的金融知识水平。

与银行、信托、券商等金融机构理财客户相比，互联网金融机构客户的资产规模较小、投资经验较少、金融知识较为有限。从正确率来看，信托机构、私人银行和传统金融机构客户的正确率较高，均达77%以上，而互联网金融机构的客户正确率最低，为62%。

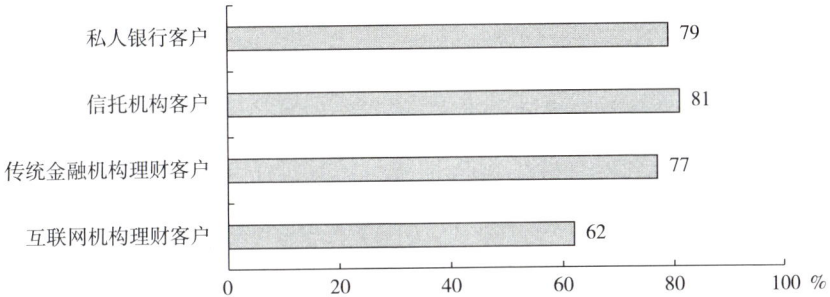

图1 客户的金融知识正确率

在调查客户是否理解投资收益与风险的关系时，四类客户的正确率均在90%以上。

在基本金融市场信息方面，互联网机构客户答题正确率为67.9%，传统金融机构客户答题正确率为88.1%，而信托机构和私人银行客户的答题正确率均在90%以上。

在客户是否了解基本金融利息计算的考察中，互联网机构客户答题正确率在60%左右，其他机构客户在单利计算上正确率在90%左右，在复利计算上正确率为80%左右。

在对于投资工具知识的考察中，互联网机构理财客户正确率56.3%；传统金融机构理财客户75.2%；信托机构客户88%；私人银行客户79%。

在对于客户是否了解我国制定和执行货币政策的机构的考察中，互联网机构理财客户正确率47.9%，其他三类客户正确率均超过80%。

在对于客户是否对银行理财产品有正确认知的考察中，互联网机构理财客户答题正确率为64.2%，传统金融机构客户正确率为79.6%，信托机构正确率为87.2%，私人银行客户正确率为84.2%。

（四）调查对象的风险偏好和投资服务偏好

各类理财客户均偏好中短期投资。调查结果显示，调查对象的计划投资期限普遍在三年以内，各机构均有超过60%的客户选择了三年以内。

在重点投资品类方面，调查对象普遍偏向于重点投资于债券、货币市场基金、债券基金等固定收益类投资品种和股票、混合型基金、股票型基金等权益类投资品种，有超过50%的客户都选择了这两类产品。

各机构调查对象的风险偏好略有差别。在极度厌恶风险客户占比方面，信托和私人银行占比最少，互联网和传统金融机构占比不超过20%；各机构保守投资的客户占比最高，集中在40%～50%；愿意承担有限本金损失的客户占比30%～40%；极少客户追求高风险和高收益。在能承受的最大损失方面，各机构调查对象均有超过80%的投资者，选择所能承受的最大投资损失在30%以内。

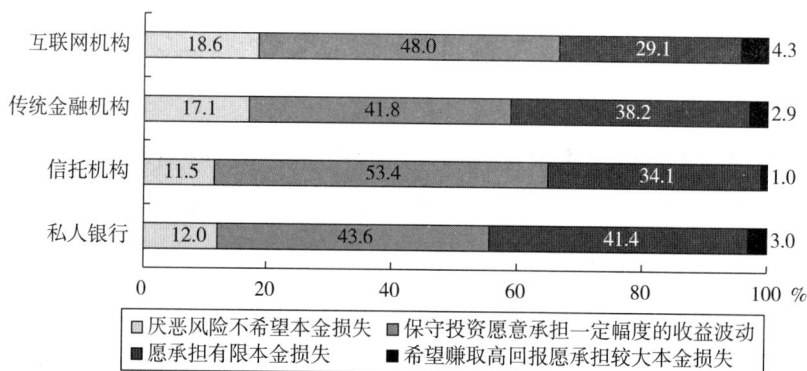

互联网机构	18.6	48.0	29.1 4.3
传统金融机构	17.1	41.8	38.2 2.9
信托机构	11.5	53.4	34.1 1.0
私人银行	12.0	43.6	41.4 3.0

☐ 厌恶风险不希望本金损失　☐ 保守投资愿意承担一定幅度的收益波动
■ 愿承担有限本金损失　■ 希望赚取高回报愿承担较大本金损失

图2　调查对象的风险偏好

从投资风格来看，相较于高收益、高风险产品，大部分调查对象偏好低收益、低风险产品，体现了稳健的投资风格。其中传统金融机构客户最为保守，选择全部投资于低收益、低风险产品的比例最高，约占30%。

被问及投资首要目标时，各机构均有超过70%的客户表示其投资首要目标是"尽可能保证本金安全，不在乎收益率比较低"或"产生较多的收益，可以承担一定的投资风险"。

在投资风险接受度方面，结果显示，调查对象投资容易呈现明显焦虑，有近17%的互联网机构客户在本金无损失但收益未达预期的时候就会呈现明显焦虑；近40%的客户在百分之十以内损失会呈现明显焦虑。

被问及投资关注重点时，调查对象中有超过70%的客户会重点关注收益率，超过60%的客户重点关注风险程度，超过30%的客户重点关注投资期限。

投资渠道方面，大部分客户都有通过互联网平台购买理财产品的经历，但银行的线上线下渠道仍是金融理财产品的主流销售渠道。在传统金融机构、信托机构、私人银行客户中，主要通过线上线下银行网点购买理财产品的占比均超过60%，其中私人银行客户超过90%。仅互联网金融机构客户主要通过互联网销售平台购买理财产品的比例较高，为39%，其余类型机构客户均低于3%。

调查对象有一定的积极性自主参与投资决策。互联网机构客户中自己分析和做出投资决策的占64%，信托机构客户占50%。对于传统金融机构和私人银行客户来说，则更倾向于接受朋友、投资专家或银行理财经理的推荐。

支付方式方面，绝大部分调查对象都使用互联网支付方式，各类机构支付宝或微信支付占比均超过82%。

（五）资产管理新规产品偏好

2018年，《关于规范金融机构资产管理业务的指导意见》出台，明确要求资产管理业务不得承诺保本保收益，打破刚性兑付；严格非标准化债权类资产投资要求，禁止资金池，防范影子银行风险和流动性风险。根据要求，金融机构应对产品实行净值化管理，这一规定将从2022年开始正式实施（2020 年 7 月 31 日，人民银行宣布，人民银行会同多部门审慎研究决定，《资管新规》过渡期延长至 2021 年底）。本部分考察理财客户对《资管新规》的理解。

绝大部分客户均购买过预期收益型理财产品。其中，购买过预期收益型理财产品的互联网机构理财客户占 83%，传统金融机构理财客户占 81%，信托机构客户占 93%，私人银行客户占 87%。

对于市场上的非保本型金融产品，仍有少量调查对象认为其将百分之百保本保收益，超过 30% 的客户认为保本收益的可能性在 50% 以上。其中互联网机构客户认为保本收益的可能性最低，信托机构客户认为保本保收益的可能性最高。

大部分理财客户可以正确理解净值型产品和预期收益型产品的区别，其中信托机构于私人银行可以正确理解该概念的客户均占 70% 以上，而传统金融机构中该比例为 67%，但大部分互联网机构理财客户对此缺乏正确认识，高达 39% 的互联网理财客户明确表示不了解净值型理财产品。

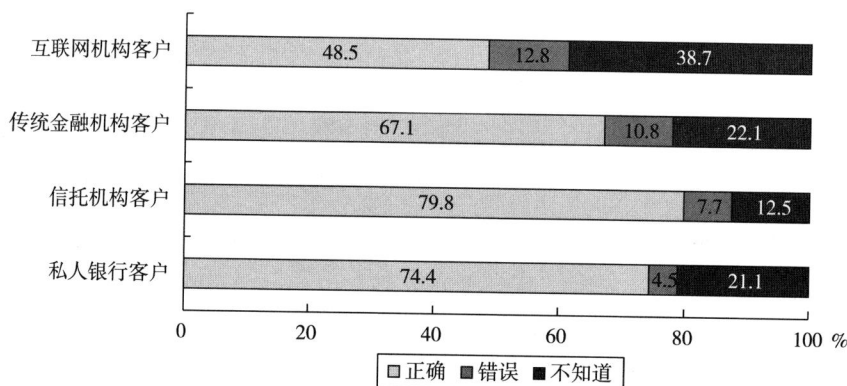

图 3　客户对净值型理财产品的认知

投资者对于预期收益型金融产品和净值型金融产品的风险存在一定误判。约 40% 的投资者认为预期收益型金融产品风险相较于净值型金融产品更高或两者风险差不多。

对于净值型金融产品的识别，互联网机构接近有 30% 的客户选择了正确答案。其他三类机构客户的净值型产品识别能力更强，有超过 50% 的人选择了正确答案。

在理财产品偏好方面，大部分客户更偏好于预期收益型金融产品，其中信托机构客户偏好预期收益型产品的占比最高，达 84%，传统金融机构客户和私人银行客户偏好预期收益型产品的客户占比超过 60%，互联网机构客户占比最低，为 48%。此外，各类机构还有少部分客户认为预期收益型金融产品和净值型金融产品没有区别。

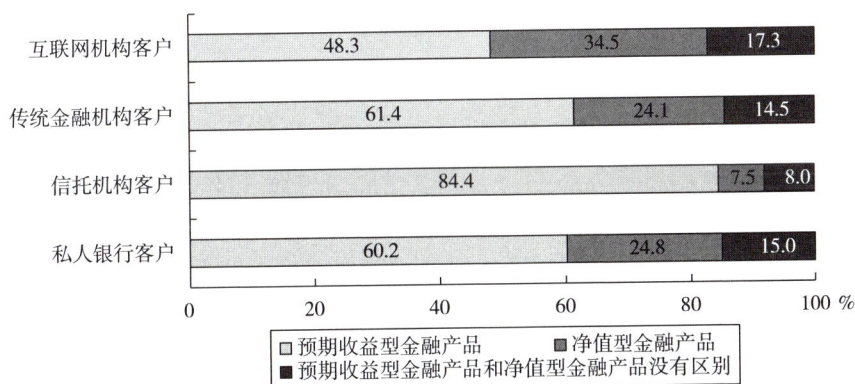

互联网机构客户 48.3 / 34.5 / 17.3
传统金融机构客户 61.4 / 24.1 / 14.5
信托机构客户 84.4 / 7.5 / 8.0
私人银行客户 60.2 / 24.8 / 15.0

□ 预期收益型金融产品　■ 净值型金融产品
■ 预期收益型金融产品和净值型金融产品没有区别

图 4　客户理财产品偏好

调查还包含了对《资管新规》的认知。调查结果显示，较高比例的投资者对《资管新规》的发布以及其内容并不了解。高达 78.2% 的互联网理财客户和 52.8% 的信托机构客户认为"有消息说 2021 年后将买不到预期收益型金融产品"是假消息。传统金融机构和私人银行客户对《资管新规》的了解相对更多，但也有超过 30% 的客户认为这是假消息。

在对于银行的净值型产品和底层资产相同的公募基金的风险考察中，各机构均有超过 50% 的客户认为底层资产相同的公募基金风险更高，在私人银行客户中这一比例高达 71.4%。在二者的收益对比中，各机构均有超过 50% 的客户认为公募基金的收益会更高。

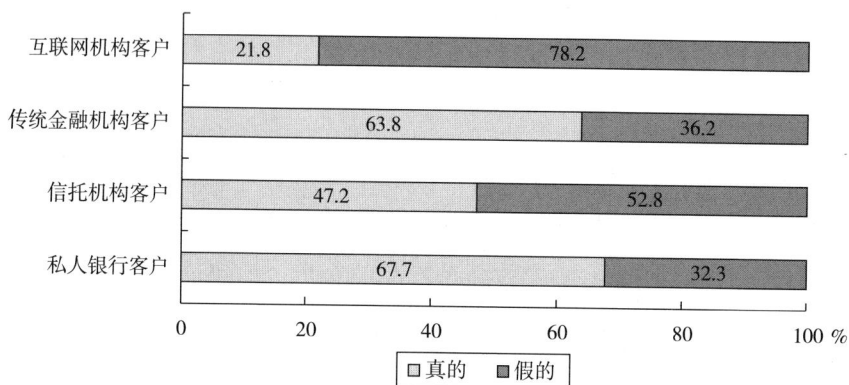

图5　客户对《资管新规》的认知

四、理财经理调查结果

（一）调查对象背景

从年龄结构来看，本次调查的对象中，各类机构的三十岁至四十岁的客户经理均占比最高，传统金融机构、信托机构和私人银行分别为54.8%、82%和48.8%；其次是四十岁至五十岁的客户经理，分别占比19.1%、14.7%和27.2%；传统金融机构以及私人银行还有部分年龄小于三十岁的年轻客户经理，分别占比19.3%和14.4%。

从性别来看，传统金融机构、信托机构和私人银行三类机构女性客户经理占比均高于男性客户经理，分别为64.6%、67.1%和74.8%。

教育背景方面，各机构的客户经理均以本科学历为主。

投资经验方面，70%左右的客户经理认为自己的个人投资经验丰富。

调查发现，总体上，客户经理的工作经验比较丰富，超过70%的客户经理有3年以上工作经验，约有50%的客户经理有5年以上工作经验。在信托机构，工作年限少于3年的客户经理相对较少，占比不到10%。

大部分理财经理的本科学历为经济学相关专业，信托机构 59%，传统金融机构 57%，私人银行 50%，部分理财经理的研究生及以上专业为经济学相关专业，还有部分理财经理拥有经济学二学位、选修过或自学过经济与金融相关课程，极少数没有任何金融相关教育。

在客户经理中持有比例最高的是基金从业资格证书，30%~40% 的客户经理持有；其次是证券从业资格证书，20%~30% 的客户经理持有。CPA 和 CFA 证书的持有比例较低（接近于零）。

（二）调查对象客户服务情况

调查发现，理财经理频繁覆盖（每月联系 2 次以上）半径大多数在 50 位以内，各机构理财经理接触频率密切（每月有两次以上接触）的客户数量差异不大，大部分都在 10 个至 50 个之间。

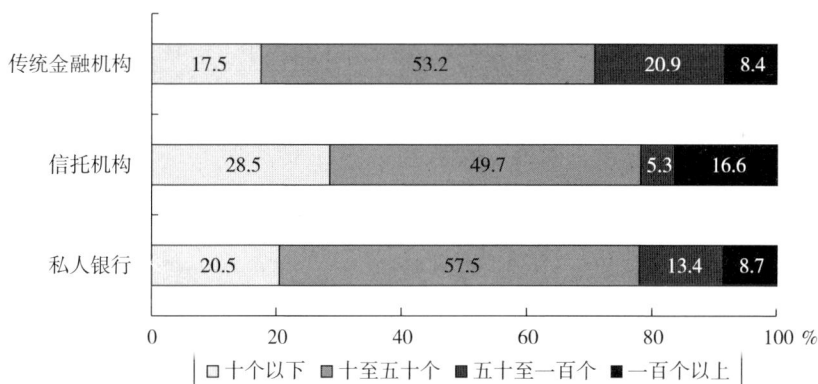

图 6 各机构理财经理每月接触 2 次及以上的客户数量

调查发现，各类财富管理机构主要通过产品推介的方式开展营销工作，产品推介的形式在信托机构占比为 83%，传统金融机构占比为 77%，在私人银行占比为 47%；私人银行有 35.4% 的业务来源于母行的业务协同，凭借银行的综合金融服务实力通过办理其他业务交叉销售的机会提供财富管理服务。

获客方式方面，各机构的获客方式差异较大，信托机构获客方式主要通过电话（占比33%）及其他方式（占比53%）获客，网点客户和单位组织获客活动占比较低；传统金融机构以及私人银行主要通过网点客户主动咨询，以及电话获客；此外，私人银行还有部分客户通过单位组织的获客活动建立。

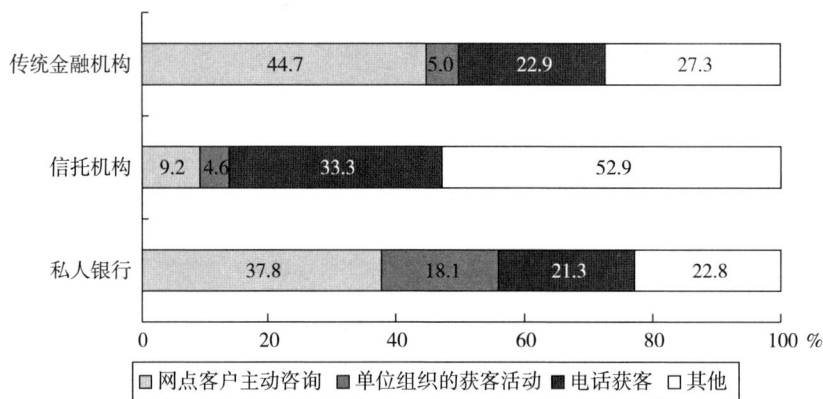

图7　各机构获取新客户的主要方式

信托机构的理财咨询服务方式主要是上门拜访（占比60%）；而传统金融机构的客户群体大多为白领，主要通过微信电话联系（占比52%）；私人银行客户也主要通过微信电话联系（占比62%）。

（三）调查对象的金融知识

与理财客户调查问卷相比，面向理财经理的调查问卷中关于金融知识测评的部分新增了多道涉及专业金融知识的题目，测试难度高于客户问卷。从测试结果来看，理财经理总体上具有较好的金融专业素养。私人银行和传统金融机构的客户经理正确率分别为89%和88%，而信托机构客户经理正确率为73%。

在理解投资收益与风险的关系上，客户经理的正确率基本为100%。

在客户经理是否正确掌握金融市场的基本信息、基本知识的考察中，客户经理答题正确率达到95%以上。

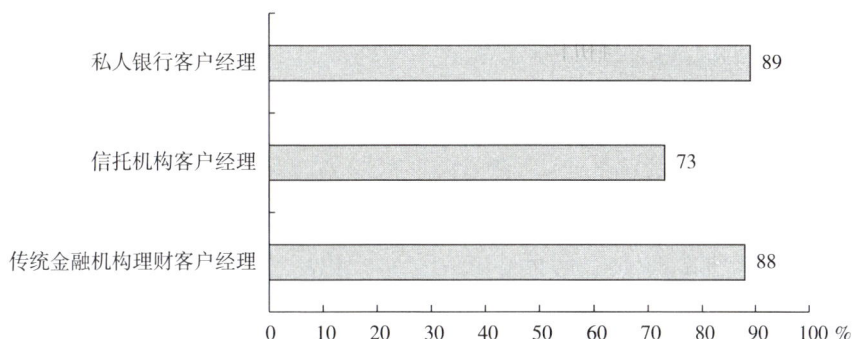

图8　客户经理的金融知识正确率

在客户经理是否能够理解复利的概念，以及正确进行复利计算能力的考察中，客户经理正确率约为90%。

在客户经理是否了解货币实际价值的概念以及计算方法的考察中，客户经理的正确率近100%。

在客户经理是否理解货币的时间价值的考察中，客户经理正确率超过90%。

在对于投资工具知识的考察中，客户经理正确率超过90%。

在对于客户经理是否了解我国制定和执行货币政策的机构的考察中，客户经理正确率超过90%。

90%的客户经理认为银行理财和其他有风险的投资一样，存在亏本的可能。

有70%左右的客户经理能够正确理解股票的性质、股票投资者与公司之间的关系。有约78%的投资经理能够正确理解股票市场的核心功能。

有大约80%的客户经理能够正确掌握基金的基本知识。包括基金的投资标的、业绩的来源等。有86%的客户经理能够掌握基金招募书的基本内容。

对于投资学的专业知识，例如如何构建最优组合，债券投资的风险来源等问题投资经理答题正确率较低，为 20% ~ 30%。

（四）资产管理新规产品认知及对业务的影响

从实际投资行为上看，财富管理机构服务的客户持有金融产品的时间比计划的投资期限更短。超 80% 的传统金融机构客户和 59% 的私人银行客户持有单只金融产品的时间不超过 1 年。持有单只金融产品 3 年以上的客户占比不到 4%。

虽然《资管新规》明确了打破刚兑和过渡期后全面推广净值型产品，但调查发现，相较于投资者，客户经理对保本保收益的预期更加乐观。过半客户经理认为保本保收益的可能性在 50% 以上，这个比例高于客户。有四成的客户经理认为，预期收益型产品的资产实际收益率超过（低于）预期收益率，资管机构会和投资者共享收益（共担损失）。

调查显示，绝大多数理财经理能够正确理解净值型理财产品和预期收益型产品的主要区别，但对两者细节特征的认知还有待加强。对于净值型产品的定义、运作规则、风险的认知，有近九成客户经理理解正确，正确率远高于客户。对于预期收益型金融产品和净值型金融产品的风险对比，过半客户经理认为净值型金融产品风险更高，这个比例高于客户；三成客户经理认为两者风险差不多。

在销售偏好方面，总体而言，理财经理更偏好于销售预期收益型产品。超过一半的理财经理更有意愿销售预期收益型理财产品，这一现象在信托类机构中更甚，有 80% 的信托机构理财经理更偏好销售预期收益型产品。

大多数客户经理认为客户更偏好于预期收益型金融产品，与客户调查中反映出的实际偏好相一致。尽管如此，80% 左右的理财经理会在日常工作中主动向客户介绍净值型金融产品和预期收益型金融产品的异同点，有利于投资者教育的推进。

大多数理财经理认为《资管新规》的转型要求加大了日常销售工作的难度。与预期收益型金融产品相比，近七成客户经理认为向客户推介净值型理财产品比预期收益型产品更难，指导客户理解净值型金融产品的难度更大。

在对净值型产品的认知方面，有超过六成客户经理认为底层资产相同的银行理财和公募基金中，公募基金风险更高。同时，从收益角度看，超过七成的客户经理认为银行理财的净值型产品和底层资产相同的公募基金相比，公募基金的收益会更高。

问卷还对转型过程中遇到的销售困难进行了提问。其中，选择"缺乏相关市场和产品知识"和"缺乏资产配置与财富规划的专业知识"的客户经理最多，反映出在《资管新规》背景下，销售工作的困难主要来自于自身相关专业知识储备的不足。超过半数理财经理认为目前的培训尚未满足工作需要，希望寻求更多的培训机会。

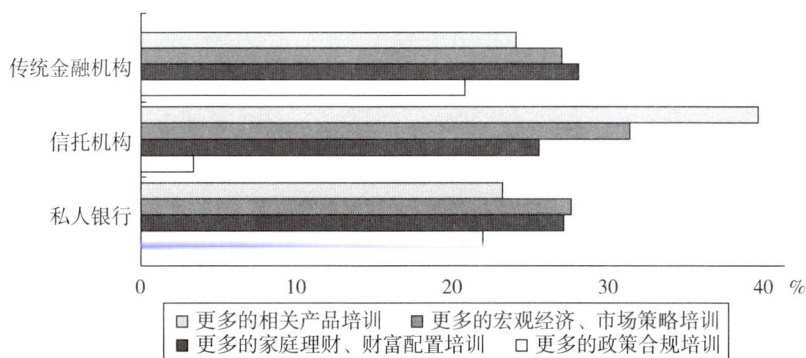

图9　理财经理在转型过程中的培训需求

尽管理财经理普遍认为产品转型加大了销售难度，但被问及净值型理财产品与公募基金相比在销售时是否有竞争优势时，传统金融机构和私人银行均有超60%的客户经理认为银行理财产品有竞争优势，且所有信托机

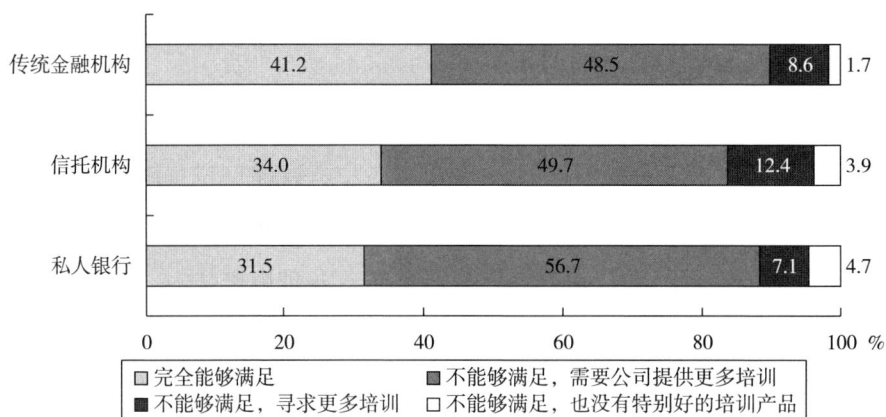

图 10　理财经理培训是否满足当前工作需要

构理财经理都认为银行理财产品有竞争优势。

　　对于在客户拓展工作当中遇到的问题，排名第一的问题是：在营销过程中，无法得到完整及时的客户信息，这其中有账户管理和数据管理的掣肘，也有来自于客户不信任所带来的沟通障碍。在对高端客户的服务中，专业能力的掣肘更为突出。多数客户经理认为，《资管新规》正式实施后，上述困难会加大。

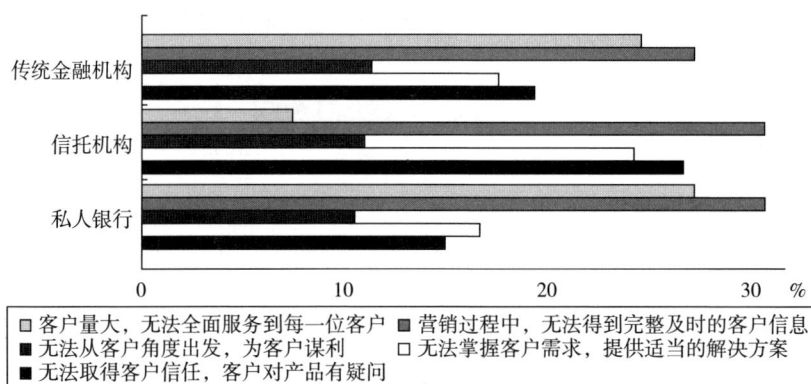

图 11　理财经理在客户拓展工作中遇到的问题

五、调查总结

综上，《资管新规》推出三年多以来，大多数理财客户和理财经理已经对净值型金融产品形成了较为准确的认知，为新规的正式落地奠定了良好的市场基础。同时，无论是理财客户还是专业理财经理，对于产品转型都需要逐渐熟悉和适应的过程。金融机构仍需要强化对理财经理的专业培训，加大面向客户的投资者教育，以保障财富管理服务工作顺利过渡到新阶段。

案例篇

银行原有销售模式的重建

工商银行　聂　飙

一、银行理财发展历程

2002 年我国商业银行发行第一款理财产品，时至今日，银行理财共经历了十八年的发展历程。

2002—2005 年：银行理财起步阶段。2002 年，我国股份制商业银行推出首款美元结构性存款业务，虽然并非人民币计价产品，但这也成为我国金融史上第一款银行理财产品。2004 年，国内商业银行发行了第一只面向个人客户的人民币银行理财产品。在银行理财试水起步阶段，理财产品的业务主要借鉴了当年国外金融市场较为流行的结构性存款，这也为我国银行理财十多年的"刚兑"特点埋下伏笔。

2005—2007 年：银行理财缓慢发展阶段。2005 年，原银监会颁布了《商业银行个人理财业务管理暂行办法》和《商业银行个人理财业务风险管理指引》，搭建起银行资产管理业务的监管框架，对银行理财的定义和委托代理关系予以明确，在理财产品的分类和投资者适当性管理要求方面进行了规定，并将 5 万元设定为理财产品的"起购门槛"。这一系列的规范标准也为此后十年间银行理财业务迅速发展奠定了基础。该阶段的银行理财在产品种类和投资范围方面日益丰富，除个人理财之外对公理财业务也开始发展。

2008—2013 年：银行理财快速发展阶段。受利率市场化改革持续推进、金融脱媒趋势逐步深化、传统银行业务经营转型以及社会理财需求旺盛的影响，我国银行理财规模迅速扩大，理财业务在此期间实现了高速发展。尤其在 2009 年，在一系列的经济政策影响之下，银行表内信贷受央行"差别准备金率""限贷令"的影响和限制，而表外理财则成为传统信贷的有益补充。由于银行理财非标业务不仅收益稳定，同时和传统的表内信贷业务具有可替代的优势，因此"银信合作"模式下的非标业务快速发展。针对理财业务的发展变化情况，监管方面出台了一系列政策对银行理财业务的投资运作、风险管理等方面进行规范。在这一阶段，部分银行理财产品运行模式转向"资金池"模式。这一模式有其组合管理、分散风险、留存收益的优势，但同时也存在运作不透明、产品隐性刚兑、风险揭示不足的问题，异化或扭曲了理财业务应有的信托法律体系。

2014—2017 年：银行理财转型规范阶段。银行理财规模的迅速增长也带来了一定风险，在这期间，监管逐步开展的"理财管理计划"和"理财直接融资工具"，为"净值化产品"打下基础，推动打破"隐性担保"与"刚性兑付"。2015 年银行同业杠杆规模大幅提升，同业理财规模也快速扩张，但与业务发展速度不相匹配的是部分表外理财业务风险管理措施的匮乏，实际上，理财产品的市场风险和信用风险实际上由银行自身承担，并未体现"受人之托，代人理财"的资管业务本源，而 2016 年末债券市场的回调和流动性的收紧进一步放大了业务发展与风险防控之间的矛盾。2017 年初原银监会开展"三三四十"检查，年底《资管新规》的征求意见稿也向社会公开征求意见，开始针对理财业务暴露的问题采取解决措施。

2018 年至今：银行理财新规转型阶段。2018 年 4 月 27 日，《资管新规》作为整个资管市场的纲领性文件发布，按照资管产品的类型制定统一的监管标准，对同类资管业务做出一致性规定，实行公平的市场准入和监管，最大限度地消除监管套利空间，为资管业务健康发展创造良好的制度环境。各银行对《资管新规》积极响应，陆续成立银行理财子公司，平稳有序压降老产品，逐步增加新规产品规模占比，银行理财在转型中得到逐步发展。

二、银行销售模式转型的背景

2018 年以来，以"破刚兑、控分级、降杠杆、提门槛、禁资金池、除嵌套、去通道"为核心的资管新政陆续出台。新规的出台，从长期来看，一方面有利于促使银行资管提升管理能力，有利于银行降低操作风险、优化资源配置，促进银行资管业务健康有序发展，真正实现"受人之托，代客理财"的本源；另一方面也对银行各项金融业务的开展提出了新的要求，银行资管业务尤其是理财业务发展面临着重要窗口期，无论是从外部监管形势还是自身发展需要看都亟待转型。

资管业务的转型，表面上看是对产品结构和投向结构的转型，本质上是将资产端和负债端同时按照《资管新规》的要求进行相应转型，行业从业者需要站在新规的角度对以上两方面进行统一考量，而资管机构负债端的转型，背后本质就是客户服务的转型。而传统商业银行由于所服务的客户数量巨大且客户结构丰富，按照《资管新规》顺利完成转型更是道阻且长。

由于资产端的转型将为金融市场带来直接冲击，进而对实体经济产生巨大影响，因此当前主流焦点集中于资产端的转型研究，包括新规过渡期以及过渡期延长的相关政策，大部分都是基于资产端进行的考量。然而资产端的资金来源于负债端，是否能够维持新规前的资金体量不下降将直接影响资产端的运行情况，因此整个资管业务的发展在极大程度上取决于客户能否转型成功，换言之，取决于客户对"打破刚兑"的接受程度和整个渠道募集资金的能力。

新规下银行理财业务的发展，要优先考量客户特点和需求，寻找并优化为客户服务全流程中的关键节点，提高客户对于新规理财产品的接受程度，并在有限的过渡期内确保客户资金的平稳过渡，使刚性兑付条件下较为粗放的销售模式成为历史，重新建立新规下的银行销售模式。

三、商业银行原有销售模式转型面临挑战

（一）理财产品尚未真正转型

传统产品依托于"资金池"的运作模式发展，这一模式有其组合管理、分散风险、留存收益的优势，但同时也存在运作不透明、风险揭示不足的问题。这些问题异化或扭曲了理财业务应有的信托法律体系，是银行理财产品能够实现"刚兑"的重要原因，也是导致投资者长期以来对银行理财业务有错误认识的主要原因。

理财产品的转型应先于销售模式的转型，客户对理财产品理解的转变必须建立在对新规理财产品认知明确的基础上。新规出台以来，金融机构陆续推出符合新规的净值化理财产品，然而多家机构为了提高同业市场竞争力并保持原有规模稳定，部分新规产品仅将"预期收益"改为"业绩基准"，依然维持着"隐性刚兑"，此类产品与真正净值化的公募基金产品标准仍有较为明显的差距。产品转型不到位，直接影响销售前端面向客户的产品推介、风险揭示、售后服务等一系列销售模式的相关转型，因此理财产品亟待真正转型。

（二）原有销售模式过于简单粗放

银行理财业务自 2008 年迅速发展以来已经有 10 余年之久，在《资管新规》之前，不论是保本理财还是非保本理财，基本上都长期处于"可刚

兑"的状态，因而"刚性兑付"在银行从业者和银行客户心中都是根深蒂固的存在。原有销售模式简单粗放，重视收益而轻视风险，理财经理多以产品高收益率为卖点吸引客户，对相关风险揭示甚少；而投资者购买理财仅关注收益率与期限，将理财产品默认为高利率存款。此类追逐收益、漠视风险的行为在过去银行理财池的"保障"下普遍存在。"打破刚兑"意味着所有强调收益、忽视风险的销售行为，未来都会带来巨大的风险。而原有销售模式的过于简单粗放，也为转型增加了难度。

（三）理财业务收入大幅下降

自 2018 年新规发布以来，银行理财业务的发展速度在转型过程中有明显放缓，从实际情况看，以银行代销产品为代表的多种资管产品在一定程度上与新规理财产品竞争加剧，从而导致银行理财规模的整体下降。而新规理财的运作模式也直接影响了理财业务的收入。一是期限利差消失，原有通过期限错配获取价差的方式将无以为继，理财将被迫拉长负债久期，从而需要承受更大的成本压力，导致理财利差大幅收窄。二是超额收益分成，客户承担净值波动风险，导致理财发行成本上升以作为风险补偿，同时超额收益"二八分成"，大部分归客户所有，与现有超额收益全部归银行差异较大。三是理财收入的 10% 计提风险准备金，此项规定将直接影响理财中间业务收入的实现。而理财业务收入的大幅下降，也是原有理财业务模式转型会遇到障碍的原因。

（四）合格投资者难以精准筛选

根据《资管新规》，个人合格投资者须具备相应风险识别能力和风险承担能力，具有 2 年以上投资经历，且满足以下条件之一：家庭金融净资产不低于 300 万元，家庭金融资产不低于 500 万元，或者近 3 年本人年均收入不低于 40 万元。虽然新规对于合格投资者的资产规定有非常明确的标准，但是各家金融机构在实践中很难对客户在非本机构拥有的金融资产进行准确且真实的考量，因而导致在实际操作中，绝大部分金融机构采取更为严格的标准，将客户在本行的金融资产数量作为考量标的；但也有将客户提供的其他金融资产证明纳入考量标的，然而其真实性难以确定。严格按照《资管新规》要求筛选合格投资者，也成为销售模式重建的难点之一。

（五）投资者风险教育任重道远

新规之前，刚兑型产品在全市场的理财产品中占比高达近90%，导致银行客户风险承受能力整体较弱，而《资管新规》对于银行理财产品净值化的要求标准，几乎与公募基金达到相同水平，理财产品结构的大规模转型为银行在投资者风险教育方面带来巨大挑战。从公募基金20多年的发展情况看，全市场股票型基金规模1万亿左右，债券型基金3万亿左右，其中70%为机构定制基金。而高达20多万亿的银行理财转为净值型，涉及投资者众多，投资者的风险教育工作任重道远。

四、银行在销售模式重建方面的实践——以工商银行为例

自新规发布以来，各家银行普遍在个人理财产品业务方面进行了全面布局调整，以解决传统银行理财业务与《资管新规》之间存在的矛盾点。

一是重新搭建产品体系。业内目前普遍做法是将传统产品的投资管理权限归口于银行资产管理部，维持传统产品系列名称，根据要求逐步压降保本产品规模，转型传统非保本理财产品为满足新规产品；另将新规产品的投资管理权限归口于银行理财子公司，在传统产品系列基础上另外搭建新规产品系列，在网银、手机银行等销售端也进行了明确划分。

二是加强理财产品销售过程中的系统刚性控制。各家银行系统研发部

门根据《资管新规》要求，在客户购买理财产品过程中，通过网银系统强化了客户对产品风险揭示文件条款的浏览确认功能，以确保客户在知晓产品风险的情况下进行购买操作。

三是严格合格投资者认定标准和流程。由于客户金融资产普遍分布于不同金融机构，导致银行无法准确确认客户实际金融资产量，从而影响合格投资者的精准认定。目前大多数银行采取从严标准，仅将在自己银行金融资产达标的客户认定为合格投资者，且要求客户在柜台办理相关认定手续，少数银行通过问卷等方式进行认定。

四是加强销售人员的专业培训工作。不同于保本理财产品，以净值型为主的新规产品在各方面均较为复杂，不仅存在波动，且无法做到保本保收益。各家银行在对基层销售人员提出更高销售执行要求的同时，也通过行内的培训体系加强了从业人员满足新规要求的职业培训。以下将对工商银行在销售模式重建方面的具体实践进行说明。

（一）完善理财产品和服务体系

1. 打造新规下全新理财产品体系

随着市场环境的变化，财富管理行业逐渐从单纯的产品销售，转向真正以客户为中心提供多元化资产配置方案服务。然而投资者对于理财净值化转型，仍然需要一定的适应时间，因此，工商银行循序渐进地开展净值化转型，前期以低风险、低净值波动产品为主，主打"添利宝"现金管理类净值型产品，并在老产品中逐步增加标准化证券比例，让客户逐步接受净值型产品，最终逐步实现新老产品平稳过渡。积极构建全过程、全链条产品体系，建立固定收益、权益类、混合类等产品序列，并根据客户不同风险偏好，建立覆盖客户全生命周期的产品体系。

2. 提升理财产品信息披露能力

新规产品净值化转型之后，客户对产品的关注点由"仅关注结果"向

"既关注结果又关注过程"转变。信息披露是理财产品的重要内容，传统理财产品的售后服务仅需要通知客户产品到期日、资金到账日和承接产品信息，而净值型产品则需要客户经理了解产品的过往业绩、净值变化、投资管理情况、后续走势研判等，并据此与客户进行定期的售后沟通服务，解答客户的疑问，做好产品运作信息传递工作。

工商银行从拓宽信息披露渠道和增加信息披露频率两个方面提升信息披露能力，并努力向公募基金的信息披露标准看齐。在现有的门户网站、手机银行、手机短信等信息披露渠道之外，也在考虑通过外部主流媒体对相关信息进行披露。在信息披露的频率方面，对于标准化产品无论开放与否，均已实现 T＋1 披露净值。在私募类产品方面，采用了系统触发功能提高信息定向披露的效率，在产品发生开放申赎、发布公告、出具报告等任何变更时，系统触发功能立即启动，私募产品客户即可通过手机短信接受到点对点的信息披露。

3. 做好品牌宣传与市场推广

监管新规推动理财净值化转型后，对于投资者来说，新规净值型产品相对陌生，需要主动出击，第一时间做好品牌宣传和新规产品推广，突出合规稳健和产品线丰富优势，树立品牌形象。一是做好业务宣传，向客户推广净值型理财产品，让投资者充分认知产品属性，了解产品投资方向，同时加强差异化营销，逐步引导不同层级和类型的客户对净值型产品的认可；二是采取客户喜闻乐见、通俗易懂的方式，突出展示以往业绩、团队管理能力、风险控制措施等，用数据说话，消除客户对产品的不安心理，引导投资者逐步适应收益趋于变动的净值型产品；三是通过广播、平面媒介、互联网等多种渠道广泛宣传，并举办投资理财讲座、市场分析会等活动，加强客户体验管理，将品牌理念与品牌意识融入其中；四是按照不同产品特点，制作有说服力的宣传资料，实现精准营销，积累合格投资者基础，让客户提高认知，了解业务流程。

（二）提升理财产品销售运营实力

1. 大力推进新型网点转型工作

一是加强网点销售专区管理，落实行内"双录"相关规定，严格规范执行监管对产品的销售要求。二是加强财客精细化管理。落实对客户售前—售中—售后全流程化服务，督促网点销售人员主动掌握销售技巧、提升专业能力，鼓励分行对财客岗位职责和日常营销标准化动作进行详细设计，尤其针对新规理财产品、基金产品和保险产品提炼规范化的电话营销和厅堂营销话术。三是推动网点联动营销机制发展，形成有分工、有链条、有协同的联动营销机制，提升网点员工销售合力，加快理财业务销售转型。

2. 增加金融科技在销售实践中的应用

互联网金融机构和第三方支付机构的崛起已经充分彰显了科技改变资产管理行业的力量，随着国家的大力支持和相关监管政策的完善，未来我国在金融领域方面的科技创新发展速度将持续加快，增加金融科技在销售实践中的应用成为日后金融机构销售转型的重要技术支撑。

近年来，多家商业银行开始借助科技力量，提供智能服务新模式。AI投业务即是利用人工智能技术为客户开展投资顾问业务的初步尝试。在《资管新规》之后，工商银行加大了对金融科技领域的探索力度，借助金融科技的力量加深银行对客户习惯和行为的了解，不断完善适当性销售的实践，提升改变个人客户难以获取产品配置咨询或海量咨询无法决策的现状，后续还将完善通过投资决策的智能化帮助客户实现风险有效分散化、以最小的风险获得最大的投资收益等方面的功能。

3. 高度重视合规销售的风险防控工作

工商银行非常重视落实《资管新规》各项要求，按照业务发展、制度先行的原则，针对《资管新规》进行了全面深入的顶层设计，将原有制度规程改进完善，形成完整统一的制度体系，包括相关业务的管理办法、操作规程、信息披露要求、客户风险承受能力评估规定等，并对前台、中台、后台进行了对应配套体系的搭建。基于监管政策新变化、业务发展新趋势，工商银行及时梳理、修订和完善相关制度，使各项业务活动和行为始终处于制度的约束之中。强化考核指引作用，根据监管导向和市场变化，制定合规有效的评价管理体系；强化结果落地执行，通过全面评价、科学考核、精细管理，加快结构调整，实现协调发展。

在客户风险承受能力评估和产品风险测评方面，为了能够真实了解客户风险承受能力，2019年第三季度对个人投资者风险能力评测功能进行了全新优化，并引入系统控制机制。一是刚性控制风险能力评测结果。根据对年龄在65岁以上、年龄未满18岁、明确风险厌恶型客户的三类特殊客户群体刚性控制客户风险评测结果，年龄在65岁以上客户风险评测结果不高于C2–稳健型，年龄未满18岁及明确风险厌恶型客户风险评测结果不高于C1–保守型。二是刚性控制风险投资评测次数。为避免投资者通过高频操作，套取评分逻辑，导致风险评测结果出现失真，对于个人投资者风险能力的评测设置为当日全评估渠道仅为客户提供2次有效评估，当月全评估渠道仅为客户提供5次有效评估。

为了更严格地做好客户风险承受能力与产品的风险等级相匹配的工作，工商银行对资管产品的风险评价标准进行了更为精准的定位，产品的整体风险控制水平较新规之前有所提高。尤其是对客户中相对弱势的部分群体，从系统端进行了硬控，最大限度地限制客户购买超过其风险承受能力的产品，减少客户被误导购买的情况发生。

4. 完善应急处理机制

《资管新规》的核心要求是"打破刚兑"，根据理财产品产生以来客户的发展历史情况看，客户完全接受理财产品净值化的过程将是复杂且曲折的。从投资者保护角度来说，近期出台的各项政策及监管会议精神对

"卖者有责"执行得非常到位，但对"买者自负"的执行力度并不与之匹配，整个监管环境在实际操作层面一定程度上向投资者利益倾斜。

为更好地做好理财产品售后的客户服务工作，避免或减少客户因对新规产品净值波动而产生异议，工商银行除在产品销售前与销售中就产品特点，尤其是风险方面向客户做充分揭示之外，在客户提出疑虑或投诉时也制定了多种针对性的应急处理措施，包括在处理客户投诉流程中对各层级机构及管理人员明确相应责任义务，针对不同类型的客户投诉采取不同应急处理方案等方面，同时不断总结、完善各项应急处理机制。

（三）加强营销队伍建设与培训

《资管新规》后，理财产品形态和营销模式都发生重大变化，对于工商银行营销队伍的专业素养和服务能力提出了更高的要求，打造一支懂政策、懂产品、懂营销的营销队伍势在必行。

1. 提升管理能力，转变销售理念

与传统预期收益型理财产品不同，净值型理财产品绝非"摆摊卖产品"式的简单销售，需要更加关注营销方式、销售流程、售后服务等环节，从简单卖产品向提供财富管理综合方案转变，从提供显性或隐性的收益兑现承诺向提供专业投资建议和风险揭示转变，落实"卖者有责、买者自负"，让客户明明白白投资，清清楚楚理财。

2. 开展分层培训，提升综合实力

针对客户经理等营销岗位人员，着重提高监管政策知识、金融专业知识、理财产品知识等业务专业能力，以及客户认知、营销技能、自我管理等客户营销能力；针对业务管理人员，着重围绕同业市场分析、数据挖掘、系统应用等方面开展管理效能提升培训。积极搭建分行之间、营销人员之间理财业务经验交流平台，树典推优。

3. 坚持客户中心，重塑考核机制

多年来，银行对个人客户经理的绩效考核与整体评价，更多基于业务量，如储蓄存款的增量、贷款的发放量、基金保险的销售量等，导致什么重点做什么，什么简单做什么。新规之后，工商银行逐步开始将个人客户经理的考核评价指标侧重于客户发展、客户贡献度（产品计价）以及核心产品的配置率等指标。对在未来没有收益保证的产品，客户经理必须通过自身的专业技能与服务能力稳定客户。靠"爆款产品"或高收益产品维系客户的做法将成为过去。新的考核机制正在引导客户经理向提升客户综合贡献、提高客户满意度的方向努力。除了配置简单产品以外，客户经理必须通过为其配置多样化的产品实现客户与银行的双赢。

4. 加强实战训练，提升营销技能

我们过往的培训多以"产品经理讲，客户经理听"的形式开展，包括面授、视频、微信等，大多属于"灌输式"，其记忆度和留存率非常低，客户经理在被动接受信息后，能够真正运用到销售工作上的很少。对于净值型产品的销售，此类培训的效果远远不够。新产品体系要求客户经理具备更强的市场研判和产品解读能力，"灌输式"已经满足不了这一需求，因此提出了实战导向的培训方式。

一是强化产品解读。除产品销售前的产品介绍以外，增加产品存续时的跟踪与解读，让客户经理和客户随时获得产品信息，同时给予客户经理更多与客户交流的实战话术，特别是在产品营销、净值回撤、特殊处理时，提供客户经理应对客户的统一口径，提前做好完整的客户服务预演。

二是特殊产品差异服务。工商银行已经开始推出一些高起点、长期限，投向为股权投资的理财产品，而在未来可能还会有境外投资、另类投资等。对于这一类面向高净值客户的非普适产品，工商银行更多采用投资报告会、产品说明会的形式，让客户与投资经理面对面，深入交流，同时将产品的投资管理团队与客户的管户客户经理组成服务团队，在产品存续

期间服务客户。

三是理论实践结合。增加日常营销课程当中实践课程的比例，鼓励客户经理在培训现场展示电话营销、面对面营销等技能，相互交流，学习先进的营销方式。

（四）做好投资者教育及利益维护工作

1. 构建以客户为中心的销售体系

长期以来，银行传统理财产品隐含"刚兑"的特性使得客户经理逐渐养成了"通知式"的营销模式，支行、网点的常规客户营销流程是：首先拉出各类产品到期客户清单，然后通过电话、短信等方式逐一"通知"客户购买下一期理财产品，与存款的"约转"颇为类似。这种基于产品本金收益有保障的"简单化"营销，对于客户潜在需求的发掘以及客户黏性的提升没有实质性的帮助。资产新规要求打破刚性兑付，倒逼营销方式尽快改变，转向以客户需求为导向的配置式销售。

随着《资管新规》深入推进，现有存量理财客户群体将根据自身的真实风险承受能力，进行二次分化，其中低风险偏好客户将回流存款，但随着投资者教育的深入，客户投资理念的提高，尤其是从发达国家发展经验来看，大部分客户仍将逐渐选择各类理财产品。

传统理财产品即使是陌生的新客户也可以销售，但净值型理财产品的销售必须经过与客户深入沟通的过程，如果客户管户熟悉度不提升，可能都无法得到营销产品的机会。前期来看，考虑到净值型理财产品对投资者风险承受能力要求较高，所以不宜采取大面积撒网的营销手段，而应采取精准化营销手段，找准目标客户。

一是依托大数据技术，细分客户层级，准确地定位客户并为之匹配适宜的理财产品，有利于加快客户对净值型产品的接受速度。因此，应该利用现代信息技术，总结不同层级客户的不同风险偏好、不同收益目标，严格匹配产品的风险等级与客户的风险评级，并提出个性化、定制化的资产配置建议。

二是建立名单制，有针对性地进行营销。梳理各净值理财产品客户，建立"名单制"客户台账，采取针对性的营销活动。在研究分析的基础上，通过构建资产组合和主动的投资交易为客户赚取收益，解决客户投资问题、满足客户投资需求。

三是制定个性化方案，采取"一对一"服务。根据客户资产情况、风险承受能力、投资意识、理财目标等，为客户做好资产配置，推荐合适的净值型理财产品，做到合适的产品推荐给合适的客户。

2. 加强客户分层管理

一是严格按标准遴选合格投资者。合格投资者的标准已被监管明确化，然而对于金融机构，精准定位并遴选合格投资者仍面临较大挑战。工商银行从客户资产与客户风险承受能力两方面同时入手，利用大数据与调研问卷的方式，投入大量人力与精力，历时半年对客户进行长期不断的平衡与测试，最终实现合格投资者标签化，完成系统对私募购买者必须为合格投资者的刚性控制。而在标准水平层面，工商银行对合格投资者的界定较监管要求更为严格，确保符合监管要求。

二是强化1万~5万元档次客户分层及关注度。新规落地后，理财产品销售起点降至1万元，大大降低了过去5万元的理财投资门槛，这部分客户将成为银行新增理财投资者的大部分来源，同时也将吸引大量长期不动户、低效客户或外部客户。因此，在新的客户分层中，要改变过往对长尾客户关注程度较低的惯性，强化1万~5万元档次的客户分层并增加其维护程度，尤其是对于近期从1万元档次资产逐步升级到5万元以上的准新资金客户，要加强对此类客户的重视程度，甚至可以尝试对其开展精确营销，发行专属理财产品。

3. 开展投资者教育与客户活动工作

《资管新规》要求金融机构应当加强投资者教育，不断提高投资者的金融知识水平和风险意识，向投资者传递"卖者尽责、买者自负"的理念，打破刚性兑付。对于银行来说，能否实现净值型产品转型的成功在很大程度上取决于对投资者的教育程度，只有不断提高投资者的风险意识和投资能力，才能使更多的投资者接受净值型理财产品，净值型理财产品才能获得更长远的发展。因此，我们从多个方面开展投资者教育工作与客户活动。

一是加大净值型理财的宣传普及。通过现场咨询、理财知识培训等方式增加投资者的投资知识，方便理解理财产品说明书、资金投向、收益测算等投资知识；二是帮助投资者提高风险投资意识。帮助投资者形成正确的投资理念，树立风险投资意识，提升风险辨别能力，懂得风险但又不过度惧怕风险，降低对理财产品"刚性兑付"的依赖性，逐步树立"卖者尽责、买者自负"的观念；三是积极传导资产配置理念。引导客户建立全面资产配置意识，不断提高投资者的金融知识水平和风险意识，积极传导资产配置理念，引导客户做好净值型理财等产品资产配置，平衡资产安全性、流动性、收益性的关系；四是持续组织开展专题客户宣讲活动，利用广播、平面媒介、互联网等平台广泛宣传，加强投资者教育及引导，培育客户养成风险自担的理念，突出监管形势，不断提高投资者的金融知识水平和风险意识，将合规经营转化为营销生产力；五是加强市场调研，深入分析客户需求，积极创新适销对路的理财产品。通过客户走访座谈等形式，了解新规下客户投资情绪的变化，积极研发不同风险层级的创新产品。

银行原有销售模式在过去十多年的实践过程中成就了30多万亿元的银行理财规模，同时也逐渐暴露了积累的一些问题和矛盾，银行从业者在对销售模式进行转型重建中仍需在诸多方面不断探索完善。

五、关于进一步做好投资者教育工作的建议

（一）建议长期深入做好投资者教育工作

教育需要经历长期持续的过程，投资者教育也不例外。我国理财产品在过去发展过程中形成的"刚性兑付"理念深入人心，投资者对资管产品的理解，尤其是对投资风险的认知仍不够深入。投资者教育工作不仅是需要投资者从表面上理解资管产品"非刚兑"的特性，还要使客户从本质上理解投资风险存在的原因，同时接受并承担相应风险。而近年投资者教育工作的开展，虽然在一定程度上产生了效果，但从我国部分相关投诉及诉讼案例的情况看，投资者在风险发生时，仍然不愿真正接受本金及收益的亏损。建议将投资者教育工作纳入各机构的长期战略布局中，持续、深入地做好投资者教育工作，使投资者理念发生根本改变。

（二）建议扩大投资者教育主体

当前金融机构依然是投教的重要主体，但是在实际投教工作开展中，存在一些未能妥善解决的问题，其中一个主要问题即是"利益相关性"。我国当前的金融机构主要以银行、基金、券商等以盈利为目的的公司组织存在，在开展投资者教育工作的初衷设计以及过程中，难免以完全客观的角度进行，而投资者作为金融机构的客户，对其提供的宣传内容也并未能完全信任与接受。尽管各类监管与协会等非盈利机构也在不断开展投教工作，但想在中短期内达到良好效果却显势单力薄。将投资者教育工作的主体向媒体与教育机构延伸，将成为该项工作有效开展的有力补充。尤其是将投教内容纳入国民教育体系，如将金融知识分层次逐步融入大、中、小学的教学内容，从学生时代抓好投资者教育工作，将是提高整体国民金融素养的根本途径。

投资者陪伴实践

招银理财　张　科　杜靖文

梁令媚　易　静　李玲霞　卫卿元

一、理财机构开展投资者教育的背景

（一）制度法规出台拉开投教序幕

在《资管新规》和《理财新规》之前，我国并无明确理财投资者教育的专门制度法规，投资者教育主要集中在证券市场领域。而在银行理财领域，我国更注重的是"消费者保护"，关注的重点是理财销售流程的风险评估、产品宣传和权益保护，而非"投资者教育"。造成这一现象的根本原因是在理财产品刚性兑付的背景下，投资者的购买行为无法定义为真正意义上自负盈亏的投资行为，相应地造成了投资者教育的缺失。

2013 年 12 月，国务院办公厅出台《关于进一步加强资本市场中小投资者合法权益保护工作的意见》，从健全投资者适当性制度、保障中小投资者知情权、强化中小投资者教育等角度展开阐述，而在投资者教育方面强调了要"加大普及证券期货知识力度"，"提高投资者风险防范意识"。

2015 年 11 月，国务院办公厅进一步出台《关于加强金融消费者权益保护工作的指导意见》，指出银行业机构等金融机构应当"保障金融消费者受教育权"，方法包括"积极组织或参与金融知识普及活动""开展广泛、持续的日常性金融消费者教育"，目标在于"帮助金融消费者提高对金融产品和服务的认知能力及自我保护能力，提升金融消费者金融素养和诚实守信意识"。这里引出了"消费者教育"的概念，明确了消费者教育的本质是保障金融消费者的受教育权。

2018年4月，《资管新规》（《关于规范金融机构资产管理业务的指导意见》）出台。2018年9月，《理财新规》（《商业银行理财业务监督管理办法》）作为《资管新规》配套实施细则公布。首先，投资者和产品分类是投资者教育的基础，而新规明确将投资者分为不特定社会公众和合格投资者，将资管产品分为公募和私募理财产品，并在制度层面进行相应合规限制。其次，进一步强调投资者适当性管理，遵循风险匹配原则。最后，在投资者教育方面，要求金融机构应当"不断提高投资者的金融知识水平和风险意识"。

《资管新规》和《理财新规》的出台，从根本上颠覆了理财机构对投资者教育的态度。其中，最根本的原因是新规打破刚性兑付的规定，终结了理财市场长期以来"保本保收益"的野蛮生长阶段。值得注意的是，新规将理财产品的持有人称为"投资者"而非"消费者"，说明投资者购买理财产品的行为本质上是一种"卖者尽责、买者自负"的投资行为，而"受人之托，代人理财"的理财机构与投资者建立的是契约关系。这种认知观念看似简单，但对广大投资者来说，却是对过往理财产品"类存款"刻板印象的颠覆。投资者这一认知"过渡期"的转变是一项长期性的工程，理财机构也因此真正开始正视投资者教育的重要性。

（二）理财投资者的认知亟待转变

关于将投资者教育纳入国民教育体系的观点很多年前就已经被提出。具体到制度指引方面，上文提到的2013年《国务院办公厅关于进一步加强资本市场中小投资者合法权益保护工作的意见》指出"将投资者教育逐步纳入国民教育体系，有条件的地区可以先行试点"，2015 年《国务院办公厅关于加强金融消费者权益保护工作的指导意见》进一步指出国民教育的实施主体是教育部，即"教育部要将金融知识普及教育纳入国民教育体系，切实提高国民金融素养"。2019 年 3 月，证监会与教育部联合印发《关于加强证券期货知识普及教育的合作备忘录》，明确证监会和教育部的分工与合作。

但实际上，受制于师资力量和学习资源的有限、系统性统筹规划的缺乏等问题，将投资者教育纳入国民教育体系的做法目前仍处于试点阶段，我国居民整体金融素养仍有待提升。

投资者金融素养不等同于风险偏好，投资者风险偏好的高低并不意味着金融素养的高低。例如，一方面，理财产品投资主体多为低风险偏好投资者，长期以来将理财产品理解为保本保收益的"类存款"产品，《资管新规》后，这部分理财投资者难免畏惧净值波动。另一方面，很多参与资本市场的高风险偏好的"散户"投资者出于认知偏差，尤其是对自身金融素养的过度自信，出现了单一投资、短期投机等非理性投资决策行为。

最重要的是，推动理财投资者的教育工作是资管行业长期稳定发展的基石。理财投资者缺乏基础的投资决策知识，缺乏资产配置和全生命周期配置的理念，缺乏权益保护教育，这不仅增加理财投资者的脆弱性，降低投资者整体资产回报率，而且制约了资管行业的长期稳定发展。

二、当前理财投资者教育面临的主要问题

（一）如何吸引投资者注意力，开启投教第一步

如何吸引投资者的注意力，是投资者教育面临最直接也是最靠前的问题。虽然流量本身并不能作为投资者教育成功与否的判定条件，但没有流

量的投资者教育却注定是失败的投资者教育，因为这意味着投资者教育失去了对象。

过往的投资者教育多流于说教的形式，难以真正吸引投资者的注意力，其特点主要包括教科书式的话术、照本宣科式的应答、一成不变的服务。信息爆炸时代，每个人每天都在接收和处理比以往任何一个时代都要更多更广的信息，其中很大一部分源于线上信息。理财投资者教育内容枯燥、流于形式、渠道单一的弊端逐渐暴露出来，结果是投资者对被动接受的投资者教育信息的兴趣不高，缺乏积极的配合意愿和主动的学习欲望。

（二）如何触达弱势群体，实现投教普惠

弱势群体的理财投资者教育缺失，本质是金融排斥（Financial Exclusion）的一种。理财投资者教育是理财机构提供的投资者服务之一，与金融服务面临同样的问题，即金融排斥问题。实际上，投资者教育普惠是金融普惠的一大短板。

投资者教育应是需求导向，而非价值导向。我们强调客户分层，但这不意味着投资者教育也应更多地向高净值客户倾斜。弱势群体的投资脆弱性更高，金融素养亟待提升，往往更需要投资者教育。如何保障投资者公平的受教育权，实现投资者教育的普惠，不仅是国民教育要思考的问题，更是理财机构需要思考的问题。

（三）如何克服投资者成见，提升投教公信力

首先，提升投资者对理财机构专业能力的认知，是提升理财机构投资者教育公信力的关键一步。过往理财产品采用刚性兑付和固定收益的模式，实际上难以体现理财机构的主动管理能力和投研专业实力。投资者对理财机构专业能力的主观认可度不足，间接削弱了投资者对理财机构开展投资者教育的信任度和配合度。

其次，开展投资者教育需要巧妙化解投资者与理财机构之间的利益冲突。理财机构本质是商业机构，秉承"受人之托"的理念，收取管理费和业绩报酬"代人理财"，最根本的目标仍是利润最大化。在投资者与理财机构出现利益冲突的情况下，投资者本能反应是理财机构以利润优先而非投资者优先，进而难以信服理财机构的投资者教育。因此，在投资者与理财机构利益出现冲突的情况下，如何巧妙化解利益冲突，往往是取得投资者信任、进而促进投资者教育开展的关键。

（四）如何达到预期效果，提升投教效率

开展投资者教育的一大难题是难以达到预期效果，理财机构往往面临效率低下的问题。

首先，从理财机构自身角度考虑，投教人员开展投资者教育容易缺乏"用户思维"。理财机构投教人员的直接考核对象往往是上级领导，这往往导致投教人员开展投教工作的直接目标是为了向领导汇报工作，本质是对领导负责而非对投资者负责。

其次，投资者教育本身就是一个系统性、长期性的工程，而当前理财机构仍处于建立人员配置、完善组织架构、推进产品转型的过程中，往往面临一系列的权衡取舍，如资源的分配、人力的倾斜、战略的重点等。这也间接制约了投资者教育的效率提升。

最后，投资者是否愿意认同和学习投资理念、投资策略等本身受到投资者的态度的影响，投资者教育的效果并不完全由理财机构所掌控。

三、投资者教育的理财机构经验

理财子公司是开展投资者教育的中坚力量。在《资管新规》规定"主营业务不包括资管业务的金融机构应当设立子公司开展资管业务"，以及

理财新规规定"商业银行应当通过具有独立法人地位的子公司开展理财业务"的基础上，2018 年 12 月，银保监会公布了《商业银行理财子公司管理办法》（以下简称《子公司管理办法》）。理财子公司的设立不仅有利于实现资产独立与风险隔离的目标，有利于推动理财业务回归资管业务本源，而且资管市场从此增加了推动投资者教育的重要力量来源——理财子公司。

子公司管理办法并未单独对投资者教育做出相关规定，而更多地是站在投资者保护的角度，规定理财子公司在投资者保护方面应当"设置专职岗位并配备与业务规模相匹配的人员"，"妥善处理投资者投诉"。

从战略角度出发，理财子公司已经意识到投教建设的重要性。表面看，在《资管新规》和《理财新规》的背景下，开展投资者教育是为了满足监管要求、推动产品转型升级。更重要的是，从拓展公司业务、提升市场份额的长远角度考虑，投资者教育能够增加投资者的品牌黏性，对打造公司品牌影响力、提升公司盈利能力有重要意义。

具体做法方面，一是理财子公司越来越重视对产品的风险分类，通过精细化的产品分类、个性化的展示方式，协助投资者理解不同类型的理财产品对应的策略类型和风险级别。二是将投资者教育和品牌宣传相结合，理财机构既为投资者提供专业的资产配置和投资建议，又将风险提示和权益保护融入到产品推介过程中。三是初步搭建投资者适当性管理体系，用数字化和智能化的管理方式对投资者进行精准画像和分类。四是寓教于乐，不断丰富和创新投资者教育的形式和内容，例如通过小测试、答题竞赛等游戏化学习方式，或者通过奖品或积分兑换等激励机制，提升投资者学习的趣味性和主动性。

此外，理财子公司加大投教建设离不开母行的经验基础。过去大多数银行的资管部门并未设置专门的岗位和人员开展投资者教育活动，更多的是在零售端营销团队的组织架构中嵌套了投资者教育职能。不论是总行零售部门还是分支行零售网点都沉淀了一定的投资者教育经验。因此理财子公司开展投资者教育，仍需在母行专业经验的基础上，结合子公司理财的产品特性和投资者特征，不断地演绎和进化投资者教育理念。

四、理财子公司开展投资者陪伴的内容

《资管新规》和《理财新规》以前，由于理财产品"刚性兑付"的特征，银行理财机构较少地涉及投资者教育，更多地是聚焦向客户阐述产品的收益和期限情况。新规后，理财产品开启净值化转型的道路，投资者教育的重要性越发彰显。理财子公司应秉承着以客户为中心的理念，强调将投资者教育融入投资者陪伴的过程中，实现长期的陪伴与共同的成长。

理财子公司在实现从投资者教育到投资者陪伴的过程中，着重贯彻两个主要的理念——陪伴投资者的全投资流程和陪伴投资者的全生命周期。

一是陪伴投资者的全投资流程。全投资流程陪伴涵盖投前的资产配置建议、投中的风险提醒、投后的跟踪管理服务，并以投资者利益而非投资者需求优先。因为投资者并非完全符合市场理性假设，进而投资者的决策可能是非理性的决策。强调以投资者利益优先，正是为了规避投资者在非理性决策下产生的非理性行为对自身利益的损害。

二是陪伴投资者的全生命周期。全生命周期陪伴意味着帮助投资者树立全生命周期的资产配置理念，长期引导投资者逐步完善投资理念，树立权益保护意识，实现理财子公司与投资者共同成长和长期陪伴。

（一）理财产品售前投资者陪伴

理财产品售前陪伴聚焦多形式的陪伴内容辅助客户作出投资决策。例如，利用通俗易懂的语言回答"这是什么""为什么要买""它为什么值得信赖"这三个核心问题，降低复杂产品的门槛。

具体体现在以下六个方面：

一是产品发行管理。在理财新产品发行前，至少提前一个月向销售渠道总—分—支机构提供全面销售支持，如产品相关培训、销售服务疑难解答。

二是制定销售策略。根据投资者适当性要求制定产品目标客群策略、投资者教育策略、渠道策略以及推广节奏。

三是准备销售物料。结合目标客群特点等销售策略制作图文宣传物料，如一页通、宣传海报及长图、科普文章以及投资者教育软文。

四是协同销售渠道。与销售渠道沟通产品资产配置情况、营销推广节奏、线上布局设置，并对过程管理、数据库营销、售后服务、产品宣传等渠道需求达成一致。

五是申请产品培训。向销售渠道提供的培训内容涵盖产品形态、投资标的、目标客群、风险揭示、费率标准、市场观点、同类业绩表现、收益及波动测算等，并就产品特点及优势、持有建议等专业领域展开详细的沟通交流。

六是重点区域销售支持。了解区域客群投资偏好、资产配置情况，根据产品定位、投资目标、投资方向和主要特点等确定重点销售区域，并开展重点区域队伍培训及客群路演。

（二）理财产品售中投资者陪伴

理财产品售中投资者陪伴是将投资者陪伴融入理财产品售中营销管理系统中，具体表现在渠道服务与销售协同、产品投教检测、数据统计检测、处理疑难销售问题等方面。

首先，加强渠道服务与渠道协同。渠道产品经理应走访重点分行的支行网点进行有效支持，结合区域销售目标跟进辖内网点的销售情况，并及时将一线反映的销售共性问题反馈至公司中台销售支持团队予以即时解决，快速响应。

其次，密切监测产品投资者教育。关注产品投教影响和投资者反应，根据客户可接受的程度，不断跟进与调整投教内容，提升投资者与投资者教育的适当性与契合度。

再次，加强数据统计监测。密切关注产品募集数据，建立销售渠道定期披露机制。根据产品募集进展，做好投资者教育过程合规管理。及时与一线渠道充分沟通，并做出重点提示。

最后，处理疑难销售与投教问题。重点关注和统计销售问题以及客户提出的疑难问题及投诉情况，跟进解决相关问题。

（三）理财产品售后投资者陪伴

理财产品售后投资者陪伴借助金融科技助力，打通线上平台经营工具——售后服务配置平台，提供基于持仓和投资者行为的售后陪伴服务。首先，根据投资者的过往投资经验进行客户标签分类。其次，根据不同市场环境和相应投资者需求，向投资者提供相应的售后陪伴服务，例如定期向持仓投资者提供产品报告和市场解读，或者在市场下跌情境下向投资者提供恐慌安抚服务，以及通过行为激励机制鼓励投资者定投等。最后，不断完善与投资者的交互形式，售后投资者陪伴支持视频、直播、评论、直接建议等多种形式，并结合线下客户经理打造专属远程服务。

具体来说，理财产品售后投资者陪伴聚焦产品信息披露、售后信息追踪、客户投诉及疑难问题响应等多个角度。

从产品信息披露看，注重向投资者主动、真实、准确、完整、及时地披露理财产品的详细信息，包括募集信息、资金投向、杠杆水平、收益分配、托管安排、账户信息和投资风险等内容。

从售后信息追踪看，在市场发生重大调整、净值出现大幅波动、颁布监管政策等情况下，及时向投资者提供售后信息追踪，有效解读各类信息，并对投资者给予相应的投资建议。售后信息追踪包括但不限于市场点评、风险揭示、政策解读、组合运营情况、持仓建议等，通过售后信息追踪实现投资组合运作的透明化与平稳化。

从客户投诉及疑难问题响应看，注重统筹整理并协调解决客户投诉问题。涉及系统纰漏和产品功能缺陷等问题应及时交接给责任机构。例如，销售渠道责任部门或其他相关责任部门对问题予以改造或优化，并注重问题反馈的及时性和问题的解决进度追踪。

（四）资产配置陪伴

资产配置陪伴是指理财机构指导投资者对个人资产以全生命周期维度进行科学地计划和控制。投资者对个人资产的处置有很多种方式，进行理财投资只是投资者个人资产配置中的一个方法或环节，投资者的个人财务计划会对其投资决策和策略产生重大影响。投资者陪伴的范围应超越投资者具体的投资行为，深入到整个投资者的资产配置中，只有这样才能从根本上解决投资者的困惑。

首先，在与投资者的日常沟通与关系维护中，向投资者传导资产配置理念。例如，招商银行2018年推出的财富规划服务，从客户需求角度推荐不同的规划建议服务，累计已为超百万招行客户出具过相关建议书，迄今为止已取得良好的应用效果和社会反响。又如，招商银行2019年举办"金葵花在行动"金融消费服务升级工程，以1800个网点为依托，持续开展了数千场微课堂沙龙，向投资者传播科学投资理念。此外，招商银行还陆续通过"小招说规划""小招说配置""招牌FC陪您聊理财"等APP社区公众号，用生动活泼的形式，持续向客户输出内容陪伴。

其次，通过考核指标进行牵引，引导一线渠道以资产配置的理念和工作方法，为投资者进行科学合理的资产配置。例如，招商银行从客群角度、合规角度、资产配置角度等对网点进行全方位的考核，对一线行为加以牵引，以实现银行理财利益与投资者利益的统一。

最后，为了将资产配置理念转化成投资者认可的理念，招商银行发布金葵花资产配置指数，将复杂的理论简化成投资者"看得懂、用得上"的投资指数。同时，对于不同风险承受能力的客户，提供配置型、平衡型、进取型等多种定制化金葵花资产配置指数，并每季度根据市场展望及产品情况进行动态调整和再平衡。为进一步促进金葵花资产配置指数的实际应用，将其转化为为投资者提供投资建议的依据，招商银行每周二在招行官方网站、手机银行、各营业网点等多个渠道公布金葵花资产配置指数的相关信息，广大居民和投资者可无障碍地获取指数的相关资讯。对于招行的广大金葵花客户来说，招商银行总行将要求各网点的理财人员根据不同客户的风险偏好，以金葵花资产配置指数为基础进行投资理财的建议，并提供持续跟踪服务。

五、理财子公司开展投资者陪伴的形式

面对投资者教育过程中的痛点，例如上文提到的难以吸引投资者注意力、弱势群体进行投教触达难题、投资者教育公信力受限、开展投资者教育活动的效果不佳等问题，理财子公司运用"线上 + 线下"的投资者陪伴形式打破传统投教模式的弊端。线上方面，借助互联网、大数据等创新技术，利用新媒体渠道提升线上客户触达率。线下方面，布局沉浸式体验场景，注重面对面互动与服务；还结合业务开展，提高创新服务能力，将投资者陪伴作为品牌建设和产品推广的辅助。此外，考虑到与目标受众的相关性、大众接受度，持续丰富投资者陪伴的内容，实现语言通俗易懂、内容主题多样化，打造内容精品。

（一）线上形式开展投资者陪伴

伴随互联网技术的快速发展，以及大数据传播的日臻成熟，理财投资

者陪伴工作的客户触达面及触达率也得以显著提升。互联网传播的扁平化和视频化趋势使得传播手段更加便捷化和多元化。

以招银理财为例，其通过生动的语言、接地气的表达、精妙的配图发布了系列投资者陪伴科普文章，开辟"聪明理财""宏观有意思""投资有意思"等专栏，并推送至官方微信平台和招商银行 APP 社区平台。"聪明理财"专栏从基础理财、宏观知识及投资策略等各个方面，向投资者普及《资管新规》带来的影响，帮助投资者培育理智科学的理财观。"投资有意思"专栏的具体内容涉及《理财新规》、净值型理财、养老金安排、理财产品适当性销售及合规要求、理财小技巧、生命周期理财等方方面面。"宏观有意思"专栏则涵盖各类经济金融现象解读，如"水果自由背后的经济学"，"猪周期的来源"，"LPR 究竟是什么"等。同时，招银理财还将其中的精华篇目编辑整理成书——《三分钟漫画理财课》，用一种更隽永的形式传播金融科普。

此外，伴随传播手段的更迭，以及投资者接受信息习惯的改变，理财子公司与时俱进，陆续开通了微博、今日头条及微信视频号，构建新媒体矩阵，利用科普文、长图文、短视频等多种形式集中发力，满足投资者的多样化陪伴需求。

（二）线下形式开展投资者陪伴

线下渠道方面，可充分利用银行渠道网点的优势，分客群、多角度地进行投资者陪伴和科普。受新冠疫情影响，目前线下传播活动的进展受到一定的限制，未来理财子公司将聚焦校园、社区、商圈等多个维度开展线下投资者陪伴活动。

线下活动可结合校园招聘，让投资者陪伴走进高校。一方面，大学生是投资者教育对象的重点群体之一。另一方面，将投资者教育融入校园招聘活动中，可充分利用现场互动的形式吸引听众的注意力，获取听众对投教的反馈，不仅有利于打造品牌影响力，而且有利于扩展投资者教育的广度。还可推出"大学生理财""财商教育"等主题的全国重点高校系列巡回主题演讲，通过主题演讲的形式提升投资者教育的深度。

此外，线下活动还可走进网点，开展亲子投教快闪课堂；走进社区，开展中老年投资者陪伴活动；走进商圈，开展投资者陪伴"快闪品牌店"活动等。

（三）创新投资者陪伴的形式

理财子公司充分利用外部平台，创新投资者陪伴的传播方式。此前主要从录制短视频、开发小程序、与外部平台合作等几个方面创新投资者陪伴的传播方式，未来也在考虑直播的可能性。

第一，考虑疫情期间的特殊性，部分理财子公司推出短视频系列，邀请投资经理在家录制，内容包括宏观经济走势解读、新产品投资策略介绍分享、投教知识科普等，并在微信官方订阅号、母行 APP 同步发表相关视频文章。

第二，开发小程序，利用有趣的内容与积极的互动吸引投资者。理财子公司开发理财科普类线上活动，使用轻松有趣的互动形式，不仅拉近了与投资者的距离，而且在游戏中趣味性地进行理财知识点科普。

第三，梳理银行理财历史，如招银理财与金融监管研究院联合推出《银行理财前世今生》趣味长图。该趣味长图以时间为轴，以理财发展为核，以连接深圳东西之深南大道两侧地标建筑为画面展示，用特别的方式记录了银行理财的一段历史，引导理财机构与投资者共同回望来路，砥砺前行。

展望未来，理财子公司可进一步与外部平台合作，尝试直播科普的可能性，让投资者陪伴传播的手段更加丰富而多元。

（四）将投资者陪伴与品牌建设相结合

国内银行理财业务起步于 21 世纪初，由于本身发展时间不长，前期理财业务的野蛮生长与急速繁荣遗留下来很多问题，其中投资者陪伴缺失是历史留存的重要问题之一，并有可能在未来很长一段时间内制约整个资管行业的发展。回归到理财本身，投资者陪伴作为业务稳健发展的有力助推器，实际上是公司品牌建设的重要着力点。

部分理财子公司已启动了年度投资者陪伴品牌打造工作，通过系列投资者陪伴视频，使用轻松活泼的画面、接地气的语言输出投资者陪伴的内容。后续将会把系列投资者陪伴视频投放在外部线上平台，以扩大受众范围。

当然，投资者陪伴品牌的发展并非一蹴而就，而是需要点滴投入，脚踏实地地慢慢积累，才能最终实现由量变引发质变的目标。例如，公募基金通过二十余年的时间，以及真金白银的亏损让投资者明白了"基金有风险"的道理，而理财投资者陪伴工作依然任重道远。

与此同时，投资者陪伴工作也是公司履行社会责任不可或缺的一环。随着经济社会的发展，居民理财意识不断觉醒、投资渠道日益多元，但居民理财观念的更新、金融知识的积累却严重落后。理财子公司应秉持着践行社会责任的理念，以专业服务赋能客户，助力投资者财富保值增值，进而推动投资者的投资理财服务升级。

六、理财投资者教育的建议与展望

（一）建议监管机构加大系统性支持

投教工作是一项科学而专业的系统化工程，离不开监管机构与行业自律组织的支持。一方面，监管机构和行业自律组织由于其非营利的机构特性，更具备投资者公信力和号召力。另一方面，投资者教育作为一类准公共品，具有正外部效应。良好的投资者教育进程不仅有利于整体推动资管行业的健康稳定发展，而且有利于保护广大理财投资者的合法权益。

因此，不论是投教平台的系统建设，还是投教资源的框架体系完善，都需要监管机构和非营利组织提供相应的鼓励与支持。例如，监管机构官方网站可设立"理财投资者教育"专栏，以线上网站平台的形式宣传投资者教育。

（二）制定理财投资者教育的专门管理办法

当前，《资管新规》《理财新规》《子公司管理办法》并未详细介绍开展理财投资者教育的主要目标、内容、方式方法及职责等，建议相关机构参照证监会出台的《证券期货投资者适当性管理办法》（2018）、上交所出台《上海证券交易所会员投资者教育工作指引》（2019）等针对投资者教育的专门管理办法，制定有关理财投资者教育的专门管理办法。

理财投资者教育专门管理办法的出台将推动理财机构开展投资者教育活动有章可循、有法可依，降低理财机构的试错成本，促进理财投资者教育规范、有序、长期发展。

（三）将理财投资者教育纳入国民教育体系

当前关于投资者教育的国民教育试点多集中在证券期货等资本市场领域，并未完全覆盖理财投资者教育。因此，建议监管部门与教育部展开合作，在国民教育领域开展理财知识普及教育。

教育内容可涵盖基础的理财投资知识教育、资产配置教育、权益保护教育等，确保投资者教育的普惠，提升投资者在理财方面的金融素养。教育形式可采取线上网课的形式，以突破地方教育不公平的问题。

（四） 推动科技为投教赋能

大数据、云计算、互联网等科技浪潮也为投教工作的开展注入了更多科技的力量，因此理财机构应越来越重视科技在投资者教育领域的应用，提高投教的效率和准确性。

一方面，理财机构应加大内部科技团队的建设，以及与外部互联网公司及金融科技公司的合作，利用"金融＋科技"的方式助力理财投资者教育。另一方面，在智能投顾领域引入投资者教育。对于投资偏重于现金管理类的投资者，智能推送理财初阶信息；对于敢于尝试股债混合类理财的投资者，智能推送相对更加专业复杂的配置理念。从而让信息传达与接收更有效率、更具针对性，指导投资者分析投资问题、获得必要信息，最终让投资者的财富管理真正回归"资产配置"的初心。

基金行业投资者教育工作永远在路上

中国证券投资基金业协会　韩　冰

随着我国社会财富的不断累积，家庭投资理财观念逐渐普及，基金已经成为社会大众不可或缺的个人财产保值增值方式。中国基金行业诞生23年来，市场规模显著扩大，投资者队伍也不断壮大。根据中国证券投资基金业协会（以下简称协会）数据，截至2020年第一季度末，在协会自律管理下的资产管理规模达到53.75万亿元，其中，公募基金规模16.64万亿元，私募基金规模14.31万亿元，持牌机构私募资产管理计划规模18.77万亿元，养老金管理规模2.53万亿元，资产证券化产品存续规模1.69万亿元。目前，公募基金的基金账户超过6亿户。根据国家统计局发布的《新中国成立70周年经济社会发展成就系列报告之二》显示，改革开放以来，我国城镇常住人口增加到8.3亿人，持有公募基金账户的个人约占我国城镇人口的70%。从投资者结构看，协会自律管理下的资产管理产品，投资者超过60%都是个人。

对个人投资者而言，资产管理业务非常复杂，投资者是资金的提供者，收益自享，但也风险自担，他们的信心与参与是资产管理行业发展的基石，关系到我国资本市场长期稳定健康发展，更会影响我国经济改革的顺利进行，以及社会的长治久安。保护投资者权益是维护投资者信心的核心，投资者教育是核心中的核心。

投资者教育工作是指针对个人投资者，有目的、有计划、有组织地传播有关投资的知识、传授有关投资的经验、培养有关投资的技能，通过倡导理性投资观念、提示投资风险、告知投资者的权益和保护途径，帮助个人投资者在投资或准备投资时拥有必要的素养、做出有根据的投资决策、采取理性的行动。这是一项长期系统的社会活动，并且需要根据市场的发展和投资者的变化与时俱进，不断完善和优化。

根据国际证监会组织（IOSCO）和经济合作与发展组织（OECD）发布的《投资者金融素养核心能力框架》，结合我国的现实情况，我们认为面向个人投资者的基金投资者教育应当强调"投资决策教育""资产配置教育""权益保护教育"，围绕以下七个领域开展：

（1）基本投资理念与概念：投资的基础知识和常识。

（2）投资产品的属性：储蓄和各类投资产品的关键特点、产品结构、费用和潜在风险。

（3）投资基金产品的流程：选择基金产品、基金管理公司、基金销售机构和销售平台，了解基金申购赎回的交易过程。

（4）持有基金产品：监测、评价和管理投资的基金产品。

（5）投资者权利与责任：了解投资者权利与责任，以及投诉及求偿权程序等投资者保护措施。

（6）与投资有关的行为偏差：可能影响投资者投资决策的情感或认知偏差。

（7）投资骗局与欺诈：投资骗局的常见特征以及如何避免成为投资骗局与欺诈受害者。

在以上每个领域，个人投资者都应拥有以下核心能力：

（1）认识与知识：个人投资者通过获取足够的知识、建立必要的意识，了解自己能做什么。

（2）技能与行为：个人投资者通过掌握一定的技能，最终可以主动评估、积极改善自己的投资状况。

（3）态度、信心与动力：个人投资者了解哪些心理机制有可能妨碍自已作出理性投资决策。

23 年来，监管机构、自律组织、基金管理公司、基金销售机构已将基金投资者教育深化到日常工作，组织开展了大量的投教活动，取得了一定的成果，也不断应对新的挑战。

一、基金行业投资者教育工作机制

投资者教育工作不是应对当前市场情况的权宜之计，而是一项长期系统工作。随着我国资本市场从不成熟逐步走向成熟，投资者保护机制从不完善走向完善，基金行业投资者教育也迈向"基础化、系统化、经常化"，逐步建立投资者教育的决策制度、运行制度、监督制度和长效机制制度。

（一）监管机构

一直以来，证监会都将扎实推进投资者教育工作作为投资者保护的重点。近年来，证监会成立了由证监会主席担任组长的投资者保护工作领导小组，领导和指导投资者教育工作，每年组织全系统和全行业开展投资者教育专项活动；持续推动将投资者教育纳入国民教育体系；设立了"5·15全国投资者保护宣传日"；建设了100多家实体和互联网投教基地；设立中小投资者服务中心，建设"中国投资者网"。

（二）自律组织

协会始终坚定履行《基金法》赋予的职责，坚守投资者教育的主体责任，不断提升投教活动的广度和深度。

一是协会专门成立了负责投资者教育的部门，以投教部为轴心，紧密联合面向公募基金、私募基金、基金销售机构的业务部门，以及开展法律、风险监测、会员服务、风险处置等工作的部门，按照项目形成工作组机制，共同研究推进投教活动的落地。

二是搭建"投资者之家"网站，通过"投资必读""投资必用""风险警示""快速投诉"等功能性栏目向投资者普及基金基础知识，帮助投资者树立理性的投资理念、掌握科学的投资方法和工具、提高投资者的风险意识，引导投资者保护自身合法权益。筹建"投资者之家"是协会完善投资者教育基础设施建设的重要举措，旨在为投资者提供集在线教育、模拟投资、风险警示、快速投诉和互动体验于"一站"的服务。

三是通过建设投资者教育专业委员会整体把握和引领行业投教工作，形成合力组织全行业的年度投教工作。委员会的主要职责是通过针对基金行业投教工作发展特征和趋势以及每年需要解决的问题开展研究，确定基金行业投教工作的原则、范畴和标准，制定行业投教工作年度目标、方向和主题，建议并推广行业投教工作有效方法和模式，组织针对行业投教工作的科学评价，组织针对投资者的主题调查研究，为监管机构、自律组织和各类行业机构提供决策依据。

四是紧密牵手行业机构和媒体，以"两个坚持"为方向开展投资者教育工作。一是坚持强化风险警示，建设多渠道警示体系，帮助投资人提高防范投资欺诈的能力。二是坚持树立基金行业正面形象，全面系统地发布权威数据和信息，帮助投资人树立正确的常识和理性的信心。

（三）公募基金管理公司

自 1998 年第一家基金公司成立以来，公募基金管理公司就是基金投资者教育的主力军，各基金公司都将投资者教育工作纳入营销策划、市场销售等部门的职能和日常工作中。根据中国证券投资基金业协会调查显示，截至 2018 年底，接受调查的 117 家基金管理公司均开展了投资者教育工作，且职责清晰、分工明确。主要机制性安排包括两个部分。

一是投资者教育工作制度。目前有 41 家基金管理公司已针对投资者教育工作制定了专门管理办法，在公司内部形成了标准文件，明确投资者教育工作的权利和职责，提升投资者教育工作的规范化、程序化，使得投教工作有章可循。

以兴全基金为代表的基金公司专门设立关于投资者教育的制度。兴全基金依据《证券投资基金法》《证券期货投资者适当性管理办法》《基金募集机构投资者适当性管理实施指引（试行）》及其他法律法规制定了《兴全基金管理有限公司投资者适当性管理办法》，在投资者教育活动指导原则、代销机构的审慎调查、基金产品风险评价以及基金投资人风险承受能力调查和评价等方面，均做了明确的业务和责任分工，为投资者教育工作常规化提供了制度保障。

以东海基金为代表的基金公司将投资者教育工作内容内嵌到公司各项制度保障中，通过制定《市场部管理制度》《投资者适用性管理办法》《客户服务部管理办法》《客户服务部操作流程》《东海基金管理有限责任公司开放式基金网上交易业务规则》等相关制度和规章加强规范，明确职能部门和业务人员在投资者教育工作中的相关职责。

以摩根士丹利华鑫基金为代表的基金公司还专门设立投资者保护工作内部检查制度和责任追究制度，把投资者保护纳入销售服务部考核重要指标，明确销售服务部员工在投资者保护工作中的职责。

二是投资者工作小组机制。投资者工作小组是一种跨部门的协调机制，由公司管理层担任组长，成员包括市场部、营销策划部、监察稽核部、运营部、投资研究部等多个部门负责人。灵活的联席机制反映出基金管理公司对投资者教育工作的重视，也有利于集中资源、提高效率，保障投资者教育工作的顺利开展。35家基金公司在开展投资者教育工作时采纳投资者工作小组机制。

例如，财通基金成立了投资者教育工作小组，由总经理、督察长、分管人事行政部门、分管市场类部门的高管、监察稽核部负责人等人员组成，其中总经理担任组长，负责对投资者教育工作的各项业务做出决策；监察稽核部负责人任执行组员，具体负责组织、协调各业务部门执行投资者教育的各项业务。投资者教育小组负责拟定投资者教育工作的中长期规划、年度计划和相应工作方案，调查和研究投资者教育工作中的问题，策划、开发、组织实施投资者教育活动项目，拟订投资者教育工作的年度预算，保障投资者教育工作经费的落实。投资者教育工作小组每季度召开会议，总结当季工作并对下阶段工作做出安排。

二、基金行业投资者教育工作开展情况和典型做法

基金行业投资者教育工作历程大致可以分为三个阶段。第一阶段是1998—2005年。这是基金投教的初始阶段，基金公司在推介基金产品时不断普及、推广投资知识和理财意识。2001年，证监会发布《证券市场各方责任教育纲要》，对投资者教育的指导思想、教育重点和具体实施措施进行了明确，全国的证券基金经营机构开始系统、有序、有组织地开展投资者教育工作。第二阶段是2006—2013年。2006年开始，资本市场环境发生深刻变化，法律法规不断建立和健全，基础性制度逐步完善，各类金融产品和金融工具不断创新，投资者对资本市场信心不断增强，家庭投资理财观念开始普及，大量银行储蓄客户成为新基民、新股民。投资者教育工作因此发生较大变化，成熟市场的投资者教育理念和模式也逐步为我国基金行业所参考。第三阶段是2013年至今。2013年6月，余额宝正式推出，移动互联网对投资理财和投资者教育开始产生深远影响。近年来，基金行业的投教工作呈现出"专业化、数字化、场景化"三方面的特点，越来越多的公司通过配备或外聘专业化投教运营团队，通过新媒体等移动互联网手段和工具开展投教，投教工作与基金公司面向投资者开展业务和服务的场景结合得越来越紧密。

（一）自律组织

投资者需要、市场发展、媒体环境和监管要求四个方面的变化是协会决定每年投资者教育工作内容和模式的重要依据。2016 年以来，协会以"防范以私募基金名义开展非法集资""时间的馈赠　长期投资""基金投资的常识""理性投资　防范风险""投资者适当性"等主题，集合全行业力量开展投资者教育活动，不断探索有效模式，不断强化三个"坚持"。

第一是坚持用平台打造入口，强化与基于数据和智能发布技术的平台的合作。

我们认为，平台即入口。做好投教工作，关键在两点。一是找到真正需要投教服务的人群，二是根据不同人群的不同需要，定向提供必要的服务和支持。近年来，协会与今日头条、腾讯、网易、新浪、东方财富、蚂蚁金服、京东金融、金融界、雪球等深入合作，或共同长期开设专栏专区，或进行投教产品定向投放。针对数量庞大、金融和投资知识尚且不足的个人投资者，协会选择大众化平台，投放内容以知识普及、风险教育、实时警示为主。针对有一定金融基础知识和投资经验的投资者和高净值用户，或是风险敞口较大的人群，依托平台数据和大数据挖掘技术对目标人群进行画像，根据画像特征进行差异性投放。投放内容以信息服务、高端功课、专题解读为主。2017 年，协会推出私募基金防范风险扑克牌，帮助使用者迅速了解以私募基金名义开展非法集资的典型话术、手法，以及如何保护自己的方式。为将扑克牌送到最需要的投资人群体，协会与京东金融（现京东数科）合作，基于京东金融和京东商城的大数据，通过京东商城配送渠道向风险高发的二、三、四线城市的 100 万人发放了扑克牌。2020 年春节期间，为帮助投资者理性了解我国和海外股市情况，正确把握新冠肺炎影响下的投资理财方向，协会和今日头条合作推出为期两周的每日"对话老司基"栏目，邀请 27 位基金经理进行解读，通过今日头条的大数据进行定向推送，话题总阅读量超过 6 000 万人次。

第二是坚持用交互找痛点，协会接收的有效投诉、平台每日反馈的用户数据都是制作和调整投教内容的重要依据。

投资者教育必须以用户为导向，落实到实处就是倾听、响应并引导用户的需求。2017 年，协会尝试采用新媒体的"问答"功能，联合 11 家机构共同开展"明规则、识风险，保护投资者合法权益"专项活动，开放网友提问，组织专家和大 V 进行解答，并每天根据平台反馈的用户数据及时调整内容和发布形式。活动为期三周，协会和行业机构针对投资者最关注的 144 个问题提供了 685 条专业回答，总阅读量超过 3 700 万人次。单向传播向双向互动的转变效果非常显著。2016 年开始，协会系统性梳理 1.3 万件有效投诉的全部台账，将投资者真实面对过的违法违规行为分类、汇总、提炼或摘取，将关键要素开发成私募基金防风险扑克牌、"私募投资防雷宝典""私募风险防范"电视片。未来，协会还将进一步强化从数据中找需求，在互动中明确需求，将投资者教育真正做到动态调整、多方联动，扩大投教的有效性和影响力。

第三是坚持用受众喜欢接收的方式，以契合受众阅读习惯的语言风格组织投教内容，投教作品表现形式多层次、接地气。

投教产品的形式取决于用户的偏好，优质内容要和喜闻乐见的方式相结合。近年来，针对视频网站的用户喜好，协会专门开发了私募基金风险警示类季播动漫剧《你财知道?》。该剧在腾讯视频上线两周，网络点击量达 520 万次，媒体传播字数达 389 万字，阅读浏览量 1.82 亿次。经过 5 年多的私募基金自律管理，协会陆续推出的私募基金公示系统、信用信息报告、多元一体的投诉平台和纠纷调解机制为私募基金投资者保护自身权益提供了初步的"工具箱"。2020 年，协会借鉴"大佬带货"模式，推出《私募大咖教你巧用工具防诈骗》系列 60 秒短视频，一期一个知识点，手把手向投资者展示如何操作这些"工具箱"。视频在抖音和微博推出，每期观看均在 10 万次以上。抓住有趣味、通俗、易引发受众共鸣这三个核心要点，投教产品才能真正有效向广大普通投资者传播投资相关的各类知识，提高投资者风险防范意识。

（二）基金行业机构

基金行业机构在投资者教育方面投入持续增加，形式多元。根据协会不完全统计，2017—2019 年，公募基金公司每年组织的线上线下投资者教育培训、开展的现场宣传活动均接近 2 万场，覆盖受众以千万人计；公私募基金管理人制作各类实体和电子海报、折页等近 2 万种。2020 年 5 月 15 日，协会向行业机构征集"理性投资 防范风险"主题投资者教育作品，目前已经收到来自 500 余家公、私募会员机构投送的 800 余件投教作品，包括视频类、文章类、漫画类、H5 类等作品。

从投资者教育工作投入看，根据协会对 117 家公募基金的调查显示，103 家提供了 2018 年投资者教育活动费用数据，共计投入了约 13 998 万元，平均每家基金公司的投资者教育支出为 136 万元。从区间分布看，投入超过 500 万元的有 10 家，其中投入最多的是富国基金，费用达 1 400 万元；投入在 50 万元以下的公司数量最多，有 55 家，占比为 53.39%；其次为投入在 100 万 ~ 300 万元的公司，有 23 家，占比为 22.55%。

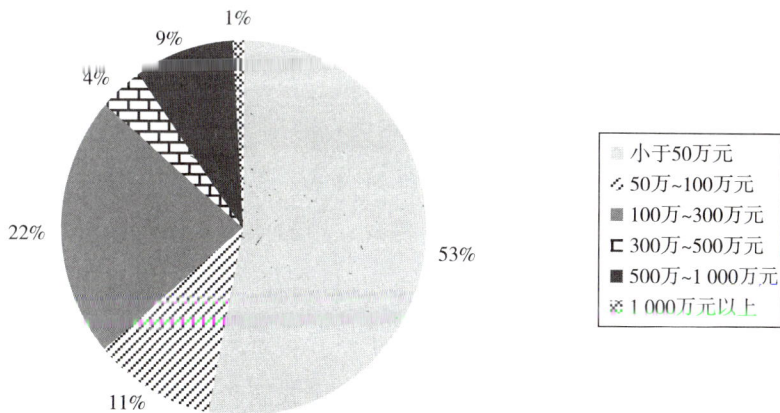

图1　2018 年基金管理公司投教工作费用分布

新规下的健康投资文化培育

从投资者教育活动形式看，各基金公司根据资本市场和客户结构的变化，更加注重多种形式尝试。根据协会对 117 家公募基金的调查显示，92家基金公司在 2018 年曾举办过投资者教育专项活动，占全部接受调查基金公司数量的 79%。具体呈现以下几个特点：一是微信、微博、邮件、短信、在线交流等形式仍然在投资者教育活动中占主要地位。主要因为这种新兴媒介具有效率高、成本低、影响范围广的优势，便于投资者与基金公司的及时互动交流，有利于维护投资者权益，也便于基金公司针对投资者反馈及时做出调整，并符合现代人的阅读习惯。二是基金公司官网均设有投资者教育专栏，官方微博、官方 APP 均定期、长期推出投资者感兴趣的文章，定期发布和更新基金法律法规、基金知识、市场研究分析内容、媒体新闻等信息，进一步满足了投资者需求。三是现场宣讲、印发宣传材料等传统方式仍是基金公司开展投资者教育专项活动的重要途径。现场宣讲主要是指基金公司结合宏观经济形势分析、资本市场展望、资产配置策略、投资者权益保护、销售适当性新规普及等主题，组织举办圆桌讨论会、投资者论坛、投资策略会等活动。鉴于基金管理公司开展投资者教育，营业网点和人力相对不足，基金公司均能注重拓展投资者教育的外部力量，加大与银行等代销机构的合作力度，积极扩大工作覆盖面，集中对代销机构客户经理进行投资者教育能力的培训，以座谈、讲座等形式向代销机构的客户群体提供投资者教育支持。根据调查显示，2018 年这些基金公司累计举办投教专项活动 18 000 余次，活动受众人数约 5 000 万人次。印发投资者教育宣传资料向公司产品持有人、渠道客户、社会公众免费派发一直是基金公司进行投资者教育普遍采用的传统方式。

去年以来，受疫情影响，各基金公司与新闻媒体或新媒体合作，举办各种网络直播和网络路演，推出的快手抖音短视频、喜马拉雅公开课等成为越来越受欢迎的投教方式，极大地扩大了投资者教育的受众范围，提高了到达度。

三、基金行业投资者教育当前面临的挑战

（一）基金个人投资者特征

公募基金是我国个人投资者主要选择的理财工具。根据协会每年开展的《公募基金个人投资调查》，我国基金个人投资者主要呈现以下特征：一是以年收入在15万元以下的中小投资者为主，占比约为85%。其中64%的投资者年度投资金额占家庭年收入的比例低于30%。二是个人投资者投资风格相对稳健，关注度最高的产品为银行存款、银行理财产品和货币市场基金，36.5%的投资者在亏损达到10%～30%时会出现焦虑。三是个人投资者能够认识到要通过投资追求比银行存款更高的收益，重视通过基金进行教育储备和养老储蓄，81%的投资者会在50岁以前考虑养老金问题，46.2%的个人投资者会首选"养老"或"生命周期"为主题的基金。四是60%的个人投资者选择产品时最关注的是收益率和业绩，65.7%的基金个人投资者有进一步了解证券、基金、期货等方面投资知识的需求，85%的个人投资者希望了解养老理财和养老规划的知识。投资者最偏好的教育形式是网络、书籍和现场交流。五是互联网和理财经理是基金个人投资者获取投资信息的主要方式，手机等移动终端已经成为最主要的交易媒介，70.9%的基金个人投资者通过手机等移动终端进行交易，略有上升；个人电脑作为交易媒介的使用程度略有下降，使用个人电脑作为主要交易方式的投资者占基金个人投资者的17.4%。六是我国基金个人投资者的金融知识水平较高。在回答14道金融知识测试问卷时，基金个人投资者平均答对10.2道题，正确率超过60%的投资者占总人数的71.8%。

（二）问题和挑战

基金行业承担着为百姓理财的重任，同时更承担着为实体经济造血输

血，推动国家经济完成供给侧改革和转型升级的重任。当前，有效地通过投资者教育保护中小投资者合法权益、稳定中小投资者对基金的信心，形势不容乐观。

一是"刚性兑付"文化的影响仍然根深蒂固，大众投资者财富管理意识还处于起步阶段，金融和投资常识普遍不足，对金融工具的了解和认知更是有限。一方面投资人选择产品不是出于对其风险收益的判断，不关注产品的底层资产及其内在价值，而是对基金等各类资管产品发行人、管理人，甚至是销售机构主体信用的判断，盲目相信所谓的"国家信用"、刚性兑付和隐性担保；另一方面投资人投资行为短视，申赎频繁，甚至追涨杀跌，基金赚钱但投资者没有赚到钱，导致投资者难以实现个人资产的有效配置。

二是现有的基金销售模式还没有形成与投资者利益永远保持一致的机制，不能帮助投资者形成真正符合投资者利益的资产配置、长期投资；部分从业人员缺乏法律意识和合规意识，违背"受人之托、代人理财"的本质要求，面对投资者言行不一、弄虚作假、欺诈行骗，损害投资者权益。

三是各类打着财富管理、资产管理、基金等名义开展违法违规金融业务、进行各类非法集资行为和投资诈骗的现象还很多，所谓的创新性跨界融合的资管产品不断出现，手法多样、隐蔽性强，层出不穷，花样翻新。

四是随着新媒体、自媒体的兴起，信息碎片化、传播"眼球"化，有些媒体和新媒体过度宣传明星投资经理，片面宣传投资业绩，或者夸大投资风险，投资者难以系统、全面、科学地辨别真伪基金，很难做出正确的投资决策。

四、应对挑战的思考

第一，应当高度认识到基金行业投资者教育工作的重要性和艰巨性。

加强投资者教育是基金行业赖以生存的基本前提和基金市场健康发展的必然要求。要从这一高度激发监管机构、自律组织、行业机构的内生动力，不搞面子工程、不走形式主义，不流于表面、也不搞一哄而上的运动，切实研究内容和形式的有效性，提高传播的接受度。

第二，投资者教育是投资者保护这项系统性整体工程中的一环，必须要以成熟的业务和配套措施为支撑。其一，理顺行业机制，从顶层制度建设层面保证基金管理人、销售机构与投资者利益相一致，保证销售机构履行对投资者的信义义务，实现真正的卖者尽责，买者才能自负的机制，才能让投资者在有效的投资者教育推动下，尽快在实践中加深对资管产品风险收益关系的理解，在实践中加强"卖者尽责、买者自负"的风险自担意识；其二，建设"基础资产—投资工具—财富管理解决方案"三层财富管理架构。财富管理行业应以投资者的需求为中心，通过对股票、债券、货币、衍生品、资产证券化产品等基础资产进行配置，形成个性化、工具化、标准化集合工具，最终为客户提供满足客户不同风险偏好、时限要求、收益目标的，可交易、可跟踪、可评价的全方位财富管理解决方案。

第三，应当充分发挥行业自律组织的领头羊功能，加大投入，推动投资者教育工作形成行业合力。行业开展投资者教育往往是多头组织、多头开展，资源不能共享，结构性分化较为严重。协会将以建立投资者教育专业委员会为依托，以协会"投资者之家"网站为基地，坚守"布道"精神，坚持"产品—活动—平台"三位一体的工作思路，以产品为核心，活动为载体，平台为依托，紧密联系行业机构，引领行业团结一致，统筹社会资源，不断提升投资者教育工作的效果和影响力。

第四，应当进一步开展科学有效的评估，为投资者教育工作和基金行业制度性安排提供决策依据。为提高投资者教育的针对性，开展投资者教育效果评估是一项非常必要的长期基础工作，也是各国市场通行的做法。

协会将探索在现有的《公募基金个人投资者调查》的基础上，在基础数据、调查采样、问题设置等方面进一步优化，增加针对基金行业投资者教育工作流程和考核规范的内容，增加私募基金维度，将基金投资者教育工作进一步落到实处。

投资者教育的行业共识与公募基金实践

东方红资产管理

施如画 黄剑焜 陈 亮 李 楠

一、投资者教育的行业共识

投资者教育是指针对个人投资者所进行的有目的、有计划、有组织地传播有关投资知识，传授有关投资经验，培养有关投资技能，倡导理性的投资观念，提示相关的投资风险，告知投资者的权利和保护途径，提高投资者素质的一项系统的社会活动[①]。因此，如何用简单的语言让投资者理解他们在投资过程中所面临的各种问题和应对措施是投资者教育的关键。1990—2020 年，我国的资本市场从零开始，投资者教育也从无到有。在资本市场发展的第三十个年头，资产管理行业对于投资者教育已经形成了诸多共识，同时也还在探索更多元化的发展道路。

（一）机构逐步重视投资者教育，普遍开展了投教活动

30 年来，资产管理机构对投资者工作的重视程度不断提升，参与的积极性也越来越高。以证券和基金行业为例，截至 2018 年底，共有 102 家证券公司和 117 家基金管理公司开展了投资者教育工作，占同期机构总数量的九

[①] 中国证券投资基金业协会《公募基金管理公司社会责任报告（2019 年度）》。

成左右。并且，从历史发展趋势来看，随着资管机构数量的增加，参与到投资者教育工作中的机构数量也不断上升，在行业内几乎做到了全覆盖。

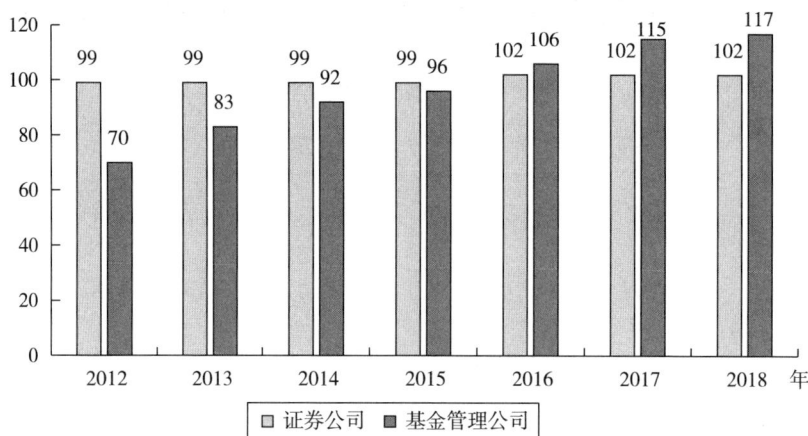

图1 2012—2018年证券基金行业开展投资者教育工作公司数量

（数据来源：中国证券业协会《中国证券业发展报告（2019）》，

中国证券投资基金业协会《公募基金管理公司社会责任报告（2019年度）》）

（二）绝大多数公司已经建立了投资者教育架构，涉及多部门资源

由于投资者教育内容的复杂性、专业性以及受众的多样性，需要调动资产管理机构内部诸多资源。目前来看，绝大多数公司都建立了由公司高级管理人员带头部署，营销、市场部门负责具体实施的投资者教育小组，或由市场、公关等部门分担投资者教育的部分职能，研究及其他后台部门支持保障的投资者教育工作体系，围绕完善机制、加大投入、创新形式等方面，多措并举。此外，证券公司还在营业部层面建立了工作小组或负责人制度。

（三）机构的投资者教育投入与资本市场表现高度相关

投资者教育的投入客观上反映了资产管理机构对于该项活动的重视程

度，在组织架构、制度设计上再完善，但若不愿意投入资金，也难以取得满意的效果。

　　证券公司的营业部众多，且主要承担了一线投教任务，因此证券公司的投资者教育投入普遍较高。2018 年，102 家证券公司投教经费约 3.6 亿元，平均每家公司投入 350 万元。相比之下基金管理公司的投教投入远低于证券公司，基金管理公司（有 103 家公司提供了该信息）的总投入为 1.4 亿元，平均每家机构投入 136 万元。

　　长期来看，资产管理机构的投资者教育投入与资本市场表现息息相关，在 2015 年 A 股疯狂涨跌之下，机构对于投资者教育的平均投入水平创下近几年高点。以证券公司为例，代理证券买卖业务作为其主业之一，业务收入与资本市场呈现很强的正相关性，因此也影响到投教的投入额度。数据显示，在 2015 年创高点之后，证券公司的投教投入一路走低，2018 年相较峰值已下降超 50%。基金管理机构则显得更加理性，投入额波动相对较小，即使在市场不好的时候，也没有大幅削减投教支出。

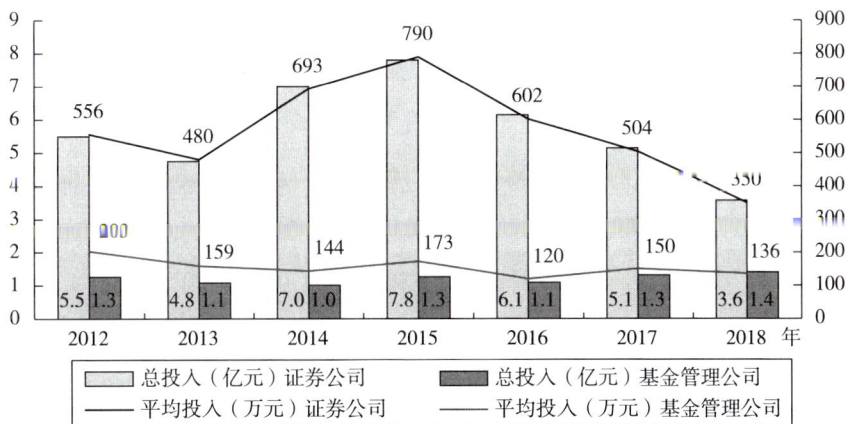

图 2　2012—2018 年证券基金行业投教投入金额

（资料来源：中国证券业协会 2012—2019 年《中国证券业发展报告》，

中国证券投资基金业协会 2012—2019 年《公募基金管理公司社会责任报告》）

（四）投资者教育呈现出多元化特征，受众人数和接受度不断提高

随着社会经济的发展，投资者的理财意识越来越强，理财需求也逐步多样化，加之互联网浪潮下新媒体形态的不断涌现带动了信息及信息载体的日趋丰富，使得投资者教育呈现出多元化特征。这种多元化特征主要体现在四个方面，分别是受众多元化、内容多元化、渠道多元化和产品多元化。

1. 投教受众多元化，肥尾人群不断增加

随着投资者教育活动的推进，受众数量快速增长，并且子群体越来越多元化。最初的受众群体以银行储蓄客户和证券公司的证券投资客户为主。银行和证券公司的特点都是网点众多，遍布全国，覆盖的人数也很多，但对象具有一定局限性。随着公募基金行业的发展，跨行业的投资者教育合作逐渐增加，公募基金可以依托不同渠道（银行、证券公司、互联网机构等）向不同客户提供更多样化的投资者教育内容，因此受众进一步扩大。在走进社区、走进校园、走进企业等系列活动下投资者教育的受众群体日益丰富。

近年来，互联网蓬勃发展，加速了信息的传播速度，因此投资者教育的受众也更加广泛，尤其是处于年龄两头（低龄和高龄）的人群增长十分迅速。线上投资者教育形式的多样性和覆盖的广泛性，让更多的小额投资者也能便捷地获取相关信息，进行理财规划。例如，某互联网平台推出的体验式投教系列活动"养鸡计划"培育了近 2 000 万的小额体验型投资者，通过 1 个月密集的投教课程学习，40% 的体验型投资者在半年内主动进行基金投资，其中还有 20% 的投资者开始通过定投的方式继续健康投资基金。

2. 投教内容多元化，兼顾基础知识学习和投资理念培养

资产管理行业投资者教育涉及的内容主要包括投资决策教育、资产配置教育和权益保护教育等。机构在通过专业运作为客户提供投资服务、理

财规划的同时，也肩负着培养客户理性投资意识的重要使命。随着投资者教育活动不断深入，根据资本市场和客户结构的变化，机构会更加注重投资者教育活动的知识普及和理念宣讲。

例如，在产品销售方面，机构严格遵守投资者适当性原则，通过对投资者进行风险测试、告知投资人权益、提供产品风险评价报告等环节，让投资者了解自身的风险承受能力，并在此基础上选择与自己相匹配的产品。在日常服务方面，机构积极开展投资者教育，通过向投资者普及政策法规、市场环境、风险等投资知识，加强引导投资者增进对金融产品投资的了解、树立正确的投资理念。

此外，机构可以借助科技的力量，为互联网用户提供个性化千人千面的投教内容。如某互联网机构通过使用互联网技术的数据分析能力，根据投资者客观风险承受能力、主观风险偏好、收益诉求、流动性诉求等来刻画投资者360度"画像"，为其提供有针对性的投教服务。个人投资者通过统一的互联网终端，获得匹配其风险画像进而精准匹配其自身需求的投教内容。

3. 投教渠道多元化，线上渠道发展迅猛

一方面，从实际情况来看，现场宣讲、印发宣传材料等传统方式仍是机构开展投资者教育专项活动的重要途径。各类机构经常会组织圆桌讨论会、投资者论坛、投资策略会等活动，尤其是基金公司、证券公司与银行之间合作举办座谈、讲座等，近年来屡见不鲜。相关调查显示，2018年基金公司累计举办投教专项活动18 000余次，活动受众人数约5 000万人次，较上年显著提升。①

但另一方面，线上的投教方式占比越来越高。在过去通过网络、手机、微信等媒介进行投资者教育专项活动的基础上，机构利用直播、自媒

---

① 中国证券投资基金业协会《公募基金管理公司社会责任报告（2019年度）》

体的新方式进一步拉近与投资者的距离，使得投资者教育工作更加及时、准确地把核心思想传递给广大投资者。尤其是去年新冠肺炎疫情带来的心理冲击以及线下物理场所的隔离，激发了线上投资者教育内容爆发式增长，也使得其为更多投资者所认可。

总体而言，机构官网、微信、微博、电视台、电台、财经网站、银行柜台、策略会、客户座谈会等渠道都达到了较好的宣传效果。

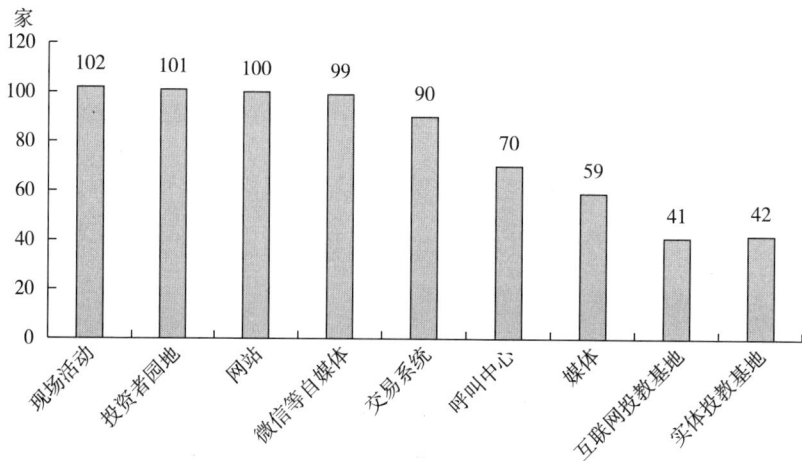

图 3　2018 年使用各渠道的证券公司数量

（资料来源：中国证券业协会《中国证券业发展报告（2019）》）

4. 投教产品多元化，新型传播形式被广泛采用

机构将投资者教育以产品研发的规范流程加以管理，无疑提升了投资者教育活动的持续性和稳定性。投教产品多元化与受众多元化、内容多元化、渠道多元化相伴而生。从承载形式上看，除了传统的海报、宣传手册等印制品和网站图文以外，微信图文、H5 页面、动画、漫画等新型传播形式也被广泛采用。

中国证券业协会数据显示，2018 年度各证券公司共报送投教产品超过 1 500 件。全年共制作实物类投教产品（U 盘等）118.4 万个，线上投教产品点击量（播放量/阅读量）超 1.5 亿人次。[①] 同期，公募基金管理人积极履行投资者教育职责，制作投教产品 5 万余件。其中，纸质宣传品共计发放 725 万余件，可统计的线上点击量达到 1 500 万余次，超七成基金投资者对公募基金管理人开展的投教活动较为满意。[②]

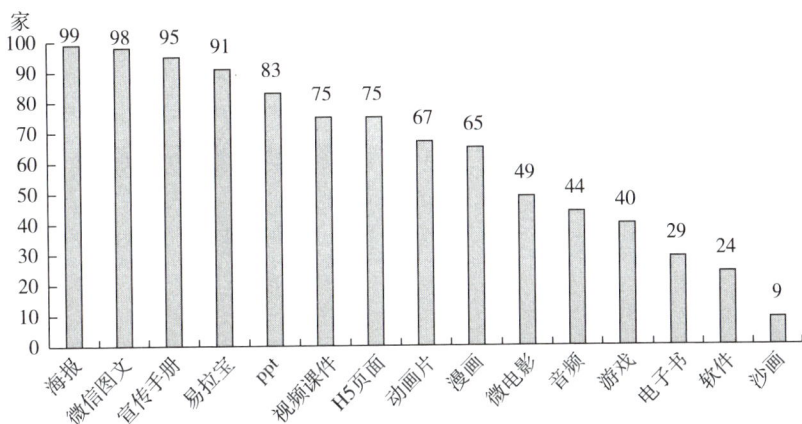

图4　2018 年使用各类产品的证券公司数量

（资料来源：中国证券业协会《中国证券业发展报告（2019）》）

（五）投资者教育卓有成效，但仍然缺乏有效指标衡量投教转化率

投资者教育能够影响投资者的心理和行为，加深其风险意识、长期投资意识和资产配置意识等，这都有利于投资者实现财富的长期保值增值。研究也显示，随着各类机构对投资者教育工作的不断深入，投资者的心理和行为确实发生了一些积极的变化[③]。第一，在大量进行投资者教育活动之后，投资者的投资理念从注重短期转向更加重视长期投资和长期收益；第二，投资者的风险意识更强，投资中更加倾向于投资风险更小的股票，而且对杠杆的使用也较为稳健。调查显示，近四成投资者主要投资主板和

[①] 《2018 年中国证券公司投资者保护状况评价报告》
[②][③] 《2018 年中国资本市场投资者保护状况白皮书》

中小板股票，主要投资创业板股票的投资者不足一成。此外，超七成没有使用杠杆资金，约两成使用杠杆资金的比例未超过自有本金，不足2%的投资者使用杠杆资金的比例超过自有本金。

但是不少机构也反映，投资者教育的成果很难与投资者收益或机构收益直接挂钩，行业内仍然缺乏公信力较强的、能可靠衡量投资者教育效果的量化指标体系。因此，很多机构也不愿意在这方面投入太多资源。

（六）在取得成就的同时，投资者教育也面临严峻形势

近年来，资产管理机构在投资者教育工作方面持续投入，开展了大量的工作，在普及金融法律基础知识和帮助投资者树立科学、正确的投资理念方面取得了较为显著的成绩。但是，在国家经济转型和金融供给侧结构性改革的关键时期，投资者教育形势仍然严峻，面临投资者风险意识不强、专业投资知识水平有待提高、"刚性兑付"文化依然存在、产品销售模式依然处于卖方销售阶段的局面。

总结过往经验，我们认为加强投资者教育不是一味增加资金和人员投入、加强宣传就可以水到渠成的，更需要相应的成熟业务和各类配套措施作为支撑。资产管理机构应当建立以投资者为中心的业务模式，逐步完善从基础资产到集合投资工具，再到资产配置工具的资产管理三层架构，从而满足投资者的全生命周期需求。具体而言，一是资产管理机构需要履行信义义务，在开展投资者教育之前首先要理顺行业机制，保证管理人和投资者的利益是一致的；二是投资者教育不是一朝一夕就能快速见效的工作，需要机构长期坚持，帮助投资者建立正确的投资理念；三是投资者教育也需要与时俱进，不断深化认识，创新内容和手段，以应对新的挑战；四是从长远发展来看，投资者教育有必要与国民教育更进一步紧密结合，形成以普及投资知识、提示投资风险、树立合规投资理念为核心的全民投资教育，培养公众理性投资意识，提升全民投资素质。

二、投资者教育的公募基金行业实践

"我国目前拥有全球规模最大、交易最活跃的投资者群体，资本市场发展牵系着亿万家庭的切身利益，同时，我国人均 GDP 即将突破 1 万美元大关，满足人民群众日益增长的财富管理需求，是新时代资本市场发展的重要使命。"① A 股市场自 1990 年至今经历过数轮牛熊转换，2000 年之后主要指数呈现牛短熊长的特点。在资本市场发展的过程中，投资者教育的重要性不断凸显。过去二十多年间，一批优秀的上市公司由于业绩稳健增长，推动股价实现数十倍的增长，为长期投资者带来了丰厚回报。然而，多数投资者由于投资知识有限，难以克服人性弱点，容易陷入择时困境之中，陷入了"基金赚钱，基民亏钱"的现实悖论中。为了帮助投资者建立理性的长期投资理念，在投资者教育和引导工作上，公募基金行业内各个机构都展开了积极的探索，积累了丰富的实践经验。

（一）东方红万里行

东方红资产管理作为 2013 年加入公募基金阵营的后来者，因其"东方红"系列产品专注于价值投资而形成了独特的客户心智占位。价值投资因强调分享优秀企业成长的成果，而十分强调时间的力量。因此围绕复利和长期资产配置等核心理念，东方红资产管理走出了高度重视价值投资理念引导的投资者教育之路。

东方红资产管理在投资者教育和引导上的工作开展已久。追溯至 2008年，当时市场经历巨幅波动，悲观情绪蔓延，投资者纷纷加速离开市场。如何让客户重新建立起信心，相信市场终会回归价值？带着这样的问题，

---

① 证监会主席易会满署名文章《敢担当善作为 站稳人民立场 努力实现新时代资本市场高质量发展》，2019 年 11 月。

东方红资产管理开始探索投资者教育及引导理论和体系：从价值投资长期有效性出发，再到上市公司价值回归规律，最终落实到投资者行为，通过专业分析帮助普通投资者穿透迷雾看到本质，引导并帮助他们走出困境，让客户理解市场运作规律和行业发展周期。

2008年，市场上对于投资者教育活动的定位，主要立足于匹配产品发售前后的市场推介需要。而东方红资产管理强调的是"找到满意的客户，让客户满意"，不是从产品规模而是从让客户真正认同价值投资的核心理念出发，组建渠道服务团队覆盖各大银行网点、券商营业部，通过面对面沟通进行大量客户服务引导工作。这一引导工作最直接的成效在于，许多客户选择在市场低迷时期留下，甚至用更低成本进行了追加投资。

作为投资者教育工具的重要创新，东方红资产管理还将产品设计机制纳入考虑，最早探索通过封闭式的产品设计帮助投资者纠正追涨杀跌的行为偏差。2011年东方红资产管理发行了封闭式的集合资管计划，采用了"2年半+6个月"的封闭期模式，利用机制设计帮助投资者锁定中长期投资。这一尝试帮助其在投资者教育和认知引导方面实现了良好起步。

2015年，市场再次经历大幅震荡。8月，东方红资产管理投资者教育系列活动"东方红万里行"启动。通过深入研究客户持有基金的行为数据，"东方红万里行"整理了不同情绪时点下的认知引导案例，以可视化、追溯演示的方式，生动展示在不同市场情况下，如何通过长期投资、定期投资来平滑市场波动、降低投资成本，从而实现与家庭财务目标相匹配的投资收益水平。

从价值观引导出发，将投资者教育定位为企业文化和核心理念沟通的客户服务行为，这是东方红资产管理在投资者教育的顶层设计上与众不同之处，通过5年的坚持，来自合作渠道和持有人的正面反馈，证明了这种差异化定位的有效性。

随着市场需求的不断增加，"东方红万里行"也在积极探索利用科技力量为投资者教育赋能，增加动画、社区互动等注重投资者体验的新形式，并在多个线上平台（天天、京东、新浪、雪球、头条）开设了不同主题的线上理财课堂，每月开展直播活动，结合当前市场情绪，通过线上直播的方式与投资者进行价值投资理念的交流，每季开展线上圆桌会，与一线基金销售人员和投资者就价值投资的热点话题或者当下困惑进行直接交流。

在《资管新规》实施后，整个银行体系的理财资金都面临着负债端产品切换过程中的认知管理挑战，"东方红万里行"适时推出公益讲师服务计划，由资产管理机构作为信息输出方，通过对代销机构的相关从业人员进行培训，将基金行业的投资者教育实践案例向银行理财经理输出，提升代销机构的投资者教育及引导的实践能力；通过培训加强学员自身的资产配置能力、基金产品分析和诊断能力，使其具备对基金从业人员及客户的再培训能力。

在日新月异的资管行业，构建专业的投资顾问讲师团队可以提供前沿的服务理念陪伴投资者，引导投资者理性面对变幻莫测的金融市场，结合自身情况合理配置资产，通过销售机构以点带面，最终构建投资者、上市公司、投资管理机构和代销机构共生的良性投资生态系统。

（二）博时基金大学

2003 年，博时基金举办"博时基金大学"，通过一系列线上活动向销售机构一线人员及个人投资者普及投资知识，传递投资理念，希望以此来培育成熟的投资者，获得长期的投资收益。博时基金设立"基金大学"，持续进行投资者理财知识普及，针对散户和机构投资者的不同需求来组织讲座内容。

基金大学的主要目的是希望为客户提供增值服务，同时也让投资者和销售渠道的合作伙伴更加深入地了解投资过程、投资文化和投资哲学。博时基金通过锁定不同的活动主题，分别在全国各大城市举办各类活动，邀请国内外著名的财经学者、投资理财的资深人士与投资者一同分享一系列国内外投资理财的经验和知识。

博时基金大学是行业投资者教育的一个尝试，在聚焦当下市场的同时，逐渐引导投资者关注投资行为本身，为行业积累了有价值的经验。

（三）摩根基金大学

摩根基金大学是由摩根大通集团发起并设立的，于 2006 年 3 月 25 日在北京正式成立，是国内首家由外资金融巨头发起并设立的基金大学，也是继博时基金大学之后的第二家基金大学。

摩根基金大学认为，对于投资人而言，树立长期、分散、知足、持续的投资理念，比选对基金或者股票更为重要。这些理念一直贯穿其投资者教育活动的始终。2007 年，摩根基金大学增加新内容——"火炬行动"，追踪访谈了公司旗下有代表性的十位基金持有人，整理了他们过去三年中的基金理财故事，通过公开分享他们的投资感受和理财心得，揭示国内普通家庭理财文化的萌芽与兴起。通过具有代表性的普通投资者的理财故事分享，让更多的家庭了解基金、认识基金，让基金成为居民分享股市财富的长期工具，以及改善居民家庭生活的合理选择。

"火炬行动"之后，上投摩根又整理出版了《基金大学堂》一书，由浅入深地系统介绍了基金投资的正确理念、基金基础知识、基金投资策略及方法等。

2011 年起，摩根基金大学开始走进高校，将投资者教育从年轻人做起，通过一系列创意活动培养大学生的正确理财观念。上投摩根强调理财尤其应从年轻时就做起，走进大学校园，就是希望能帮助年轻群体树立起正确的理财观念，为其带来长远价值。

此外，通过派出专业讲师，采用名校培训与公司培训相结合、课堂活动与现场教学相结合的形式，摩根基金大学还为业内菁英理财经理提供业务交流、专业学习和文化观摩的机会。通过传达长期、专业的投资理念、分享深入、全面的投资心得，介绍科学、创新的投资方法，摩根基金大学形成了较为系统的投资者线下培训体系，为后续资产管理机构开展相关活动提供了借鉴与参考。

（四）广发基金定投活动

广发基金定投业务于2005年2月联合工商银行首次推出。成立初衷是为了使得普通投资者得以知行合一地体验基金投资，在投资中分散市场波动风险，在生活中养成良好投资习惯并从中受益。在2005年，对于广大投资者而言，基金定投还比较陌生，广发基金推出此活动的目的是通过组织定投交流会和培训沙龙，来帮助客户尽快熟悉定投并养成良好投资习惯。

2005—2010年的5年中，广发基金共举办了五千余场客户定投交流会及定投沙龙，持续的投资者教育活动带来了现实的转化成果，广发基金的定投客户数量已突破百万。

2008年市场出现大幅下跌后，广发基金开启了"心桥之旅"投资者服务品牌活动，通过邀请投资者一起走进上市公司、与基金经理面对面等形式，向客户提供投资解决方案，改善客户投资体验。

广发基金定投活动所宣传的主要理念有三个：一是坚持基金定投，收获"微笑"曲线；二是坚持"三个原则"：熊市不断供（下跌时积累筹码）、牛市会止盈（提前设置止盈线）、能长期坚持（周期3~5年为佳）；三是更聪明地定投，"定期不定额"，帮助投资者根据市场走势相应调整投资金额。

通过"心桥之旅"等活动，广发基金切实推进投资者教育活动的开展，除了向客户介绍优质的基金产品外，也在帮助客户建立或完善自己的投资体系，改进投资方法，实现良好的投资回报。

三、投资者教育的公募基金行业经验总结

（一）酝酿：积累引导经验，探索理论机制

投资者教育与资产管理业务并非割裂的两部分，而是业务的重要组成部分。资产管理的本质是"受人之托，代人理财"的信托关系，这种信托关系的一方是客户对资产管理机构的信任，相信资产管理机构会信守契约，勤勉尽责地为客户创造回报；另一方是资产管理机构对客户的责任和承诺，将客户利益牢牢放在首位，切实履行信义义务，发挥专业优势，为客户创造价值。所以"责任"是行业存在的价值，也是行业的立身之本。

因此，资产管理机构应该从创立之初就将能否真正帮助客户资产保值增值作为业务的重要目标，并在发展过程中不断探索系统、有效的投资者教育及引导体系。

初期投资者教育及引导主要希望在市场低迷时，帮助投资者克服恐慌情绪，建立市场信心。因此，将投资者教育及引导的内容聚焦在三方面：（1）认识自身在投资中的重要性；（2）普及长期投资与复利的力量；（3）正确理解市场风险。

1. 认识投资者自身的重要性

投资者通常认为市场环境和基金经理的能力是影响投资结果的最重要因素，而忽略了其自身行为的重要性。这就导致投资者对市场环境十分敏感，当市场出现利空事件时，就可能仓促逃离市场，导致不必要的投资损失。

事实上，长期投资实践表明，市场上并不缺乏实力可靠、业绩卓越的基金经理，也不缺乏投资收益优秀的基金产品，但许多投资者的投资回报却并不如所愿，其原因就在于投资者忽视了自身投资行为的重要性。

市场放大了人性中的贪婪与恐惧，追涨杀跌的心态普遍存在。资产管理产品之于客户的好坏，专业的投资经理是一方面；另一方面，资产管理机构有责任和客户站在一起，引导他们怎样买、怎样持有，让更多人通过产品赚到钱。投资者教育出发点应该定位于客户沟通，而不是销售管理，应该强调用理性认知赋能客户。

2. 普及长期投资与复利的力量

为了帮助投资者更好地理解长期投资的意义，在投资者教育与引导的过程中可以普及复利的概念，并结合实际的案例说明，展示长期复利效应带来的收益。

通过不同收益率假设下的长期资产变化对比，可以帮助投资者直观地体会复利效应在投资中的重要影响。长期投资的案例可以聚焦到具体的投资标的，例如使用投资者较为熟悉的优质上市公司作为鲜活的案例，帮助投资者认识到即使是优质资产也会经历短期的价格波动，因为短期价格大多受到市场情绪的影响，但长期对于价值的判断、认同和坚守是不变的。相信并坚守具有长期竞争力的企业，收获投资的复利效应，是获得长期稳定投资收益的关键。

3. 正确理解市场风险

收益与风险相伴相生，但是当前许多投资者仍然持有仅仅关注收益的一维理财观。中国证券投资基金业协会的基金个人投资者投资情况调查问卷分析报告显示，在选择基金时，基金业绩是投资者最为关注的因素。虽然这一点无可厚非，但过度关注收益率，可能导致投资者在持有净值型产品的过程中产生情绪波动，因净值的短期下跌而失去长期持有信心。因此，在进行投资者教育时需要清楚明白地向投资者揭示风险的存在以及风险的程度，帮助投资者树立基本的风险意识。

除了对于高收益的盲目追求以外，投资者经常难以区分产品净值的短期波动和永久性亏损的差别，在短期下跌中选择非理性赎回，无法获得未来产品净值上涨带来的长期回报。这主要是因为投资者对于各类资产的风险收益特征理解不够准确，尤其是对于权益类资产的高波动性认知不足，对所投资资产的波动未能形成合理的预期。

公募基金等资产管理机构应引导投资者认识到市场短期存在波动，但不应将短期波动与永久性损失的风险混为一谈。对此，在投资者教育及引导的过程中，资管机构可以向投资者介绍可能影响风险承受水平的三方面因素：投资时限、心理承受能力和投资持续能力。第一，用数据和案例证明价值投资的标的存在安全边际，但用短期资金进行频繁交易，不仅会增加投资成本，还有可能加剧投资永久性亏损的风险。第二，引导投资者评估自身心理承受能力，选择合适的投资品种。第三，强调投资持续能力，引导投资者分析自身资金状况、流动性需求和资金成本等，合理安排投资行为。

（二）探索：破除常见误区，提供解决方案

随着行业的发展，资产管理机构越发认识到投资者教育及引导的重要性，投资者教育及引导不仅仅强调市场低迷时的陪伴，更重要的是帮助投资者建立系统、完善的投资理念，从而穿越牛熊，获得长期收益。以 A 股市场为例，受益于中国不断涌现的具有长期增长性的优秀企业，资本市场长期可以为投资者带来可观的收益回报，但是现实是投资者的盈利体验却不尽如人意。投资者教育的直接目的就是解决投资者收益与产品收益不对等这一矛盾，在理财市场打破刚兑后，帮助投资者真正获得长期投资回报。

为了更实际、有效地解决这一核心问题，各机构致力于深入挖掘其背后原因，帮助投资者意识到自身行为在投资中的重要性。在投资者教育中引入行为金融学研究成果，是被实践证明较为有效的选择。从投资者行为角度深入挖掘，以深入浅出的方式化繁为简，更为科学地帮助投资者认识

到投资误区及收益损耗的原因，传递长期理性的投资理念，同时提供可行性较强的解决方案，尽力解决持有人收益与产品收益不对等的问题。

行业实践发现投资者常见的三类行为误区，并有针对性地探索解决方案：（1）通过定投克服追涨杀跌；（2）普及标的特征引导资金适配；（3）通过投资诊断筛选优质产品。

1. 通过定投克服追涨杀跌

通过与投资者开展广泛的交流调研可以发现，影响理性投资决策的第一大投资者行为偏差，就是陷入对市场进行预测的认知简单化陷阱，即倾向于择时，从而很难避免"追涨杀跌"的投资行为。当市场指数处于相对高位的时候，基金发行通常会迎来份额高点。而在 A 股市场短期向下波动的阶段内，基金份额发行总量则呈现低迷态势。这是投资者热衷择时这一微观心理的宏观结果。

大多数投资者过于依赖传统的择时观念，但市场难以预测，即便是最为精准的模型也难以判断市场未来的走势。一旦执着于对择时的追求，投资者往往会被贪婪与恐惧的心理支配，在投资过程中形成倒三角形的认购资金成本分布结构，与理想背道而驰，难以获得满意的投资收益。

定投可以说是资金在时间轴上的再配置，对于业余投资者而言，具有可以随时开始、有效规避择时困境的可行性。对基金定投的案例分析和方法论支持，可以帮助投资者意识到短期可控的波动是定投的活力源泉，引导投资者用简单的方法，坚持长期投资，突破择时困境，尽可能规避市场预判失误和追涨杀跌行为带来的损失，提高投资胜率。

投资者教育及引导可以通过理论分析、数据推演、案例分享，来展示定投这种投资方式的优势——省时省力、突破择时困境、平滑投资成本、积少成多。与单笔基金投资相比，基金定投以持续性买入的投资方式，保证了客户能够以较低的平均成本买入基金份额，淡化择时。尤其是在市场震荡或筑底时进行基金定投，待市场上涨后能够获得更高的收益。

2. 普及标的特征，引导资金适配

投资者的投资实践中还普遍存在资金期限错配问题。错配主要包含两方面：（1）短钱长投。投资者将流动性需求高、短期内就需要兑现的资金投到应当长期持有的资产中，这也是造成投资者无法克服短视性、畏惧短期波动的原因之一；（2）长钱短投。许多投资者的长钱没有用于投资真正的长期资产，不仅不能获得理想的投资回报，甚至无法实现长期资金的保值。

对此，投资者教育及引导可以通过权益类资产和固定收益类资产的风险收益特征比较，力求帮助投资者选择符合资金期限的投资产品。经验表明，对于短期资金，推荐投资固定收益类资产，锚定稳健但相对较低的投资收益目标；对于可以在短期内承受市场波动的长期资金，建议投资于权益类资产，对此需要帮助投资者增强对于权益类资产的了解和认知。

3. 通过投资诊断筛选优质产品

选择优质投资产品并定期诊断决策的实际效果，是投资者长期持有的信心来源，也有助于投资者获得理想收益。然而，行业多年实践发现，投资者普遍缺乏定期开展投资诊断的意识和正确的诊断方法，对投资效果产生影响。

分析常见的"基金赚钱、基民亏钱"的现象可以发现，买入基金前，许多投资者不进行基金测评，仅依靠基金短期排名或基金经理品牌效应选择基金产品；在买入基金后，也鲜少定期进行基金诊断，甚至卖出盈利的基金，而长期持有不良基金，等待所谓的"深度解套"。因此，引导投资者进行定期的基金诊断也是投资决策教育中的重要内容之一。

为了帮助投资者更好地理解基金选择和诊断的概念，可以通过一些实际案例体现基金筛选的重要性，说明选择优质的基金产品是长期持有的重要前提，引导投资者保留经历市场波动检验的优质基金产品，而对长期管理能力不佳、净值成长逻辑断裂的基金产品则要及时止损或转换。

在此基础上，进一步为投资者归纳简单易行的基金诊断方法，推荐一些普通投资者易于学习和使用的几个检测指标来选择和保留高品质基金产品。

以偏股型基金为例，可以以收益指标、风险指标和辅助指标作为分析框架。收益指标层面，向投资者强调要以长期作为观察的时间维度，选择符合自身绝对收益目标的产品。风险指标层面，通过最大回撤、夏普比率等指标的介绍，引导投资者重视产品的风险控制能力。此外，通过介绍基金规模、内部持有比例等辅助指标对于基金质量的影响，完善投资者的基金诊断体系。

（三）完善：传递投资理念，引导知行合一

长期持有可以提高投资成功概率的一大前提是采用价值投资的投资方法。国内外的长期实践证明了价值投资策略的有效性。价值投资有效的原因在于：第一，均值回归这一基本规律的存在；第二，价值投资除了估值提升外，存在着分红等更多价值实现的方式；第三，好公司有持续的价值创造能力。

但由于市场发展的不成熟和投资者教育的缺乏，中国市场上大多数个人投资者缺乏价值投资理念，追求短期收益，依赖估值提升短期获利。因此，大多数投资者偏好追逐市场热门行业和板块，炒作主题，忽略企业基本面。加上市场存在羊群效应，这种非理性投资行为容易导致股市波动在一定程度上被放大，不利于市场的价值回归和健康运行。因此，引导投资者树立价值投资理念势在必行。

为了帮助投资者更好地理解价值投资，并将价值投资理念与投资行为相结合，实现知行合一，投资者教育及引导可以主要从两方面展开：（1）介绍价值投资的基本概念及原则；（2）澄清价值投资的常见误区。

1. 介绍价值投资的基本概念及原则

价值投资的基本理念认为，股票价格围绕其"内在价值"上下波动，长期来看有向"内在价值"回归的趋势。当价格低于内在价值时，形成安全边际，出现投资机会，反之亦然。经过费雪、巴菲特等投资大师的不断深化，以及国内外市场的投资实践，价值投资的内涵和外延得到了拓展和完善。

为了使价值投资的理念更便于传递与理解，在向投资者进行介绍时，应尽量以简单的方式对价值投资基本逻辑进行概括。例如将价值投资概括为"便宜买好货"，"好货"是指优质的上市公司。"便宜"是指上市公司股价，当价格低于价值时，即认为是"便宜"的。

价值投资主要坚持以下四大原则：

第一，避免过度自信。资本市场是一个复杂、非稳态的混沌系统，预测市场非常困难，所以不要过度自信。投资不应该依赖市场预测和时机选择，而是选择长期持有优质投资标的。

第二，敢于逆向投资。逆向投资是获取长期收益的重要方法。逆向投资的投资者，能够避免因人性弱点产生的错误，寻找那些因投资者较少关注而被低估的股票，还能回避那些由于被投资者追捧而价值高估的股票。

第三，坚持陪伴优秀的企业。在价值投资中要坚持企业的基本面研究，以幸运的行业、能干的管理层、合理的价格和合理的预期为考量要素，精选优质投资标的。

第四，牢记估值。安全边际是价值投资实践中最确定和最重要的因素，不仅是风险控制的手段，也是回报的主要来源。

2. 澄清价值投资的常见误区

要做到知行合一，需要不断检验投资者认知的正确性，除了基本概念，要对价值投资进行适当展开，帮助投资者了解产品背后的投资逻辑。

投资存在能力边界，澄清价值投资误区，为投资者做减法、提升投资胜率也是价值投资理念传播的一大关键。公募基金业内投资者教育中重点关注和澄清的误区主要包括以下几点：

第一，频繁交易能够创造收益。投资者经常认为优秀的基金经理能够通过交易带来超额收益。投资者教育可以通过对照公募基金的换手率和平均收益率数据，展示高换手率的基金收益率明显低于低换手率的基金，说明频繁交易不仅不能带来超额收益，甚至可能对组合产生负贡献。从定性的角度来解释，大量的交易让基金经理始终处在市场情绪的波动之中，少数比较优秀的投资决策可能因为大量交易而被淹没掉了。如果基金经理始终处在贪婪和恐惧的冲击之下，可能导致投资决策情绪化，这也许是频繁交易不能带来高收益的原因。

第二，行业增速对于价值投资而言很重要。市场普遍关注公司和行业的增长速度，认为热门行业、高增长行业更容易产生牛股。基金投资者教育可以通过一些成熟行业的投资案例来打破这样的固有认知。事实上，高增长行业变化快，选股要承担比较多的风险；而在低增长行业，竞争格局往往比较稳定，风险比较小，而且同样能够产生大牛股。

第三，投资中应该寻找后来者居上的公司。市场上的投资者喜欢困境反转、后来居上的故事。但过往实践表明，企业发展中的后来居上是一个小概率事件，强者恒强的概率更大。背后的原因可能是，经过多年的发展，多数行业的竞争格局已经相对稳定，格局变化的难度大大增加，好公司往往通过多年积累而拥有规模优势、品牌优势、资金优势。押注在后来者居上的概率上，从投资的角度来说并不值得。

第四，买入的目的是卖出。部分投资者热衷市场主题，博取短期收益后早早兑现。立足长期价值投资理念的投资者教育，要倡导投资者以持有的心态进行价值投资，卖出并非投资的目的。如果股价没有出现合适的卖出机会，分红、回购、被并购等都是兑现盈利的方式。在投资者教育中，可以通过实际的案例，展示不同收益的兑现形式，帮助投资者认识到，对于价值投资来说，更追求在较长的时间期限里对价值的判断，而不是较短期限里对价格的精确预测。

（四）深入：介绍资产配置，帮助长期持有

对于普通投资者来说，投资实际回报很大程度来自合理的资产配置。随着投资者需求的改变，投资者对于风险控制和长期投资收益有了更多需求。尤其是随着养老第三支柱的逐步完善，投资者教育及引导体系开始增加资产配置与养老规划的内容，旨在帮助投资者意识到：在经济结构性放缓、金融去杠杆、人口老龄化等时代背景下，资产配置应当得到投资者足够的重视，且资产配置是市场环境、投资时机等众多因素中投资者唯一可以在真正意义上进行把握的因素。

资产配置是指根据投资需求将投资资金在不同资产类别之间进行分配。随着居民财富的积累，投资者对于资产保值增值的需求增加。由于居民可投资资产类别的多样化，如何正确认识自身的风险收益特征，将资金合理分配到不同的资产大类中从而实现投资目标，成为了投资者教育中的重要话题。

1. 识别问题

资产配置的目标在于根据自身情况，选择合适的资产，使波动和收益处于合理可承受的范围内。从这两个维度出发，资产配置需要引导投资者重点关注两类问题：

第一类是投资组合波动较小但收益率不及预期，这往往是权益资产低配导致。从目前的实际情况来看，中国金融资产中银行存款和类存款产品的占比较高，不利于资产抵御通胀压力，实现长期保值增值目标。随着理财、信托的刚兑时代结束，投资者应当提高对权益资产的重视程度。

第二类是投资组合收益符合预期但资产价格波动过大，导致投资者难

以长期持有，这往往是权益资产超配导致的。对于这一类问题，投资者应当提高固定收益类资产的占比。

2. 引导配置

通过资产配置理念的传播和教育，有助于帮助提高投资组合的风险收益比，在同等的风险水平下，提高组合整体收益率水平。合理资产配置可以从两个角度出发进行引导，一个角度是锚定适合自己的收益目标，从而确定风险资产的比重；另一个角度是通过资产配置，力求将组合波动控制在可承受的范围内。

从第一个角度来说，在资产层面，为了帮助投资者对各类资产有更为具体的概念及印象，可以通过数据及图表直观展示海内外各类资产的收益和波动情况。在了解各类资产风险收益特征的基础上，从投资收益目标出发，帮助投资者重新认识各类资产并选择适合自己的资产类型。

从第二个角度来说，资产管理机构可以通过不同比例的资产配置方案，引导投资者认识到资产配置在平滑投资组合波动、提高长期投资胜率中的重要意义和有效性，并指出资产配置应考虑自身风险偏好、风险承受能力、目标收益和流动性需求等因素。

3. 资产再平衡

除了初期的战略配置和战术配置外，资产再平衡也是投资者教育及引导中的一项重要内容。再平衡是根据事前确定的规则以固定时间或固定阈值将实际组合中的资产权重调整到与目标组合一致或接近的水平，通过再平衡可以减少投资者的主观判断偏差，防止追涨杀跌。

再平衡自身并没有产生正回报的能力，并且在市场具有动量特征时，卖出表现较好资产、买入表现较差资产的操作还会对组合回报带来不利影响。但正是因为市场具有波动的特征，再平衡才有了产生正回报的可能，特别是波动的周期与再平衡频率接近时，再平衡操作相比买入并持有会带来明显的正收益。

资产再平衡属于投资中相对复杂的内容。因此在引导过程中，主要面向相对具备一定投资知识和经验的投资者，通过具体案例及数字的介绍，帮助投资者了解及建立资产再平衡的概念，从而提高投资成功的概率。

（五）演进：结合《资管新规》，丰富固定收益投资内容

权益投资创造高收益的同时，A股市场的高波动性严重影响了客户的投资体验，固定收益资产逐渐受到投资者的重视。与此同时，2018年《资管新规》出台，要求资产管理行业打破刚性兑付、实现净值化管理、压退非标资产，理财进入净值化的新时代。在此背景下，投资者教育及引导中应加入固定收益类产品投资相关内容。

虽然在之前的投资者教育及引导过程中，资产管理机构已经对基础的固定收益类资产投资的概念进行了基本的介绍，并通过具体数据及案例展示了在投资组合中配置这类资产的效果，但前期的固定收益资产投资内容主要是从资产配置的角度出发，作为权益资产投资的重要辅助步骤来展开阐述，并没有过多将重点放在纯粹的固定收益产品投资上。

随着理财净值化新时代的到来，除了在资产配置中的重要作用，固定收益类资产本身的收益风险特征也逐步得到更多关注。扩充后的固定收益类资产的投资者教育内容主要可以分为三个部分：

第一，介绍2018年《资管新规》的相关内容及其对现有理财投资的影响，引导投资者在"刚兑"打破后逐渐培养对短期波动的忍耐度。例如，对于前期主要购买具有刚兑特性的银行理财产品的客户，二级债基或偏债混合等"固收＋"产品将是未来值得关注的可选方向。

第二，债券基础知识介绍，帮助投资者形成对债券投资的基本概念，包括债券基金、偏债混合基金及其对应的风险收益特征。相对于权益资产来说，投资者对固定收益类资产相对陌生。通过对固定收益类资产收益、

波动的介绍，帮助投资者建立对固收类资产的基本印象：固定收益类资产有波动，但波动较小；有周期，但牛长熊短；坚持持有长期亏损的概率不大。

第三，通过对比不同债券配置比例下的组合风险收益情况，帮助投资者直观地理解固定收益类资产在资产配置中的重要作用，从而更好地从自身角度出发，理解资产配置，并在不同资产间进行选择。

（六）系统：理论系统完善，构建生态系统

随着投资者教育工作的不断深化，投资者教育及引导不仅仅关注对投资者的知识及理念普及，更重要的是逐步将投资者教育与投资中的其他环节相结合，构建完整的投资生态圈。专业的资产管理，其目标不仅仅在于代客理财，更重要的是通过投资生态圈的构建，实现多方共赢。

投资生态圈存在四个重要环节，从上游到下游依次为上市公司、资产管理人、销售机构及投资者。上市公司创造价值，通过资本市场获得更多资金支持，做大做强，为社会提供更多的服务和产品。资产管理人秉持价值投资理念，精选优质公司，进行长线投资，实现价值的挖掘。销售机构传递价值，帮助客户实现长期财富增值。最终，投资者能分享到上市公司长期成长的收益，实现多方共赢及生态圈的可持续发展。

投资者教育正是连接资产管理人、销售机构及投资者的重要环节。通过资产管理人与销售机构合作，对投资者展开教育及引导，帮助投资者理解价值投资收益的来源，拉长持有期限，实现收益的传递。

因此，在投资者教育和引导的过程中，除了着眼于投资者的投资行为，还需要考虑到投资其他环节的作用及影响，逐渐形成理念一致的投资闭环，也让投资者了解和认识到投资中各个环节所发挥的重要作用，从而帮助广大投资者建立更为理性的投资行为，获得长期稳定的投资收益。

四、投资者教育机构合作的形式演进

(一) 受众拓展

通过观察各类机构的投资者教育引导及发展历程可以发现，活动开展初期，资产管理机构往往选择通过一线理财经理培训，由渠道辐射广大投资者，深入各银行网点、券商营业部，与销售机构的一线从业人员进行面对面交流。

作为资产管理产品的提供者，资产管理机构在产品端和投资端有着深入的理解，在产品设计初衷和投资策略上有具体清晰的认知。因此资产管理机构在开展投资者教育上具有特有的有利条件，可以充分地将产品性质与投资者教育相结合，并通过销售机构放大投资者教育的效果，在业务的各个环节中，向投资者充分说明不同投资产品的性质和风险特征，引导投资者根据自身的风险偏好和承受能力进行投资。而销售机构对客户的覆盖面较广，往往掌握着更为丰富的客户信息，能更好地结合客户实际情况对投资者教育内容做出调整。通过销售机构以点带面，有助于提高投资者教育覆盖范围，在初期资源受限的情况下，提高资源的利用效率。

为了更直接地了解投资者在投资中实际遭遇的问题，随着活动的成熟和发展，机构也开展了客户沙龙报告会活动。客户沙龙报告会直接面向广大投资者，活动内容结合当前市场波动情况及投资者情绪进行适当调整。客户沙龙报告会的目的在于通过现场的沟通和交流，帮助投资者更好地理解和接受投资理念。

初期活动主要通过销售机构邀约方式进行，即从需求端出发。在活动过程中，结合销售机构及投资者面对的实际问题，对活动内容进行调整及完善，可以更有针对性地开展活动。

（二）内容分层

通过面向一线理财经理及广大投资者的两类活动，行业内已经逐渐形成两个层次全方位的投资者教育体系。为了更好地满足不同层次的受众需求，与活动类型相对应，投资者教育及引导工作也需要做好内容分层。第一个层次属于同时适用于投资者和销售机构从业人员的教育内容，主要是基金基本投资概念及理念的介绍，可以帮助其为开展投资或相关工作奠定基础。

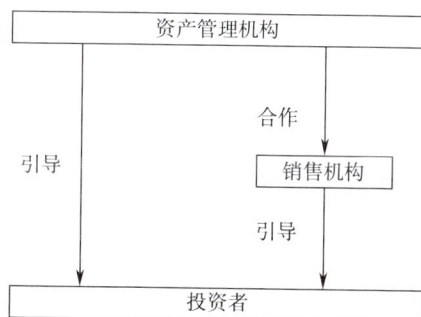

图5　投资者教育及引导工作内容分层

而第二层次的教育内容在基本投资概念及理念的基础上，融入基金销售服务实践经验分享。通过基金销售团队在基金销售和投资者教育及引导方面的探索与成果，明确销售服务的价值，并提出产能提升方案，帮助销售机构在交流中不断完善自身的销售服务体系。

（三）形式丰富

从投资者教育的形式上来说，对于不同层次应该采用不同的形式。

第一类为面向销售机构从业人员的合作。包括商业银行理财经理在内的销售机构从业人员，日常工作中较多地与投资者进行接触，其信息的传递能直接有效地对投资者造成影响。对此，除了进行服务和培训外，还可通过技术手段提高工作效率，如提供方便使用的资讯平台和软件。当前，已经有不少机构建立了类似平台，资产管理机构通过微信小程序、APP 等快捷有效的方式为销售机构的一线人员提供所需的市场资讯、投资者教育内容等。

第二类为直接面向投资者的教育。在深交所的调查报告中，个人投资者获取信息的渠道主要是手机上的网络媒体以及电脑上的网络媒体。因此，结合投资者可获取信息的渠道进行分析，在传统纸质材料的基础上，对投资者进行教育应充分发挥微信、手机 APP 等移动端以及 PC 端网页的信息传播优势，对投资者进行持续、长期的教育。对此，可以制作一系列投资者教育的线上材料，如微信推文、小视频、长图、海报等，便于一线销售人员直接转发或提供投资者使用，结合媒体发展，不断更新信息传递方式，提升信息传递效果。

五、未来展望

（一）内容完善

随着行业的发展，金融产品的创新，投资者教育的内容也需要结合实际不断推陈出新。例如，随着指数类产品、养老目标基金等新的产品形式逐渐受到关注，投资者在资产配置方面拥有了更多的选择，也对投资行为提出了更高的要求。

相应地，投资者教育和引导的内容也需要结合产品类型的发展和完善不断更迭。例如在完善主动权益投资相关引导内容的同时，增加被动投资的相关介绍内容，帮助投资者更好地在不同的产品中进行选择。再如，结合当前养老第三支柱的政策及产品发展，介绍相关养老投资理念，将其与传统投资者教育及引导相结合，帮助投资者更好地通过投资为养老做准备，促进养老第三支柱的建设及发展。

养老金的推广在美国金融市场的投资者教育发展史上是具有标志性意义的行业事件。美国居民家庭因为养老金投资开始广泛接触共同基金，大大提升了普通民众参与资本市场的意识，进而促进了养老投资账户401K的增长以及共同基金在美国民众财富配置中占比的提升。不断增长的潜在市场直接激发了商业性的投资管理机构和财富管理机构投入资源开展更为深入的投资者教育，从而带来美国投资者教育领域的知识爆发式增长。

（二）新兴技术

随着科技和金融的结合不断深入，投教形式也不断丰富，尤其是自媒体的使用。未来资管机构将在线上打造投资者阵地，通过系统化、规范化的活动，持续地向投资者输出投资者教育的相关内容。例如，通过线上游戏模拟、参与学习、积分赠送和社区互动等形式吸引年轻投资者的注意。

从长远看，在合规前提下，也可将部分新兴技术应用在投教活动中。通过互联网尤其是移动互联网平台，增加投资者教育宣传活动的覆盖面，提升新生代投资者的投资意识。未来不论是资产管理机构还是销售机构都会更多考虑线上投资者教育及引导，探索更多线上投资者教育途径，依托自媒体终端的"微课堂""微话题"等，通过广泛利用与整合网络资源、媒体资源，将投资者教育工作做得更加深入和广泛。简单将信息在互联网端进行发布，已不能满足投资者的要求，提供寓教于乐、适应移动端传播的产品，是投教未来的方向。

（三）互动增强

投资者教育不仅仅是单方面内容输出的过程，更应该形成互动体系，从而提高投资者对信息的接受及理解效率，促进投资者教育及引导内容的不断更新，提高信息传播效率。

通过投资者阵地的建立，资产管理机构在发布投资者教育素材、信息的同时，投资者可以通过多种简单的途径，如微信信息、论坛留言等方式对信息做出反馈。同时，在投资者教育活动后，也可以采取问卷、访谈、网络调查等形式进行评估。评估的内容可以集中于投资者教育活动与投资者需求是否匹配、活动形式的可接受度、对投资者行为的改变程度等。

与此同时，在建立了良好的沟通机制后，可逐步让投资者直接参与到投资者教育材料的制作过程中，就材料的内容、形式等提出反馈意见，以增加最终材料的可接受度。

（四）大数据应用

投资者教育及引导工作应该因人而异，结合投资者的个人特点进行。为了进一步深化投资者教育，促进投资者成长，需要加强对投资者的细分和定量分析，第一步就是客户画像。但目前的投资者教育引导工作在客户画像上存在两方面的问题：（1）数据量有限。相对资产管理机构来说，销售机构能够更为直接和全面地获取客户个人信息。但即便如此，目前所能收集的客户信息相对较为有限。要更好地评估投资者的认知习惯和行为倾向，需要除金融资产之外的大量基础信息作为支撑。（2）分类标准有限。目前而言资管机构更多的还是对投资者做定性的分类，然后通过主观判断提供合适的教育内容和形式。

中国资本市场发展多年，行业和企业都积累了大量的投资者相关数据，但这些数据的价值还没有真正挖掘出来。未来，投资者教育与引导可以更多结合数据分析，包括客户基本信息、账户情况（如资产、盈利率、交易频率、持仓周期等）、用户行为（用户在投资终端上发生的所有行为，如浏览、停留、搜索、委托、回访等）、资讯关注点等，更为深入地进行客户画像。

与此同时，大数据还可进一步应用于投资者教育相关的评估。在问卷调查的基础上，通过大数据分析技术，对比前后时间段同类投资者行为模式的变化，可以分析投资者教育的实际效果。相对传统以人为主的评估方式，数据可以提供更客观的依据。也可以考虑采用类似 AB 测试的方式，通过在互联网终端加载不同版本的投教模块和功能，通过使用一段时间后投资者行为相对参照投资者的变化情况统计，帮助寻找针对不同人群的更有效的投资者教育优化方案，再全面推广。

信托文化体系下的投资者教育

中融信托　王　强　张陶然

一、信托文化的设立

（一）信托业发展与文化建设

回顾信托业的发展史，我们可以发现，信托以其独特的信义文化、灵活的制度优势以及持续的创新能力，不断契合社会的发展，满足客户的需求，最终发展成为极具特色的资管行业之一，并对全球资管行业格局带来深刻影响。我国虽然早在二十世纪二十年代就成立了第一家专业信托投资机构，但现代信托业直到 1979 年才真正拉开序幕。由于只有短短 40 余年的发展历史，与英国、美国、日本等发达国家信托业相比，中国信托业发展的深度还存在一定差距：发展模式不甚明晰，配套制度不够完善，信托文化普及不够广泛，广大人民群众对信托投资的意识还处于起步阶段，对信托的认知普遍不足。

但从海外信托发展史来看，各国信托业都经历了信托文化从确立到成熟的过程。因此，我国的信托业也不会例外。回首过去，信托业作为我国整个资管行业的先行、先试者，无论是成功的经验还是失败的教训，都为现代化的资产管理业务体系和监管体系的建立奠定基础；展望未来，信托业在支持经济发展、满足人民群众需求方面，将发挥更重要的作用，并填补资管行业的空白。现阶段中国信托业正从摸着石头过河，向走出一条有中国特色的转型发展道路迈进，信托文化也在服务实体经济、满足人民群众的美好追求中逐渐凝练。

（二）信托文化的根本

信托文化扎根于信托的主业，来源于信托的本源。信托的本源是信义文化，是委托人基于对受托人的充分信任而委托以财产，并由受托人以自己的名义进行管理和运用。受托人的管理职责更多是道义上的责任。

发展至今，信托的主业不是某一种业务，而是基于信义文化延伸出的多元化业务模式。在我国，现阶段信托的主业包括私募投行、资产管理、财富管理、服务信托、公益慈善信托等。信托制度的灵活性、创新性决定了信托主业不是单一固定的，而是多元和持续变化的。

信托公司的尽责精神，就是对信托信义文化的一种演绎。作为受托人不但要具备专业的能力，还要具备对委托人发自内心的关心，真正把委托人利益放在第一目标；奉行减私奉公的精神，坚持道德操守，在限定的信托关系框架内获得报酬。信托文化的设立不是为了利益而服务，而是道德的建立，公正的设立，信义文化的坚持以及对客户忠诚的体现。

从未来发展看，信托公司的主营业务应当是多样的，以往粗犷型的发展模式可能会向多元化、精而专的方向发展。信托公司既可以走综合化发展道路，也可以选择专业化、差异化的发展道路。例如在英国，个人信托最为流行；美国则将信托制度拓展至法人信托及财富管理领域；日本信托从贷款信托盛行转向发展资产流动化信托等。但无论信托模式怎样变化，基于本源的信托文化不会改变。受托人要始终恪守最高信誉，忠诚地履行信托管理职责，为受益人利益最大化服务，在此基础上开展的信托才是真正的本源业务。

（三）信托文化的迫切性

如何树立并弘扬信义文化、企业文化，是信托公司现在迫切需要解决的问题，也是每一位信托人所应有的职业品格。银保监会黄洪副主席在2019年信托业年会上指出，要大力建设和弘扬信托文化。信托文化是推动行业稳健发展的最坚定力量。信托文化的建设需要长期积淀和涵养，需要全行业的共同努力。

从广泛的意义来看，信义文化的核心理念不仅仅局限在信托业，更贯穿于银行理财、保险、证券等整个资管行业，乃至于整个财富管理领域。《资管新规》出台后，净值化管理提上日程，投资者教育的推进变得更为迫切，如何合理引导投资者走出追涨杀跌的投资心态，提高投资者专业素养，是资管行业共同面对的课题。因此，信托文化的建立，不仅仅要对内，还要对外。对内深入公司治理，甚至是落实到具体制度，强化员工本身的文化认同，提升每个员工的受托意识，履行卖者尽责；对外充分落实投资者教育，提供教育场景，加大教育沟通，尽到适当性义务，严格信息披露，提高投资者风险意识和专业素质，才能要求买者自负。

二、投资者教育成就与问题

投资者是资金的提供者，收益自享，风险自担。投资者的信心和参与是资产管理行业发展的基石，它不仅关系到我国资本市场长期稳定健康发展，更会影响我国经济改革和金融改革的顺利深入，以及社会的长治久安。保护投资者权益是维护投资者信心的核心，投资者教育是核心中的核心。

近年来，随着我国金融法律法规的不断健全，规范金融机构营销宣传行为、保护投资者合法权益被提到了一个新的高度。加强投资者教育，培养"合格投资者",是信托业乃至整个资管行业未来一段时期最为重要的任务之一。

（一）投资者教育与保护制度的现状

从资管行业投资者教育的制度基础来说，最初以监管部门推进为主，各行业协会辅助推进。以信托业为例，信托业基础设施建设取得非常明显的成果。随着《信托法》《信托公司管理办法》《信托公司集合资金信托计划管理办法》与《信托公司净资本管理办法》的逐步落地，信托业形成了"一法三规"及银保监会各项规范性文件构成的法律法规制度体系。而银保监会信托监管部、中国信托业协会、中国信托登记有限责任公司、中国信托业保障基金有限责任公司，分别代表着国内信托业的政府监管机关、行业自律组织、市场约束机构、安全保障机制这四大方面的主体，并形成了"一体三翼"的行业监管与保障组织体系，有力地提升了信托业的社会形象和行业影响力。

（二）投资者教育与保护制度的不足

近年来，各类资产管理机构在投资者教育工作方面持续投入，开展了大量的工作，形式多样的投教产品和投教活动在普及投资知识和帮助投资者树立科学、正确的投资理念方面取得了较为显著的成绩。但是，我国资产管理行业"卖者尽责、买者自负"的信托文化还非常薄弱。投资者选择产品不是出于对其风险收益的判断，不关注产品的底层资产及其内在价值，而是基于对基金等各类资管产品发行人、管理人，甚至是销售机构主体信用的判断，盲目相信所谓的"国家信用"、刚性兑付和隐性担保。

另外，随着新媒体、新科技的兴起，社会接收信息的方式发生巨大改变，传统的投资者教育产品和方式的有效性不断降低，信息碎片化、过度宣传、片面宣传投资业绩，夸大风险等事件时有发生，投资者难以系统、全面、科学地认知和甄别。"刚性兑付"文化的影响仍然根深蒂固,投资者教育形势依然严峻。

第一,监管层面的政策仍需进一步完善。不可否认,近年来监管政策制度建设取得了巨大的成果,但是仍有空白地带需要明确指引。例如,信托公司作为受托人的尽职履责义务规定不明是当前信托业面临的一个重要问题。2018年信托业协会发布了《信托公司受托责任尽职指引》,在一定程度上填补了空白,但因为仅是自律规定,没有强制约束效力,导致执行效力大打折扣。

第二,投资者教育的共享机制亟待建立。随着我国资本市场供给侧的发展和新技术的涌现,创新性跨界融合的资管产品不断出现,资管市场产品交叉频繁。目前来看,各家机构的投资者教育还处于各自为战的局面,缺乏信息共享机制,客观上造成了资源浪费,效率低下,事倍功半。

第三,金融机构对投资者教育的制度僵化,方式单调,缺乏创新,不能激起投资者兴趣。投资者教育方式需要更加生动,更加贴近生活。例如机构可以研究新媒体在新信用条件下的作用。比如虚拟账户的操作,抖音、火山小视频等视频媒体的推介等。这些新途径能够更好地改善和促进金融机构和投资者的关系,甚至可以影响投资者的投资习惯、投资方式等。这些方面的实践还需要监管的指引。

第四,投资者教育是相对单向传输,缺乏投资者的反馈机制。目前,投资者教育主要是监管机构和金融机构对投资者进行单方面培训和教育,因而缺乏投资者的反馈机制。以信托公司为例,尽管大多数信托公司都有较为全面的投资者教育活动,定期安排投资者教育培训,制作专门的投资者教育资料等,但在产品出现亏损时,投资者很少能够做到买者自负。如何建立投资者反馈机制,从而及时了解投资者的投资需求和风险承受能力,是所有资管机构需要面对的课题。

（三）投资者教育与保护制度的进一步完善

近年来，以《资管新规》为代表，一系列保护投资者的政策法规陆续出台。2018 年 4 月出台的《资管新规》强调了加强投资者适当性义务的要求，金融机构发行和销售资产管理产品应当坚持"了解产品"和"了解客户"的经营理念，加强投资者适当性管理，向合格投资者销售与其风险识别能力和风险承担能力相适应的资产管理产品。禁止欺诈或者误导投资者购买与其风险承担能力不匹配的资产管理产品。

2018 年 9 月，中国信托业协会发布了《信托公司受托责任尽职指引》，呼应了《资管新规》的要求，并进一步细化了相关内容，为规范信托公司履行投资者适当性义务提供了重要补充。

2019 年 11 月 14 日，《全国法院民商事审判工作会议纪要》正式发布，进一步解释了"卖者尽责、买者自负"。

2020 年 5 月，中国银保监会就《信托公司资金信托管理暂行办法（征求意见稿)》公开征求意见，推动资金信托业务回归本源，加大投资者权益保护力度，促进资管市场的监管标准统一和有序竞争。

（四）投资者教育与保护制度的初步成果

近期围绕《资管新规》出台的一系列法律法规，不但规范了资管行业的市场规则，为金融机构划定了展业范围和产品界定，更重要的是推动了全社会理财价值观的重构。

以投资者教育的实践来看，在完善制度的基础上严格要求卖者尽责、买者自负的大环境才能成立。在投资者教育的引入期，绝大部分的中国投资者的投资偏好趋于高收益、低风险以及短期限，这显然有悖于金融产品收益性、安全性和流动性的基本关系。然而由于没有统一的管理政策出台，各家金融机构碍于"枪打出头鸟"以及维系客户的考虑，始终不愿也不敢尝试主动破刚兑。

而在《资管新规》以及近期保险新规、理财新规和资金信托管理办法等一系列监管政策出台后，行业有更大默契可以完成投资者教育"齐步走"。金融机构通过各种教育的渠道向客户输送理财价值观，把风险教育、资产配置、产品周期等投资理念向投资者传递，引导培育投资者对金融产品及其风险的认知，深入理解投资，信任并认可金融机构的服务，只有这样金融机构专业的价值才能够真正显现。

总之，投资者教育是一项系统性工作，应秉持长期、有效、多样化的原则。充分的投资者教育也将对构建和谐稳定的市场环境起到积极的促进作用。

三、信托投资者教育体系建设

随着信托业的发展壮大，信托业将信义文化建设逐步融入行业的各个层面，立足构建保护信托产品投资者的坚固城墙，一方面坚持投资者权益保护，为投资者财富保值增值提供有力保障；另一方面坚持投资者教育，完善募投管退等各方面制度建设，践行"卖者尽责、买者自负"。

（一）行业自律层面

信托业协会是全国性信托业自律组织。协会的宗旨是发挥监管部门和信托业间的桥梁和纽带作用，维护信托业的合法权益和市场秩序，保护信托投资者的合法权益。近年来，在回归本源、服务实体经济的政策号召下，信托业经历了从快速发展到平稳回落的过程，转型发展的步伐更加坚定。

信托投资者是信托市场的重要参与者，是信托业持续健康发展的推动者，接受良好教育的信托投资者是信托市场稳定的基石。投资者教育作为信托消费者权益保护工作的第一步，对防范和化解金融风险、提升投资者信心、维护市场安全与稳定、构建公平公正的市场环境具有重要意义。组织开展以普及金融知识、树立理性投资理念、宣传防范风险为核心内容的投资者教育工作，一直是协会重要工作内容。信托业协会连续四年在多个城市举办投资者教育活动，指导信托投资者理性投资。2019 年 10 月 26 日和 11 月 9 日，信托业协会分别在南昌和西安举办了主题为"诚信受托 共赢未来"和"以信为基　服务美好生活"的中国信托业 2019 年投资者教育活动。协会持续推动投资者教育工作，通过多种方式，不断引导投资者树立正确投资理念，把信托消费者权益保护工作落到实处。协会正起草《信托消费者权益保护自律公约》，就消费者如何认购信托产品、如何了解信托公司是否尽责、如何维权等问题提出行业自律参考。公约将要求，首次认购信托产品或接受信托服务的消费者，信托公司原则上至少要通知其参加一次投资者教育线下宣教活动；并首次要求信托公司设立"冷静期"。

2018 年以来，《资管新规》以法规形式再次强调了金融机构应当加强投资者教育，不断提高投资者的金融知识水平和风险意识，向投资者传递"卖者尽责、买者自负"的理念。协会支持信托公司开展各类投资者教育活动，为信托公司持续开展投资者教育工作提出工作思路和建议。

协会网站还设有投资者教育专栏，提供信托知识、投资技巧、案例分析等内容，向投资者提供了解信托投资的窗口，通过案例分析培育投资者理性投资理念。监管层通过风险教育、风险提示以及为投资者维权提供的有关服务，成为我国开展投资者教育的重要内容。

（二）信托公司治理层面

近年来，信托公司进一步明确了"受人之托、代人理财"的功能定位和培育"卖者尽责、买者自负"信托文化的投教目标，推动信托公司业务转型发展，回归本源，将信托公司打造成服务投资者、服务实体经济、服务民生的专业资产管理机构。

完善的信托公司治理是实现信托投资者权益保护和投资者教育的重要保障。信托公司治理遵循诚实、信用、谨慎、有效管理的原则，恪尽职守，为受益人的最大利益处理信托事务。在监管指引下，信托公司普遍建立了三会一层有效制约的治理体系，为保护信托投资者合法权益和做好投资者教育工作提供了组织保障。信托公司治理体系的建设应以三会一层为核心，以实现公司发展战略为目标，以企业文化为基石，夯实三会一层架构，理顺三会一层运作机制，建立健全董监高管理机制，优化激励奖惩机制，建立战略管理体制，平衡发展与风险的关系，促进风险管理能力和创新能力，培育审慎的风险文化，增强对外信息的透明度，提升信息沟通和信息披露质量，从而实施稳健、良好的公司治理。信托公司应提高站位，将投资者教育保护文化深入公司治理体系，对公司治理问题的重要性"再认识""再提高"。

随着信托业的发展壮大，"诚实、信用、谨慎、有效"的信托文化已成为行业发展的共识，并日益深入信托公司治理和内控体系建设。信托公司若违反审慎经营规则、严重危及稳健运行、损害投资人合法权益的，监管机构将会区别情况，依法采取责令控股股东转让股权或限制有关股东权利等监管措施。信托公司只有优化治理结构，才能获得健康发展的扎实基础和核心竞争力，行业的加速发展才能真正获得制度性保障，投资者教育和保护工作才能最终落到实处。

（三）风控与产品层面

投资决策流程是对产品和服务作出评估的阶段，是投资者教育的基础。投资者应该根据不同阶段的资产情况，在对不同投资的回报和风险做好判断的基础上，分配资金、设定期限，作出科学配置。

信托公司通过提高风险管理能力，建立起科学、高效的风险分析与评价体系，准确识别、控制各类风险，是构建投资者教育体系的根本保障。信托公司的风险管理组织架构应与其资产端、产品端、客户端的业务结构相匹配。前台业务部门的风险管理是防范风险的第一道防线，资产端、产品端、客户端的前台部门都应按照业务操作流程和风险管理制度开展信托业务。中台风控部门的项目风险管理和后台审计部门的检查监督，有效地保证风险管理体系信息反馈机制畅通。董事会下设的审计和风险管理专业委员会是风险管理体系中的最高层级，通过与高管沟通互动和向股东会总结汇报，达到加强风险管理文化建设、促进风险管理流程制度化、提升公司整体风险管理能力的目的。

（四）投教渠道与产品推介

近年来，信托公司通过多渠道有效开展投资者教育工作。

一是依托公司官网、官方微信公众号、APP 等线上渠道，开展各项投资者教育工作。例如，通过官网发布警惕非法集资的宣传海报，设置信托知识问答；在官方微信公众号常设金融知识普及等，发布多期投教图文信息，通过简明便捷的方式向投资者提供金融知识。

二是在投资者教育专区开展投资者集中教育活动。举办投资者教育系列专题活动，通过与投资者的分享与交流，加深投资者的认知，有助于其树立理性、正确的投资观念。

三是在重点城市开展投资者交流会、机构客户投资策略会等，就金融形势、投资策略等开展深入交流探讨。此外，还长期举办投资者金融知识教育沙龙，实现中小型客户活动常规化、定期化，通过讲解金融知识，发放宣传材料，为投资者提供获取金融知识的途径和防范风险的技能，引导投资者合理选择金融产品和服务。

据统计，客户投诉多集中于产品推介环节，规范信托产品推介有助于减少投资纠纷，引导投资者合理投资。

一是严格落实法律法规和监管关于信托产品推介行为的要求，坚持信托产品的私募标准，严禁公开宣传和向不特定群体进行推介，同时强调推介话术的规范性，严禁出现虚假夸大宣传以及承诺保本保收益的违规行为。

二是全面做好面签"双录"，落实投资者适当性调查，所有类型产品的推介及签约过程均通过在线视频面签系统完成录音录像并由专人审核，有效监督财富顾问的销售行为。

三是继续落实推介材料内容审核，所有推介材料均需严格审核，审核通过后方可使用。推介材料内容需明示产品的一般风险和特殊风险，并强调不承诺保本保收益。

四是开展合规推介培训。通过线上或线下的方式开展包括合规推介在内的业务培训，合规推介培训内容包括制度规定、典型案例及风险提示等内容，进一步警示财富顾问加强自身推介行为合规性，确保产品销售人员依法合规推介信托产品。

五是在产品推介材料、信托合同文本上下足功夫，强化审核，减少客户因文字理解误差导致投资判断出现问题。一方面，持续强化风险提示，针对每个项目所处的具体行业进行风险要素分析，充分揭示不同行业的特定风险，对于项目自身的结构设计、投资方式不同可能导致的风险，也要求进行充分揭示，以便投资者全面了解项目的风险构成，进行独立的投资判断。另一方面，强调项目的业绩预测并不代表实际运营效果，既要考虑到项目运行较好的情况下能带来多少收益，也要充分揭示最差的情况可能导致的预期收益减少甚至本金损失的情况，只有投资者完全理解和认识到投资风险，并对其风险承受能力予以确认后，才允许客户继续认购产品。

（五）信息披露

信息披露是投资者保护和投资者教育的重要内容。一方面，定期披露管理报告，所有披露报告不仅要通过网站披露，还要通过信件、电子邮件等方式寄送至客户签订合同时留下的联系地址，确保客户第一时间了解所投项目的动态。同时，针对不同的项目类型，编制不同的报告模板。除项目基本信息以外，充分考虑到不同项目的披露要点，披露前还要经过多层审核，保证披露信息的准确性与全面性。另一方面，加强日常项目监控与舆情监控，一旦发现项目出现重大不良变化，或已经引发负面舆情，第一时间督促查明情况，对需要向投资人作出解释和情况说明的，及时进行临时信息披露。通过加强与客户的日常沟通，减少客户误解的情况，提前预防和化解客户投诉风险。

（六）金融科技系统建设

金融科技在信托业务中的应用日趋深入，加速向"网络化、数据化、智能化"目标迈进。通过金融科技应用可以大幅提高业务风控能力和投资者适当性甄别等信托业务能力。系统建设关系着信托业务的核心竞争力建设，并逐渐从管理内部中后台服务向业务推进、产品营销、客户维护等深层次推进。近年来，信托业 IT 系统建设呈现出投入占利润总额比例不断提高、不同公司投入差异加大、投入占比高的公司数量较少等特点。在 IT 系统建设方式上，信托公司结合自身需求和资源禀赋，分别采取外部定制、委托开发、自主研发等方式，逐步应用于推动信托公司业务创新、加强合规风控、强化内部治理等多个领域。近年来，多家信托公司已将业务系统建设上升到公司转型和业务发展的战略高度去重视，制定业务系统建设目标，加大资金投入和人才储备力度，夯实业务发展和客户维护的基础。

（七）中融信托投资者教育案例

一直以来，中融信托投资者教育的开展坚持线上线下相结合的方式，通过多种渠道，包括开展专门的投资者教育活动、公众号文章推送等方式积极开展投资者教育，提高投资者对金融产品风险认知。投教活动内容包括监管政策解读、信托产品特征分析、金融产品风险认知、投资者权益保护、经济环境解读、资本市场解读、金融知识普及、境内外投资分析等方面，帮助投资者了解"卖者尽责"的同时，理解"买者自负"的必要性。

现阶段，中融信托财富中心的投资者教育活动主要通过线上名家直播、信托百科（中融学堂）、投资者教育专区活动、线下投资者教育客户沙龙活动、主题日金融知识普及等方式开展。

一是线上名家直播。作为中融财富的金牌增值栏目，名家直播栏目邀请业内顶级专家从全球资产配置、资本市场解读、宏观经济分析、房地产市场展望及信托业分析等多角度为投资者分享专业的研究成果，现阶段频率为每周一期主题直播。

二是信托百科（中融学堂）。通过将金融、经济、信托业等某个知识性内容制作成图片的形式发布，让投资者一图读懂财经知识。

三是投资者教育专区活动。为持续加强投资者权益保护知识宣传力度，通过互动、教育宣讲会等形式的"投资者教育系列专题活动"宣传普及金融产品投资知识，指导投资者识别投资风险，不断引导投资者树立正确投资理念，把投资者权益保护工作落到实处，促进市场健康稳定发展。中融信托哈尔滨总部设有专门的投资者教育专区，不定期邀请中国信托业协会、黑龙江银保监局等监管部门和投资者在投资者教育专区进行相关活动。

四是线下投资者教育客户沙龙活动。中融信托在全国范围开展线下投资者教育沙龙活动，内容包括政策解读、信托产品特征分析、投资者权益保护、经济环境解读、资本市场解读、金融知识普及、境内外投资分析等。

五是主题日金融知识普及。每年的"3·15"消费者权益保护周和金融知识普及月，中融都会积极响应监管部门号召，开展线上线下金融知识普及，金融知识进万家活动。

四、结语与建议

四十多年来，信托公司从无到有，从小到大，信托制度和信托文化构建取得了长足的进步，并在助力实体经济腾飞发展的同时，为投资者财富保值增值提供了强有力的支持。无论是从信托文化建设，还是公司治理、产品销售、体系搭建、信息系统建设等方面，信托业在投资者保护和投资者教育方面都取得了显著的成效。但在经济下行、业务转型与打破刚兑的压力下，一些投资者教育薄弱环节亟须完善。

一是迫切需要在监管层面出台投资者教育引导规范标准。在我国现有的环境条件下，需要在监管层面制定投资者教育引导规范指引，明确金融机构和投资者行为依据。在加大金融机构违规行为惩罚力度的同时，也需要明确投资者行为规范。通过标准规范提高金融机构的服务水平，引导投资者理性投资、合法维权。目前，统一的《资管新规》和对各类资管机构的配套监管政策已经出台，对于投资者行为规范，也亟须有统一共性的要求和引导，明确行业操作标准。

二是金融机构层面，需要继续做好投资者甄别工作。投资者适当性管理是投资者教育工作的重要组成部分，也是有效预防化解投资风险的前提。金融机构应以受益人利益最大化原则进行投资者甄别工作，包括投前充分揭示风险，投中净值管理与信息披露，投后的清算服务等。2019年，信托业协会起草了关于信托产品净值指引，为信托产品净值化管理和净值披露提供了有益参考。另外，信托公司的财富管理理念也需要转换，要在业务上继续开拓广度，挖掘深度，从单纯的卖产品向卖服务转变，为投资者提供全方位、综合性的资产配置服务。

三是投资者教育层面，需要引导投资者树立正确理性的投资理念。目前，监管部门、行业协会与信托公司等通过各种形式在线上线下进行金融知识的宣传、教育，不断提高投资者的投资能力、风险意识，引导投资者树立正确理性的投资理念。虽然信托公司取得了比较好的经验，但最好的投资者教育需要市场的考验，需要风险事件在实践中提升投资者风险意识。证券市场投资者教育的成熟和规范的做法，在很大程度上来自于风险事件本身的教育，信托公司需要学习借鉴。这需要监管部门，甚至整个社会提高对信托公司的容忍度，通过风险事件理性引导投资者树立正确的投资理念，理性投资、合法维权。

投资者教育和保护工作需要监管部门、行业协会、信托公司、媒体等社会各方面的共同努力。未来，信托业将继续在"一法三规"和《资管新规》的监管框架下，深入贯彻银保监会银行业消费者权益保护相关要求，完善投资者教育体系，构建和谐、健康的信托投资环境，切实保护信托投资者合法权益，保障广大信托投资者在与信托业的共同成长中获取财富增值，走向"信托新时代，美好新生活"。

投顾的境外发展与中国前景

中国国际金融股份有限公司　　魏君慧

一、境外投顾发展

以美国市场的投顾发展历程来看，随着其经济发展，以及人均收入和财富水平的提升，加之相关法规条例的不断完善，投顾服务模式不断升级。

（一）市场和体系发展推动买方投顾模式升级

经济发展和财富水平促进配置需求。自 20 世纪五六十年代，美国经济进入快速发展的时期，人均可支配收入逐渐提高，富裕阶级逐渐形成。美国在经历了大萧条和二战后经济逐步复苏，居民财富水平得到恢复，20 世纪 50 年代至 2019 年的人均可支配收入年均复合增速（CAGR）达 5.4%，显著高于此前三四十年代的 3.3%；考虑通胀水平的实际人均可支配收入自 20 世纪 50 年代的年均复合增速 2.2% 也明显高于此前的 1.5%。

基金市场规模体量发展。养老金投资体系完善，资本市场机构化进程加快、股指长牛及被动投资兴盛等因素，共同促进了基金市场规模的长期稳定增长。2019 年美国注册投资公司（基金）的资产管理规模达 26 万亿美元，占居民净资产的 22%，近 20 年的年均复合增速达 6.7%。资产水平和市场发展推动了理财和财富管理业务的发展，投资顾问业务也自此兴起。

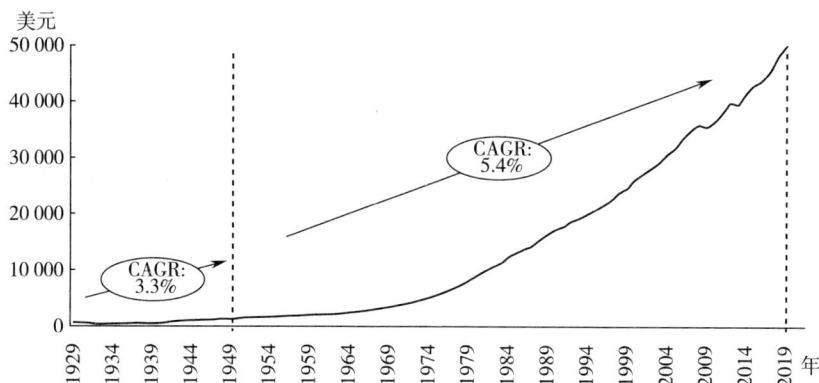

图1 美国人均可支配收入

［资料来源：美国经济分析局（NBER），Wind］

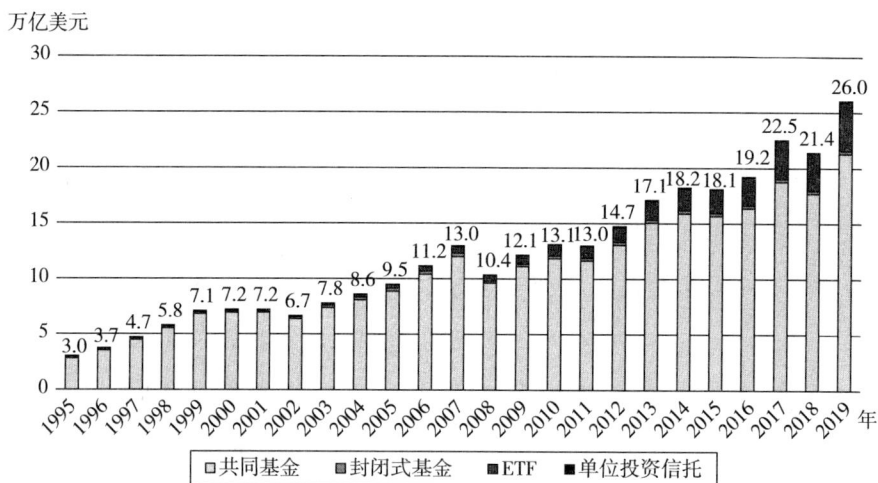

图2 美国资管市场管理规模

（资料来源：ICI，Wind）

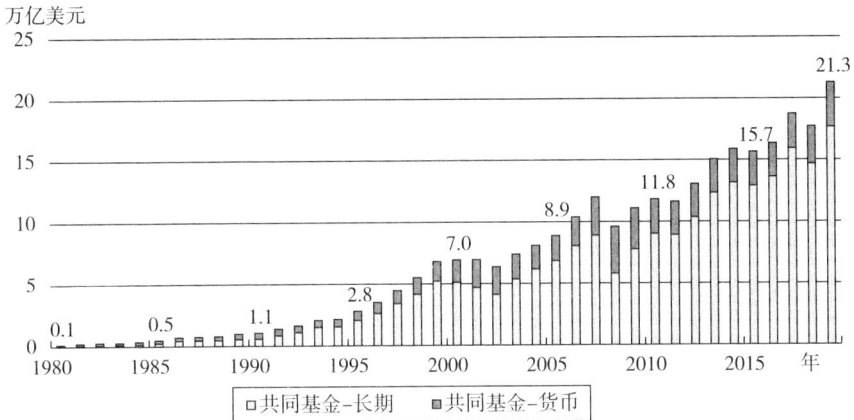

图 3　美国共同基金市场规模

（资料来源：ICI，Wind）

（二）需求端和资本市场发展的同时，投顾相关法规也在逐渐完善

1940 年推出的《投资顾问法》厘清投顾定义。基于美国 1940 年《投资顾问法》及 20 世纪 60 年代的相关规则，美国 SEC 将资产管理、证券投资建议、理财规划服务提供方作为投资顾问进行统一监管，投资顾问监管牌照基本涵盖了整个市场的资产管理和理财服务，为今后投资顾问业务的发展奠定了法律与制度基础。《投资顾问法》将"投资顾问"定义为：以获取报酬为目的，直接或通过出版物形式提供证券价值分析或买卖证券的投资建议的任何人；或者以获取报酬为目的并作为特定商业活动的一部分，发表或提供证券分析意见或报告的任何人。

1975 年取消固定佣金制度。1975 年美国国会对 1934 年颁布的《证券交易法》进行修订，要求股票交易所改变传统的经纪人收取固定佣金的做法，从按照客户交易量收费转换为按照客户的存量资产规模收费。由于价格战导致佣金率下滑、佣金收入占证券行业总收入的比例大幅下降，原有的盈利模式致使一些券商无法生存，美国投顾业务开始转型发展，券商经

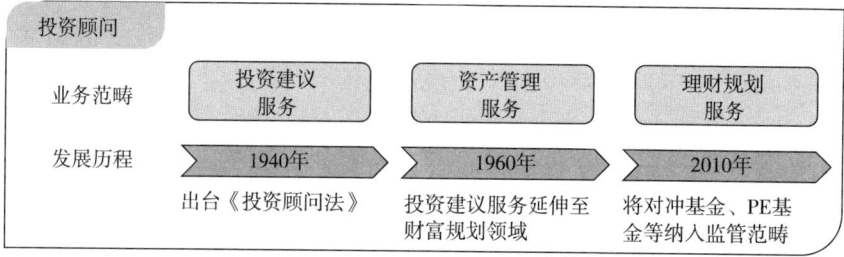

图4 美国投顾业务范畴和发展历程

纪业务创新和业务变革层出不穷，市场上出现了折扣证券经纪商。同时，全面服务券商也开始推出具有差异性的产品，谋求差异化发展道路。与传统卖方投顾相比，买方投顾最大的精进之处在于更好地将基金投资者和投资顾问的利益绑定在一起，从而一定程度上解决了因为各方利益不一致导致的委托代理问题。

2010年，美国SEC又将对冲基金以及私募股权基金纳入监管体系之下，持续扩充了投资顾问业务内涵。

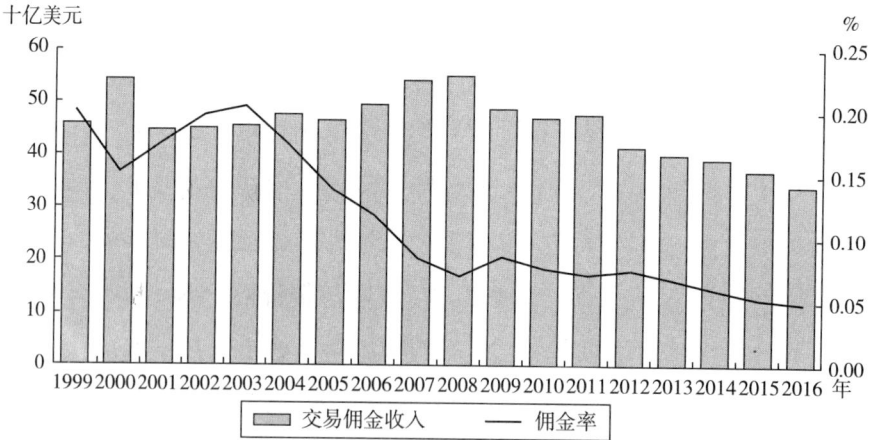

图5 美国交易佣金和佣金率

（资料来源：SEC）

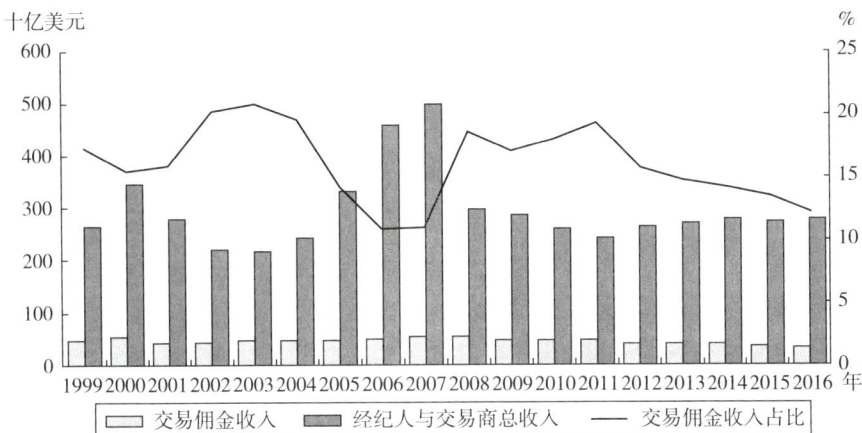

图6　美国经纪人与交易商总收入

（资料来源：SEC）

（三）重心升级转移，投顾服务模式变迁

1. 通道服务模式：早期传统经纪业务的主要盈利模式。券商为客户提供开户、资金存取、交易场地、交易工具以及连接交易所的交易通道。券商主要通过赚取固定的佣金收入来盈利，牌照成为了传统经纪业务的唯一重要价值所在，投顾（早期的投顾）发挥的作用较小。然而通道服务模式难免受到佣金不断下滑的挑战，因此券商纷纷寻求新的业务机会促使传统经纪业务创新和转型。

2. 产品营销模式：卖方投顾模式。随着佣金价格战不断挤压券商的利润空间，投顾业务市场客户规模的增长，以及金融市场投资产品的日益丰富，代销金融产品成为了券商的又一盈利点。产品营销强化了客户服务意识和全员营销的理念，同时也增加了券商经纪业务的销售收入。但是这种模式作为卖方投顾模式，是以销售为导向的，追求金融产品的销售规模，而忽视客户的真正需求。当前我国券商的经纪业务仍然处于通道服务模式与产品营销模式的阶段。

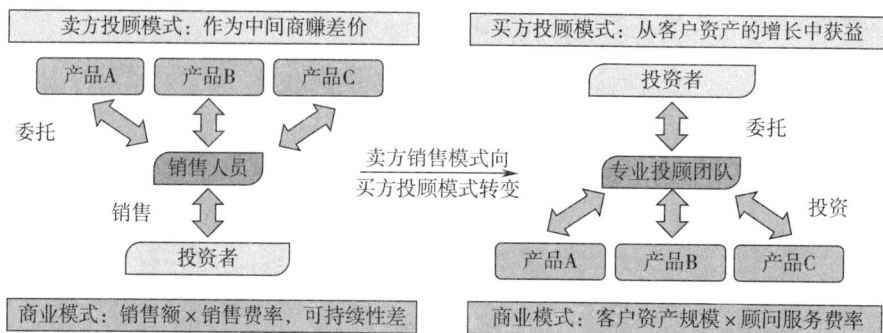

图7　卖方投顾向买方投顾的重心转变

（资料来源：券业星球）

3. 理财服务模式：开始关注客户需求的模式。随着财富管理转型的推进，券商逐渐意识到客户利益是财富管理的最终目的，服务和支持客户实现客户资产的保值增值始终是券商财富管理转型的中心工作。此种模式下，无论是提供投资咨询、建议还是提供投资组合解决方案，都是相对标准化的基础服务，缺乏真正考虑客户个性化需求的差异化、定制化服务。

4. 财富管理模式：以客户为中心的买方投顾模式。财富管理模式本质是买方投顾，即以客户为中心，以实现客户利益最优化，以客户需求为服务导向的经纪业务客户服务诉求；整合了解客户、了解产品的理念，提出了适当性服务的服务理念。通过结构化地了解客户程序，与客户轻松愉快地交流以了解客户的人生目标，并把这些人生目标连接起来，在客户的每一个生命阶段，为客户提供定制的个性化财富管理计划。财富管理模式凸显个性化思想，运用现代投资组合理论、风险管理理论，并逐渐运用Fintech核心技术搭建投研支持平台以更好地服务于财富管理客户。

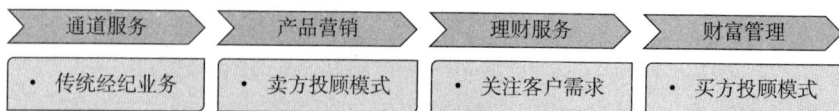

图8　投顾服务模式变迁

（四）精细化定位，差异化发展

面向不同客群的精细化市场划分。美国投顾业务可大致划分为三大客户市场：面向大众散户的零售经纪、面向核心客户的高净值经纪市场和面向投资机构的"机构经纪"业务（Prime Brokerage）。与我国主流券商杂糅的"全方位"目标市场定位不同，美国经纪商的目标客户群较有针对性。在三大客户群体的大类划分基础上，美国投行与经纪商还会进行更精细化的目标客户划分，依据细分市场的不同客户需求分别设计不同的营销策略与服务内容。以嘉信理财为例，1975 年佣金自由化以来，嘉信理财顺势将目标客户群体设定为增值服务需求不大、对经纪业务佣金率高度敏感的零售交易者，提供不含增值服务、佣金费率极低廉的代理买卖证券服务，迅速挤占了中低端市场。

目标客户市场的划分指标并不局限于资产的量级，通常经纪商会综合参考多维指标数据，包括风险承受能力、投资意愿、年龄、职业、财富来源、地理区域以及其他细分指标。多元化的市场划分指标可更精准地将拥有相似投资行为与服务需求的客户归入同一级别，有的放矢地进行产品与服务的设计与开发。

表 1　投顾服务客群划分

主要面向客群	经纪商	账户最低金额要求（美元）
中高端客户市场	摩根士丹利	100 000
	瑞银集团	100 000
	A. G. Edwards	10 000
	Dreyfus	10 000
全光谱定位	美银美林	2 000
中低端客户市场	Etrade	10 000
	ScotTrade	2 500
	T. Rowe Price	2 500
	T. D. Waterhouse	2 000
	嘉信理财	1 000
	Ameritrade	0
	SieberNet	0

资料来源：公司公告及官网，Bloomberg。

差异化财富管理模式。交易佣金长期下行，市场竞争更为明显，美国券商在经纪业务的财富管理转型中逐渐探索出差异化模式：全面服务型、独立理财顾问模式、社区经纪商、网络经纪商及智能投顾模式。

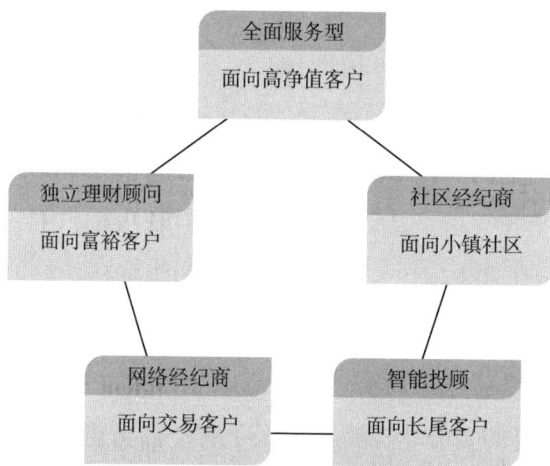

图9　差异化投顾管理模式

1. 面向高端客户的全面服务型（Financial Consultant）模式

主要是向价格不太敏感的、要求产品多样化及优质服务的富裕阶层客户，提供全面的产品和服务，但收取较高的费用。

以美银美林为代表的全面服务型金融顾问（FC）模式是定位于高净值客户以及机构客户市场的投顾业务模式。由于其服务的对象位于中高端层次，需求更具个性化与多样性，因此该模式对投顾的专业能力与全面服务能力提出了很高的要求，投顾提供服务的业态也最为丰富，往往需要设计并制定高端定制方案。金融顾问模式下，单个FC无论从管理客户数还是管理资产量都是所有模式中最高的，每个FC开发和管理的客户少则一二百，多则七八百甚至上千，受托资产则从两千万元到成百上千亿元。美银美林证券（Merrill Lynch）拥有超过1.5万名金融顾问，管理了超过2.2万亿美元客户资产。

美林的FC模式行之有效主要受益于以下几点。（1）准确的市场定位，美林 FC 的主要职能是开拓中高端客户市场，以服务带动销售，而研究咨询主要凭借研究部门和 TGA（Trusted Global Advisor）信息平台来完成。因而 FC 的营销能力较其证券专业技能更为重要。（2）实力雄厚的研究力量。美林公司财富管理业务下的产品由其研究机构——美林全球研究所研发，该所拥有 700 多名分析师，覆盖全球 3 100 多家上市公司所发行的证券，研发实力强劲。其研究报告的设计注重为投顾的对外服务提供便利。（3）有功能强大的 TGA 信息平台实现研究后台对投顾前台的支撑。TGA 投顾工作平台实现了投顾与研究部门的沟通，还可根据客户的信息自动制作完成财务计划书等，客户也可通过这个平台查询相关信息。该 TGA 信息平台为美林 FC 提供展业及客户服务的重要保障。

2. 面向富裕阶层的独立理财顾问（Independent Advisor）模式

主要是服务思想独立的小康客户，提供多种交易渠道和广泛的标准化产品，在实行低佣金甚至零佣金的基础上，仅收取相当于全面服务型投资顾问收费 1/3 的费用。

独立理财顾问模式的代表——嘉信理财，在业界开创了独特体系。相比于简单地雇佣外部理财顾问的方式，独立理财顾问模式是将内部投顾与外部独立理财顾问紧密结合起来以提供传统经纪业务与理财服务。该模式取得成功的核心因素在于经纪商与外部独立理财顾问被绑定成为利益共同体，理财顾问对于经纪商平台的黏性极大。经纪商不仅为理财顾问提供丰厚的报酬，更重要的是为他们提供了展业的平台与丰富的资源；亦即，理财顾问不仅为经纪商的客户提供顾问资源，也为经纪商带来客户增量和客户资源，该模式为双方创造了双赢的局面。独立理财顾问模式一般适用于定位于中低端零售客户市场的经纪商或投行。截至 2019 年底，嘉信理财拥有 1 233.3 万个活跃的经纪客户账号，管理资产规模达到 4.039 万亿美元，在美国拥有 360 多家网点。

嘉信的目标客户群主要集中于中小客户，尤其是有成为高净值潜力的中小客户。针对这一类客户的价格敏感度和风险偏好，嘉信推出佣金费率更低、用户体验和品质较好的投资者咨询服务。嘉信模式的典型特点是"中等服务＋中端收费"。

嘉信理财1992年建立的"共同基金全一账户"OneSource平台提供了集中交易共同基金的功能，投资者免交易手续费，而向基金公司收取基金管理费。投资者在嘉信理财的共同基金"OneSource"平台上通过全一账户买基金，就像在超市购物一样方便，明细清晰。买卖基金的转换成本由此大大降低，"买什么，买哪种更好"的问题多了起来，也促进了共同基金市场向买方市场转变。

上架的基金需要向OneSource支付报酬，过去投资者承担的0.25%～0.4%的手续费转到了基金公司身上，新加入的基金需要交纳会员费。这给嘉信理财带来了集中的巨额客户资产和增加利润潜力的商机，财富管理业务也在此基础上发展。相比资产管理的投资能力，财富管理更强调了解并满足客户理财需求，增加客户黏性。

OneSource平台一方面向在其平台上销售产品的公司收取手续费，另一方面，会向投资顾问收取服务费，投资者向投顾直接支付咨询年费，然后再由独立投顾按咨询年费的一定比例，支付给嘉信理财，作为提供服务的报酬。嘉信理财本身不提供专业的定制化的顾问服务，这一服务主要由与经过筛选合作的独立投顾RIAs（Registered Independent Adivosors）提供。

1995年嘉信正式推出了"顾问资源"（Advisor Source）项目，向有咨询需求的投资者提供一张合格、独立、主要依靠收费为生的金融顾问名单以供挑选。而作为回报，名单上的这些顾问会把他们的客户资产放在嘉信理财，并须向嘉信交纳一定的费用。而为了保护客户，嘉信理财对这些独立投资顾问的资质有一整套严格的"资质审核系统"（标准包括参加项目的顾问管理的客户资产必须达到2 500万美元以上，有5年工作经验和大学学位，或者有10年工作经验，或者持有CFA证书）。600多个独立的顾问每人每个季度向公司支付 2 000 美元，以取得为嘉信公司客户咨询的权利。

嘉信理财通过"顾问资源"平台与独立投顾（RIAs）合作；嘉信理财在 OneSource 上架各种基金产品供客户选择；嘉信理财还会向投资者提供经筛选的投资顾问名单，投顾向投资者收取咨询费，嘉信理财从咨询服务中收取一定比例提成，作为提供客源的报酬。像把投资者承担的基金费转嫁给基金公司一样，顾问资源把费用负担给顾问合伙人，而不是客户，投顾自行确定自己向客户的收费标准。"嘉信理财连线""顾问资源"的模式不仅推动了独立投顾的发展，也使财富管理走向核心业务。这些优秀的投顾资源，成为嘉信理财商业变革的基石。截至 2019 年，嘉信理财已与超过 7 500 家 RIA 进行合作，超过 1.2 万亿美元客户资产由独立投资顾问进行负责。通过独立投资顾问，嘉信理财每年可新获得的净资产为 600 亿美元到 700 亿美元。

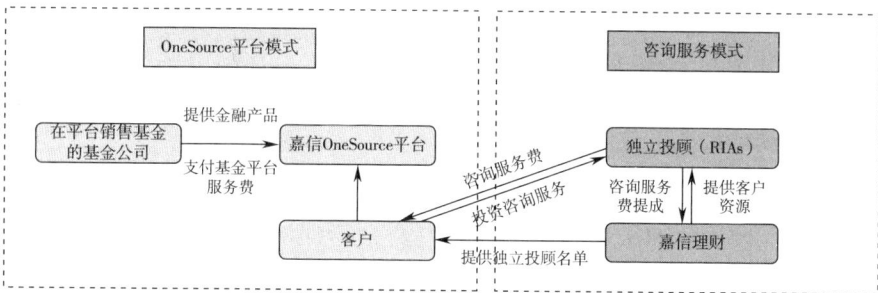

图 10　嘉信理财商业模式

3. 主要面向小镇社区的社区经纪商模式（Investor Representative）

主要是面向被大型券商忽略的美国小城镇的投资者，为这些地区的投资者提供高质量和长期的理财咨询服务，手段是雇佣本社区人员为亲善投顾，提供个人服务，佣金水平与全面服务型投资顾问相当。

以该模式的首创者爱德华·琼斯（Edward Jones）为例，其定位即为扎根社区、提供面对面定制化服务和长期投资策略。将自身目标客户定位于"知道自己不懂得投资的明智的投资人"。爱德华琼斯坚守其传统的实体营业点渠道，不断适应客户需求，为其提供"定制化服务"。该公司将经营网点开设遍至各个社区，通过深入了解社区人们的投资偏好和特点，为客户提供长期优质服务。其核心特点如下：（1）以社区为基础，营业网点选址标准是综合考量某一社区潜在客户的数量和该社区居民的经济状况，更方便和客户面对面的接触；（2）以个人客户为基础，个人零售客户才是长期、持续的利润创造来源，定位的是中低端的零售市场；（3）选用保守的策略，证券分析师为投资者提供的投资组合和投资策略倾向于"保守"；（4）坚守长期的策略，IR 会主要向客户建议"长期投资的策略"，他们的目标是将客户的一生甚至下一代的家庭财产作为营销和管理的对象。2019 年营业收入为 93.7 亿美元，通过 1.8 万名顾问服务了 700 多万户个人客户，管理资产超过 1.3 万亿美元。

通过开拓社区细分市场寻求差异化发展道路，爱德华·琼斯（Edward Jones）避开了与大型综合投行的正面交锋。与定位高端市场的美林、高盛等相比，这一业务最显著的特点是以中小个人客户为市场定位，投顾团队向客户推销的是高风险产品以外的各种金融产品，而且注重客户的长期投资和社区开发，在美国拥有超过 10 000 家的营业网点，分布广泛，很多网点设在市郊住宅区。由于其特殊的产品和客户定位，爱德华·琼斯在招聘投顾时会要求应聘者自己选取社区营业网点，并考察应聘者对该社区的了解程度，目的是利用投顾对社区的熟悉和人脉优势来拓展客户。因此，公司的关注重点是帮助投顾利用其人脉优势及时并最大限度地拓展客户。因而爱德华·琼斯在培训投顾时更加强调实践经历。

爱德华·琼斯将自身定位为零售类经纪型券商，并不以全面的市场研究为核心竞争力，因此其研究支持与信息技术系统也依托于该战略发展。爱德华·琼斯总部只有 40~50 个证券分析师来为客户提供研究支持，原因是他们的研究部门先从市场上所有股票中筛选出有限的数目和种类，然后才进行跟踪分析。而其信息系统则非常完备，IR 每天都可以在网点的电脑上通过卫星收看很多的特别节目，客户的详细资料可以在电脑上随时查阅。客户打来电话，IR 通过电脑马上可以查阅到许多有关客户的个性化资料，使得与客户的谈话更容易拉近距离，赢得客户信任。爱德华·琼斯每开发一个地区的市场一般都要建立独立的信息技术系统，所有交易数据、信息资料、客户资料都通过自己的技术系统来实现传输。

4. 主要定位于交易客户的网络经纪商模式

面向对价格敏感的频繁交易者，只提供简单产品而不提供服务，成本低廉，主要是网上交易通道，在全面实行零佣金的背景下，收取的管理费也为业内最低。其代表是 Ameritrade 和 E*trade，通过互联网交易可节约相当大的成本，前述两家公司自 2019 年 10 月开始实施零佣金，管理费率为每年 0.3%。

5. 覆盖长尾客户的智能投顾（Robo – advisor）模式

面向大众客户，应用大数据分析、量化金融模型和一系列智能化算法等，结合投资者风险偏好、财产状况与理财目标，为客户提供多元化、自动化和定制化的资产配置建议，并持续跟踪市场动态，对资产配置方案进行调整。其核心特征是去人工化，借助客观的量化投资模型，做到服务流程的标准化，以及投资决策的纪律性。智能投顾主要满足财富管理市场 80% 长尾客户的需求。

美国智能投顾的发展得益于美国市场量化投资和 ETF 基金的蓬勃发展，2008 年硅谷两家金融科技初创公司 Wealthfront 和 Betterment 先后推出以优化长期资产配置为目标的智能投顾产品，专注开发中低收入客户，提供低费率、低门槛、自动化的资产组合管理，此后，智能投顾在全球得到快速发展。主流财富机构也纷纷意识到科技和数字化变革将成为财富管理行业的加速器，2013 年以后，主流机构如先锋基金（Vanguard）、嘉信理财（Charles Schwab）、贝莱德集团（BlackRock）、美银美林等纷纷推出低成本、低门槛的智能投顾产品。

从智能投顾服务流程来看，主要包括投资者画像与分析、规划与资产

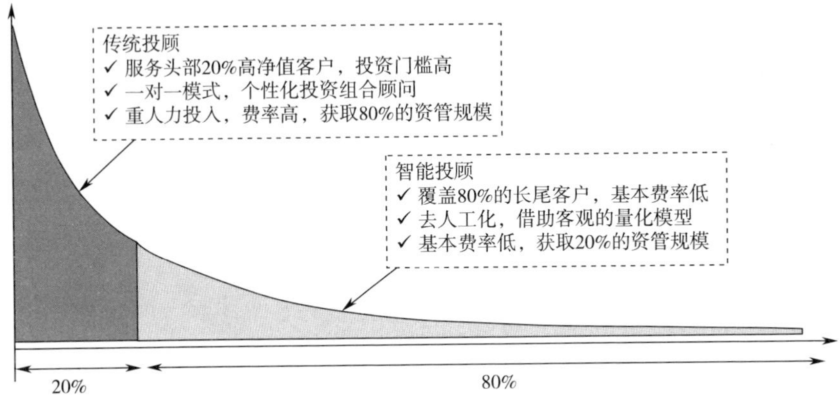

图11　智能投顾覆盖客群

配置、交易与执行、组合动态管理和投后管理等方面。

➢ 投资者"画像"与分析：对客户资产规模、风险偏好、投资期限、投资经验等进行问卷调查；结合消费、征信等大数据分析；

➢ 规划与资产配置：根据市场上不同金融资产的风险收益特征，通过择时与行业配置等量化金融模型，产生各类型投资策略；

➢ 交易与执行：涉及交易效率与风险控制等；

➢ 组合动态管理及投后管理：通过工具化方案提供一目了然的账户管理和组合业绩；结合市场变化、信号监控等，为客户提供组合再平衡策略。

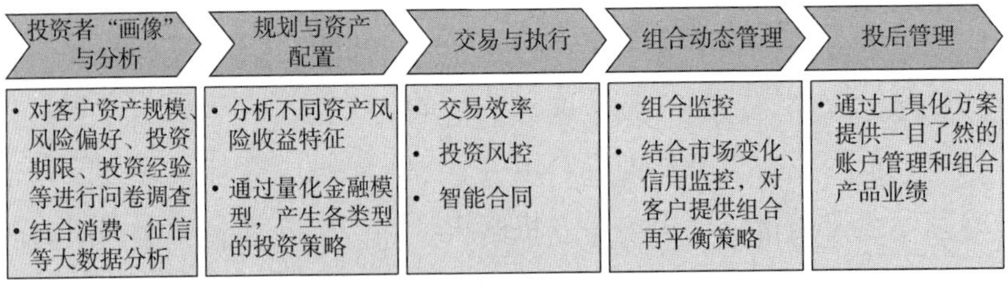

图12　智能投顾业务流程

美国智能投顾市场规模增长迅速并将持续该趋势。据 Statista 的调研预测，2019 年末美国市场智能投顾管理的资产达 6 000 多亿美元。预计未来

5 年仍将保持年均超过20%的增速，到2024 年美国智能投顾管理资产规模将达 1.68 万亿美元。

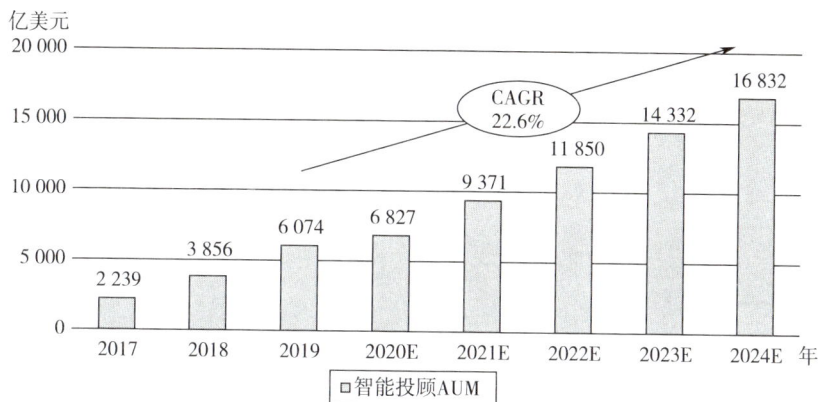

图 13　美国智能投顾资产管理规模

（资料来源：Statista）

二、中国投顾发展前景

（一）中国投顾发展的时代背景

居民财富增长、资产配置结构调整、投资者机构化进程等因素推动投顾业务发展。截至 2019 年末，中国个人投资者持有的可投资资产近 200 亿元，年均复合增速达 15.4%，高于同期 GDP 的增速 11.4%。财富总量增长的同时，高净值和中产阶级不断崛起，高净值人数同期增速超 18%，至 2019 年底达 220万人；预计中产阶级数量至 2022 年将达到 6.3 亿人，占总人口的 45%。

居民资产规模及金融资产配置比例仍有较大发展空间。21 世纪初中国居民部门资产配置在金融资产上的比例不足 4 成，近年来该比例呈长期增加趋势，目前金融资产配置占比已达 54%。中国居民金融资产与 GDP 的比率为 239%，在国际比较中显著低于多数其他主要国家：美国的这一比

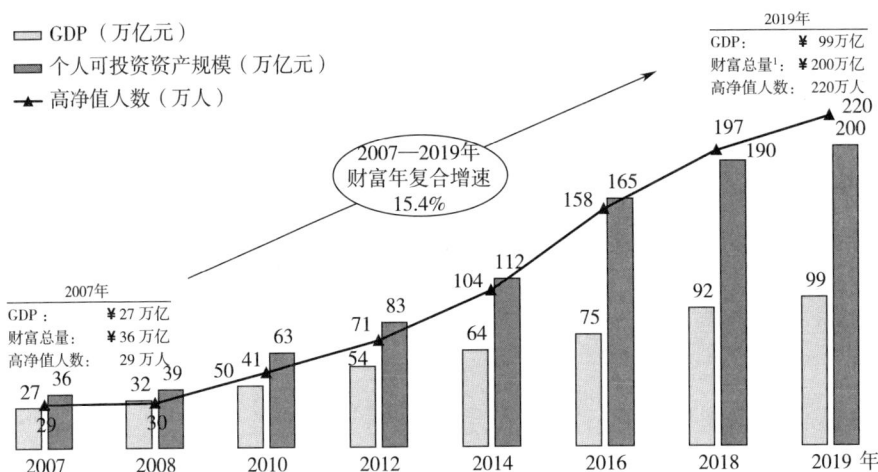

图 14 图表区域

- GDP（万亿元）
- 个人可投资资产规模（万亿元）
- 高净值人数（万人）

2007年
GDP：¥27万亿
财富总量：¥36万亿
高净值人数：29万人

2019年
GDP：¥99万亿
财富总量：¥200万亿
高净值人数：220万人

2007—2019年
财富年复合增速
15.4%

年份	2007	2008	2010	2012	2014	2016	2018	2019
GDP	27	32	50	54	64	75	92	99
个人可投资资产规模	36	39	63	83	112	165	190	200
高净值人数	29	30	41	71	104	158	197	220

图 14 中国 GDP，财富总量及高净值人数

（资料来源：国家统计局，招商银行和贝恩公司《2019 私人财富报告》；财富总量和

高净值人数为 2019 年预测值；中产阶级预测参考麦肯锡《下一个十年的中国中产阶级》）

例达 446%，日本和英国也超 300%；对比之下，随着资本市场不断发展，这一比例在未来仍有较大上行空间。

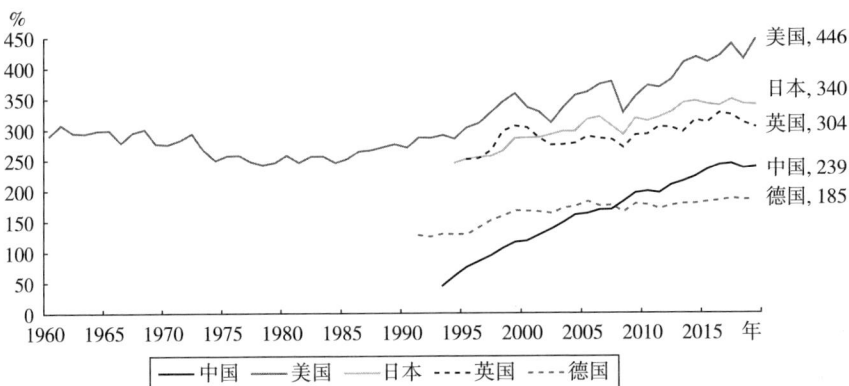

图 15 图表区域

美国，446
日本，340
英国，304
中国，239
德国，185

图例：中国 美国 日本 英国 德国

图 15 中国居民部门金融资产/GDP 比例

（资料来源：中国社科院，美国经济分析局，德国统计局，

日本内阁府，英国统计局；GDP 以现价计）

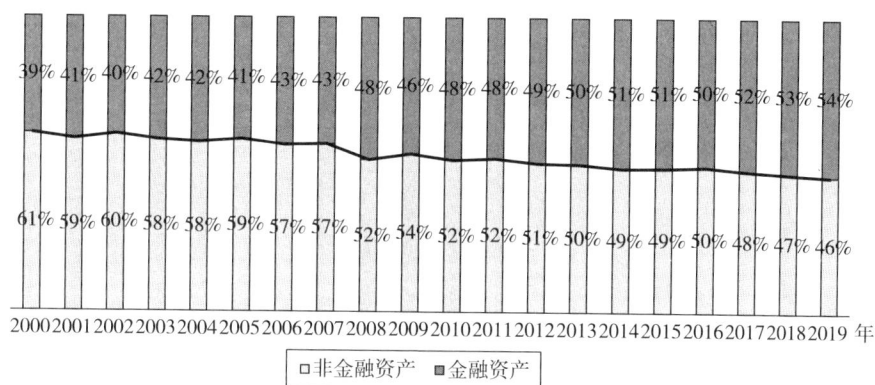

图16　中国居民部门资产配置情况

（资料来源：中国社会科学院，Wind，中金公司）

财富增长和金融投资的提高伴随投资理念的成熟，专业投资机构因此成为了热选，机构化趋势显著。2018年底机构参与者按流通市值测算已达66%；较15年前的2003年底参与度显著提升。而个人投资者占比持续下滑，15年间占流通市值从88%下降至34%。其中，基金管理公司、阳光私募、券商集合理财、保险公司的持股市值年复合增速分别为31%、35%、59%、120%。

（二）买方投顾模式下的实践

财富管理买方投顾时代下，4类机构获得公募基金投顾试点。2019年10月下旬中国证监会发布《关于做好公开募集证券投资基金投资顾问业务试点工作的通知》（以下简称《通知》），标志着公募基金投资顾问业务试点正式落地，嘉实基金、华夏基金、易方达基金、南方基金、中欧基金5家基金公司成为首批试点机构；2019年12月中旬，腾安基金、珠海盈米基金、蚂蚁（杭州）基金3家第三方基金销售公司完成试点备案。2020年3月初，基金投顾试点再扩容，中金公司、国泰君安证券、银河证券、中信建投证券、申万宏源证券、华泰证券、国联证券7家券商为首批获得试

%

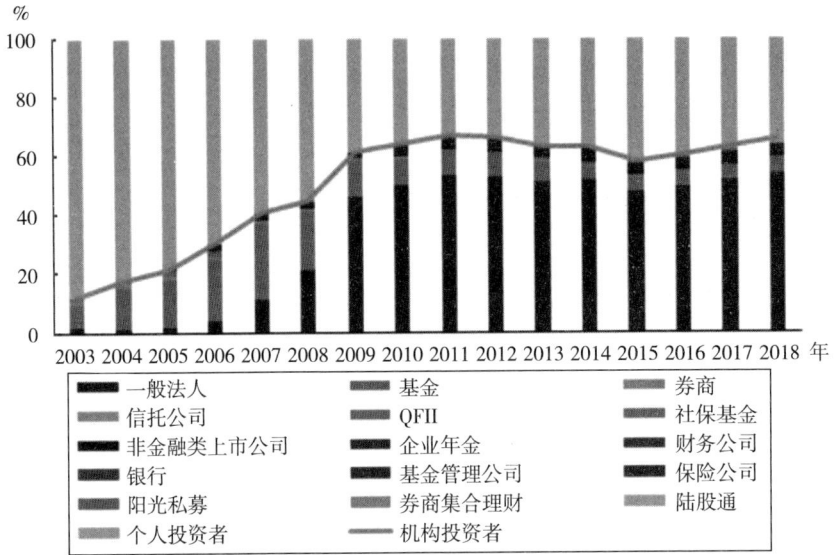

图17　A股投资者持股流通市值占比

（资料来源：上海证券交易所）

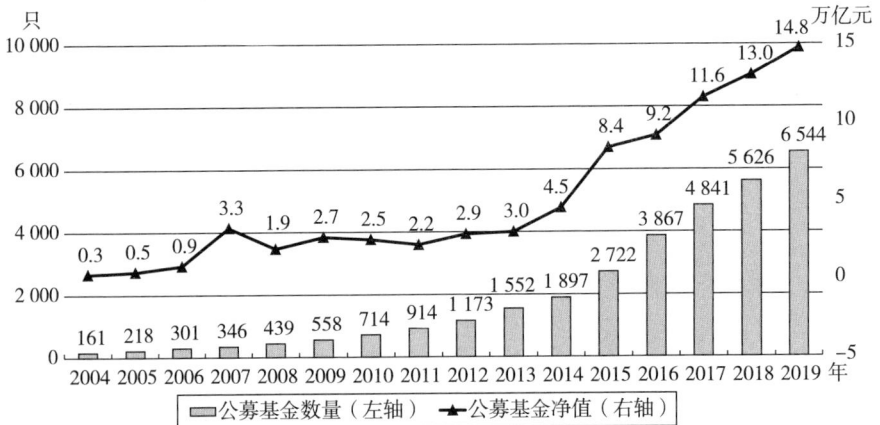

图18　公募基金数量和规模

（资料来源：证券投资基金业协会，Wind）

点资格的券商，招商银行、平安银行为首批获批银行。

基金投资顾问业务下，拥有相关资质的基金投资顾问机构，接受客户委托，在客户授权的范围内，按照协议约定向其提供基金投资组合策略建议，并直接或间接获取经济利益。根据与客户协议约定的投资组合策略，试点机构可以代客户作出具体基金投资品种、数量和买卖时机的决策，并代客户执行基金产品申购、赎回、转换等交易申请，开展管理型基金投资顾问服务。

错位竞争下各类机构能力各异。不同机构——银行、基金、券商和第三方销售在基金投顾业务上的竞争力各异。

1. 银行：很强的渠道和客户优势，尤其在理财和私人银行业务上积累了大量高净值客户、优秀的客户经理和理财队伍；客户数据丰富，客户画像更为精准；在流动性管理类、固收类等低收益风险产品上具有资产和投资优势；但在大类资产配置、基金评价筛选上的研究积累可能有不足。

2. 基金：资产配置和基金筛选能力优异，投研专业强，易获得投资者信任；具有资产创设能力，可实施差异化的销售和费率政策；但在渠道、客户数量、投顾人数，以及财富管理的全方位服务方面存在一定劣势。

3. 券商：具有广泛渠道和客户优势，拥有大量投资顾问和专业投研团队，在获客能力、净值化产品投资能力和专业服务能力方面具有较强竞争优势；过去券商投顾以销售佣金为主，改收投顾服务费后收费难度加大且可能有替代影响。

4. 第三方销售：主要依托智能投顾方式覆盖80%长尾客户，低成本、自动化且具有普惠性；但在资产创设、大类资产的动态配置、投研能力等方面，与其他机构仍有明显差距，在投顾服务上也很难做到高效交互反馈和服务的持续性。

基金投顾的放开或将为各机构的买方投顾提供示范效应，未来待公募基金投顾模式逐渐成熟，有望将成功经验向财富管理领域移植，加速财富管理业务转型。

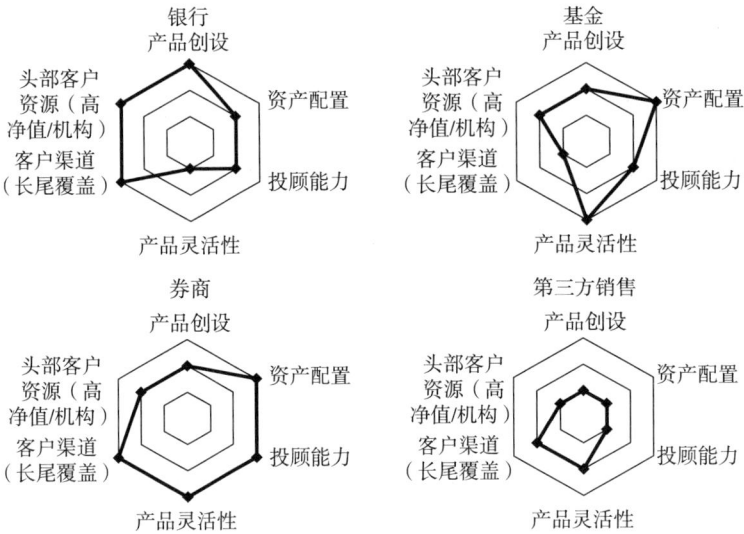

图19 投顾业务的竞争格局

（三）投顾业务推动财富管理升级前景

公募基金投顾试点有望引导居民加大对基金产品的配置，在为资本市场带来长期的资金供给的同时，提升居民投资的长期收益，促进财富管理机构的升级，从而形成良性循环。

管理型投顾或仍将和传统产品销售模式长期并存发展。据基金业协会《个人投资者投资情况调查》显示，仅有6%的基民在做出投资决策前接受专业投资顾问的辅导（通过自己分析即做出决策的比例高达61%）；而在美国这一比例显著领先，专业投顾覆盖了约50%的家庭。考虑到管理型投顾的概念被用户接受尚需一定培育期，投资者行为习惯养成尚待逐渐渗透，预计在未来相当长的时间内基于买方的管理型投顾模式仍将和传统的产品销售模式长期并存。

买方投顾模式促使基金持有人成本下降。投顾业务的收费模式将前期的申购赎回费等交易型（flow – based）费率，转变为按照客户投资账户的资产规模收费（AUM – based），当前国内部分基金，尤其主动权益类基金管理费相对较高，导致投资成本偏高，投资意愿仍有待培育。投顾业务试点初期，投顾费可能对申赎费起到替代作用，参考海外经验，投顾费与基金管理费也呈现此消彼长的关系。2019 年美国共同基金 no – load（无申/赎费用）类产品销售额/保有量达到 81％/72％。未来国内公募基金申赎费、管理费有望逐步降低，增加投顾服务费，避免双重收费提高投资者成本，增强客户吸引力，打造更好的投资体验。

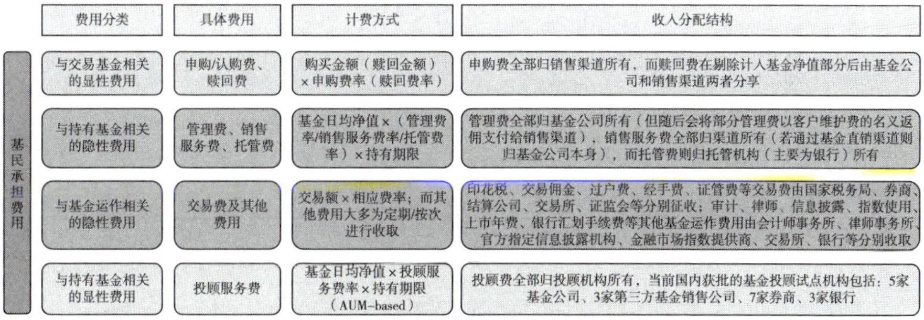

图 20　基民所承担的显性和隐性费用

表 2　公募基金产业链分工

申购/认购环节 从申购/认购金额中扣除	持有基金期间 从基金净值中/外扣除	赎回环节 从赎回金额中扣除
销售渠道包括基金公司（直销）、银行、券商以及互联网平台为代表的第三方代销机构。 发生的费用为申购/认购费。	管理机构为基金公司，收取管理费（其中部分需以客户维护费形式支付给销售渠道）； 销售服务机构为前述渠道（含基金直销、银行、券商以及互联网平台为代表的第三方代销机构），收取销售服务费； 托管机构为银行，收取托管费； 国家税务局、券商、结算公司、交易所、证监会等分别收取印花税、交易佣金、过户费、经手费、证券费等交易费； 会计师事务所、律师事务所、官方指定信息披露机构、金融市场指数提供商、交易所、银行等分别收取审计、律师、信息披露、指数使用、上市年费、银行汇划手续费等其他运作费用； 投顾机构包括基金公司、三方基金销售公司、券商、银行，收取投顾服务费。	赎回费在剔除计入基金净值部分后由基金公司和销售渠道两者按约定比例分享。

表3　公募基金产业链分润测算

FY18，亿元	基民承担费用	合计	占比	其中：零售渠道	其中：机构直销渠道
基于申/赎金额 Flow – based	申购费	132	11%	121	12
	赎回费	97	8%	56	41
	小计	229	18%	176	53
基于保有量规模 AUM – based	管理费	602	49%	306	296
	销售服务费	139	11%	81	58
	托管费	136	11%	68	69
	小计	877	71%	455	422
基金运作相关费用	交易费	123	10%	64	60
	其他杂费	10	1%	5	5
	小计	133	11%	69	65
合计		1 239	100%	700	539

资料来源：上市公司财报、证监会，中国证券基金投资协会，Wind，中金公司研究部。

引导基金市场良性发展。在渠道与客户利益更加一致的基础上，客户资金的净流入及资产增值能够带来渠道收入更加稳定持续增长。在以产品销售为导向的模式下，受市场追涨杀跌情绪催化，基金普遍追求短期收益率排名，爆款基金易发但客户不赚钱的现象普遍存在。而在基金投顾模式下，组合产品更加注重公募基金长期业绩、稳健性和投资风格，淡化短期业绩影响和排名，具有良好业绩的明星基金，以及低费率、流动性强、透明度高的指数型基金和工具化基金，在构建投资组合时将更受青睐。不同场景（如教育/养老）和目标（如全球配置/战胜通胀）的多元配置需求或也将带来QDII、大宗、另类等特色产品的发展，从而促使公募基金的产品线布局完善发展。

美国投资者教育案例

富达国际　李少杰　丛　黎

一、美国投资者保护制度形成背景[①]

1987 年 10 月 19 日，现被称为"黑色星期一"，道琼斯工业平均指数下跌了 508 点。在那个星期一，5 000 亿美元的账面财富蒸发了。对于许多人来说，它不可避免地使人想到了 1921 年大萧条之前股市的崩溃。然而，商人对这次危机的反应体现了这两个历史事件之间的众多差异之一。"与 20 世纪 20 年代的危机不同，他们当时不认为政府采取紧急措施可能会有所帮助，而八十年代的商人则呼吁华盛顿进行干预以稳定市场。"此外，一个总统特别工作组研究了十月份的金融危机，并强烈建议政府对金融市场实行更严格的监管，并建立一个联邦"超级机构"来监督市场间问题。如今，提高监管被许多人视为解决市场弊端的"灵丹妙药"。

20 世纪 20 年代和 20 世纪 30 年代的经济危机导致联邦政府为规范业务做出了巨大努力，结束了多年的放任政策。哈佛大学的商业历史学家托马斯·麦克劳（Thomas K. McCraw）指出，1929 年的经济基础在某些方面比今天更强大：新兴工业不断发展壮大，政府运转顺畅。股市崩盘事件后

[①]　https：//core. ac. uk/download/pdf/71459318. pdf。

的萧条之所以到来，是因为当时没有建立如今的机构和监管安全网来避免恐慌。

大萧条期间制定的重要监管保障措施包括《1933 年证券法》（《证券法》）和《1934 年证券交易法》（《交易法》），这些法律对证券市场的影响最大。尽管围绕《证券法》和《交易法》进行了许多辩论，但在此期间，国会又制定了四项法规对证券进行监管，包括《1935 年公共事业控股公司法》《1939 年信托契约法》《1940 年投资公司法》，以及《1940 年投资顾问法》。由证券交易委员会实施的这六项法规完善了旨在为投资者提供最低限度保护的完整监管计划。在颁布这些法规时，股票市场和国民经济都处于严重困境，显然在当时有必要恢复公众对投资证券和对基本货币的信心。这些新的证券法是罗斯福政府为刺激经济和恢复对资本主义制度的信心所做的许多努力之一。

二、美国投资者保护制度及监管体系

美国证券市场的监管，从美国《1933 年证券法》和美国《1934 年证券交易法》开始，历时八十余年。在过去的八十余年中，投资者保护制度始终是美国证券监管的核心，它被编写在美国同证券市场相关的各项法律里。在美国证券市场的结构中，集资和销售证券是商业活动，由商业利益驱动。保护投资者不因这种商业活动而受到损害，则是监管者的职责。纵览美国证券法的发展和完善历程，美国投资者保护制度的基本内容包括：确立信息披露制度、防止和惩罚市场操纵和内幕交易等不法行为、设立证券投资者保护基金降低投资风险、建立证券民事赔偿机制、严厉打击证券犯罪行为等。①

---

① http://www.chinaacc.com/new/287/293/341/2006/7/ma892693358917600212714 - 0.htm。

　　证监会的监管体系，是一个通过强制信息披露以防止欺诈、市场操纵和内幕交易，从而保护投资者的体系。[①] 在证监会成立的前 40 年历史中，公司信息披露是最受行业支持的一项证监会的工作。为防止上市公司发布虚假信息、对投资者进行欺诈，美国《1933 年证券法》确立了公司发行时的信息披露义务，要求公司在注册登记表中将对投资者可能产生影响的信息以及防止误导投资者的实质性信息进行公正而全面地披露，这些信息包括公司财务、经营管理情况以及发行证券的目的等，以保证投资者理性地根据上述信息正确了解和判断投资风险。美国《1934 年证券交易法》进一步规定了信息披露义务，规定任何证券发行的总数在 500 万美元以上并且购买人在 500 人以上的，必须向联邦政府登记。对于国外企业发行证券，如果其总发行量在 500 万美元以下，或者少于 300 名美国境内的投资者购买该股票，且该项证券交易没有在美国证券交易所进行，则不需要向美国证券交易委员会登记。该项法律还规定，对于已经注册登记的交易，证券发行人有义务在其发行证券过程中，甚至在证券发行以后，仍然定期地向投资者或证券购买人提供有关该公司的商务或财务信息。

　　信息披露是美国投资者保护最主要的手段，惩治执法则是对信息披露的补充。从 1963 年起，美国证监会就开始主张，光靠披露和事先批准还不足以打击在证券推销中的欺诈行为。要有效地保护投资者的利益，还需要跟进的惩治手段。美国证监会的 10b－5 规则是这方面最重要的规则。它在 20 世纪 60 年代被法学专家称赞为占领世界的伟大规则。1972年美国证监会建立了执法部。1984 年，美国国会通过《禁止内幕交易法案》，允许在对内幕交易者进行民事诉讼中除没收非法盈利之外，处以不超过盈利（或躲过的亏损）3 倍的罚款。惩治已成为美国式投资者保护制度的象征。

---

　　① 从美国证券市场投资者保护制度谈起来，郑学勤。

20 世纪末 21 世纪初，各国普遍调整了"消费者"的概念，将证券投资者作为金融消费者进行保护。证券投资者从此开始享有一般消费者的基本权利，如安全保障权、知情权、自主选择权、公平交易权、受教育权和求偿权等。早在 1994 年，美国就将金融知识教育纳入中小学教育，《联邦中小学教育法案修正案》正式将个人金融知识教育纳入课程安排中。2003年，美国政府颁布了《公平准确的信用交易法案》，把实施金融教育定为国家战略，提供可靠的金融信息，提高国民的金融素质，保护投资者免受欺诈。2008 年金融危机后，美国通过了《多德—弗兰克华尔街改革与消费者保护法》（*Dodd – Frank Wall Street Reform and Consumer Protection Act*），更加醒目地强化了金融消费者的概念，旨在让金融市场真正实现消费者利益至上的理念。《多德—弗兰克法案》进一步提高了金融中介的适当性义务要求。[①]

三、美国投资者教育形式的演变[②]

最初的投资者教育以书本的形式出现。正如没有人会阅读说明指导手册，出于同样的原因，很少有投资者希望阅读资产配置教科书。传统的投资者教育更多地侧重于提供"知识体系"，而对投资者的实际参考框架没有足够的理解。讲座、书本等形式的投资者教育可能会为投资者的投资决策奠定基础，但是在进行体验式学习之前，投资者仍然不会有充分的理解以做出明智的决策。尤其是在面对突然的投资组合损失时，个人投资者可能会惊慌，因为他们没有完全掌握或内化"知识体系"。而个人的手把手经验则是行之有效的。互联网似乎已经做好准备，为投资者提供更具体验性、手把手的投资者教育。

[①] http：//www.csrc.gov.cn/pub/newsite/yjzx/sjdjt/zbsczdjcyj/201303/t20130325_222590.html。

[②] https：//www.sec.gov/comments/265 – 28/26528 – 3.pdf。

从 20 世纪 90 年代开始，行业尝试通过互联网为投资者提供投资者教育。然而不幸的是，为投资者教育而设计的网站依然局限于文字形式，看起来更像是带有"按键"的书本。视频则是一种更高级的网络体验，它更像传统的讲座，但是可以在电脑上观看。随后而来的是"小测试时代"，它逐渐接近体验式教育，是一种更有效的投资者教育方式。通过分析投资者输入的内容，告诉投资者及投资顾问，在财务方面，投资者可能想要或需要什么，帮助他们向前迈出一步。不仅如此，这种形式的投资者教育更为直观有效，例如使用视觉图像，通过多云或晴天的渲染表明投资者是否有足够的储蓄以体面地退休，使投资者教育更加充满趣味。

各式各样的研讨会声称可以告诉投资者他们需要了解的知识。主题包括如何体面地退休、赚取更多的税后收益或制定税收优惠的房地产计划。许多业内意见认为，投资研讨会被视为"一种行之有效的吸引客户的策略"，对金融机构的业务有利。

四、关键的投资者教育标志性事件——养老金在美国的推广

从 1935 年里号，美国养老保障制度经过初步建立和不断完善，特别是 20 世纪 70 年代后陆续出台关于私人养老金的相关法律，逐步形成了三支柱养老保险体系。其中，第一支柱为公共养老金，即老年、遗属和残疾人保险制度（OASDI）；第二支柱为雇主养老金计划，按给付方式可分为确定给付型计划（Defined Benefit，DB）和确定收益型计划（Defined Contribution，DC）。DB 型计划中，雇主保证退休时给予员工一定数量的福利，养老金的投资风险由雇主承担，在 DC 计划中，雇主只承担为员工缴款的责任，员工最终能够收到的福利取决于投资表现，投资风险由员工承担。

按养老金提供的部门又可分为私营部门和公共部门，401K 属于私营部门中 DC 计划的代表；第三支柱为个人养老储蓄计划，其中最主要的是个人退休账户中的传统 IRA 账户。

养老金在美国的推广是美国投资者教育历史上的一大标志性事件。资本市场的长期投资也起到了普及投资者教育的作用，许多美国家庭通过养老金投资接触到共同基金、参与到资本市场，参与者在这一过程中对股权投资和股权文化的认识不断加深，对美国股市中长期的发展充满信心，反过来刺激更多的家庭参与到企业的养老金计划中，投资到共同基金中，同样促进了 401K 的增长以及共同基金管理占比的提升。

在行业内，多年来为做好养老金业务，行业进行了诸多理念创新和产品创新。诸多基金公司在投资者教育上展开了激烈的竞争，不断提高投资者教育理论和实践的水平。

在养老金推广方面注重投资者教育的必要性在于：

• 养老金投资的长期性使与养老金相关的投资者教育成为一项独特的挑战，其主要任务是鼓励投资者尽早开始进行储蓄；

• 与其他储蓄产品（特别是在采用激励或强迫措施的情况下）相比，它们涉及更广泛的人群，这意味着涉及低收入和受教育水平有限的弱势消费者；

• 养老基金的投资者通常对风险的承受能力很低，尤其是在私人养老金代表维持生计而不是任意储蓄的情况下；

• 由于这些产品涉及到税收问题、对未来薪资和寿命的假设、资产和负债的估值困难等，比较复杂，因此特别需要对养老金进行教育，这种复杂性超出了大多数投资者的财务知识，并且导致养老金产品提供者或金融中介与消费者之间的信息不对称；

• 养老金具有重要的社会和财务作用，且对金融市场和经济稳定有着重要的潜在影响，因此需要对投资者进行教育以了解和管理他们所面临的风险。

五、美国投资者保护相关主体及投资者教育实践[①]

美国从众多领域加强投资者教育工作，构建了完善的投资者教育体系。投资者教育是一项面向个人投资者的以传播有关投资知识为主的有组织的社会化活动，目的是培养投资者健康、理性的投资理念和习惯，并揭示投资风险和自我保护途径，全面提高投资者素质。美国的投资者教育体系是多层次、满足投资者各种需求的相对成熟的投资者教育体系，主要由政府、监管机构、行业组织、证券交易所、证券机构等组成，这些机构组织从多方面、多角度努力推动美国投资者教育事业的发展。

美国的投资者教育有如下这些特点。第一，投资者教育"全程进行"，非常注重在学校的金融知识普及，并面向不同年龄段的人群提供相应的投资者教育内容：人们在幼儿园阶段可能会接受基本的金融概念；在中学可以学习货币数学等课程；成人之后还可以参加旨在提高货币管理技能的培训项目。第二，强调互动性。互动性主要体现在充分利用当今的时代媒体工具，通过社交团体、网上游戏录像、应用软件等途径加强投资者教育。通过完善投资者教育体系和开展一系列积极有效的工作，就可以为投资者提供有效的指导、帮助与保护，推动投资者学会通过分析判断来做出合理选择。第三，全民性。重视对那些缺乏基本金融知识、家庭困难群体的教育，如女性、少数族裔。第四，内容多样性。投资者教育内容不仅涉及股市，还包括所得税征收、银行服务、个人债务管理以及社会保障机制等。

① https：//www.bankrate.com/finance/investing/which－agencies－protect－investors.aspx

六、监管部门和政府机构

（一）美国证券交易委员会（SEC）

1. 背景

美国证券交易委员会（SEC）的基础奠定于改革成熟的时代。在1929年大崩盘之前，几乎没有人支持联邦对证券市场的监管。在第一次世界大战后证券交易活动激增期间尤其如此。联邦政府要求财务披露和防止欺诈性出售股票的建议从未被认真执行。

受到"一夜暴富"和宽松信贷的承诺的诱惑，大多数投资者几乎没有考虑由于广泛滥用保证金融资和不可靠信息而引起的系统性风险。在20世纪20年代，大约有2 000万大小股东利用了战后的繁荣，并开始在股票市场上发财。据估计，在此期间发行的500亿美元新证券中，有一半变得一文不值。

1929年10月股市崩盘时，公众对市场的信心直线下降。在随后的大萧条中，大小投资者和向他们贷款的银行都损失了大笔资金。人们一致认为，要使经济复苏，就必须恢复公众对资本市场的信心。国会举行听证会以确定问题并寻求解决方案。

根据这些听证会的发现，国会在经济萧条的高峰时期通过了《1933年证券法》。该法律与《1934年证券交易法》共同创建了美国证券交易委员会（SEC），旨在恢复投资者的信心。通过为投资者和市场提供更可靠的信息和明确的诚实交易规则来为资本市场提供资金。

2. 职责

美国证券交易委员会（SEC）的使命是保护投资者，维持公平、有序和有效的市场，并促进资本形成。美国证监会将自己称为"投资者的拥护者"。美国证监会的职责包括：

（1）解释联邦安全法；

（2）发布新规则并修改现有规则；

（3）监督对证券公司、经纪人、投资顾问和评级机构的监管；

（4）监督证券、会计和审计领域的私人监管组织；

（5）与联邦、州和外国当局协调美国证券法规。

3. 投资者教育

美国证券交易委员会（SEC）于1994年设立"投资者教育及援助办公室"（The Office of Investor Education and Assistance，OIEA）。OIEA旨在为个人投资者提供帮助他们做出正确投资决策所需的信息。OIEA主要通过管理两个计划来达成这一使命：一是协助个人投资者向证券市场和市场参与者进行询问或投诉；二是对个人投资者进行投资者教育推广。OIEA还从个人投资者的角度向美国证监会及其工作人员就各种问题提供建议，从而为美国证监会制定政策提供信息，包括规则制定、投资者咨询委员会（Investor Advisory Committee）建议以及通过国际证券事务监察委员会组织的投资者委员会（IOSCO's Committee on Retail Investors）。

每年，OIEA都会通过其投资者帮助和教育计划与数百万个人进行联系。OIEA协助有疑问或与投资专业人士和其他人联系不当的投资者联系证监会。通过其投资者教育计划，OIEA制作和分发教育材料，主持教育研讨会和面向投资者的活动，并与联邦机构、州监管机构和自我监管组织合作开展金融扫盲计划。OIEA在证监会旨在保护投资者的关键计划中扮演重要角色，包括帮助老年人和军人家庭防范证券欺诈。

投资者教育及援助办公室（OIEA）具有以下三个行政单位：

投资者教育办公室（The Office of Investor Education）执行证监会的投资者教育计划，其中包括制作和分发投资者教育材料，组织教育研讨会和面向投资者的活动，并与联邦机构、州监管机构、消费者团体和自我监管组织合作开展投资者扫盲计划。

投资者援助办公室（The Office of Investor Assistance）回答公众人士的问题、投诉和建议。该办公室每年处理成千上万的个人投资者与投资有关的投诉和问题。投资者可以通过在线投诉表或问题表，或通过热线电话与投资者援助办公室联系，提出与证券有关的广泛主题的问题，投诉其投资或财务专业人员的问题，或提出改进该机构法规和程序的建议。

首席法律顾问办公室（Office of the Chief Counsel）为公众制作有关证券相关主题的教育材料（包括为证监会设计的针对个人投资者的 Investor. gov 网站），并就有关证券和行政法的问题向 OIEA 提供建议。

（二）美国消费者金融保护局（CFPB）

1. 职责

根据多德弗兰克法案精神，美国于 2011 年 7 月 21 日成立了美国第一家专门保护金融消费者利益的联邦机构——消费者金融保护局（CFPB）。CFPB 旨在使金融产品服务于每一位消费者，并监管银行、信用合作社和其他金融公司，强制执行金融法律，使消费者免受不公正、欺骗性或滥用的侵害。CFPB 为人们提供做出明智的财务决策所需的信息及工具。CFPB 的职责包括：

（1）通过制定规则，监督公司并执行法律来根除不公平、欺骗或虐待的行为或做法；

（2）禁止在消费者金融中的歧视；

（3）受理消费者投诉；

（4）加强投资者教育；

（5）研究使用金融产品的消费者体验；

（6）监控金融市场以应对消费者的新风险。

2. 投资者教育

加强投资者教育是 CFPB 的职责之一。CFPB 向投资者提供了一系列工具和资讯，帮助他们增强实用技能，以做出明智的财务决策，并且面向一些特殊人群提供具有针对性的投资者教育材料与工具。这些特殊人群包括现役军人和退伍军人，学生和年轻人，还有成年人、老年人，以及低收入和经济状况不佳的美国人。CFPB 开发了一系列帮助消费者做出金融决策的工具，包括互动式在线工具"咨询 CFPB"、消费者体验项目"支付大学教育费用"、"中小学教育工具"，并为消费者制作了一系列出版物，提供财务管理问题的解答。为深入了解消费者，CFPB 与广泛的合作伙伴和中介开展合作。包括：其他联邦机构、州和地方政府、私营部门和非营利组织、学校、社区。CFPB 借助这些合作伙伴或中介的独特资源、专业知识、消费者资源或基础设施，在合适的时机运用相关的信息、了解和帮助消费者，对其开展金融教育。

消费者金融保护局设立了消费者咨询免费电话，并在网站上提供详细的金融策划知识，投资者可以在网上分享心得教训或提出问题建议。

七、行业组织

（一）非政府监管机构——美国金融业监管局（FINRA）

1. 职责

美国金融业监管局（FINRA）是美国所有从事证券业务的主体中最大的非政府监管机构。该机构成立于 2007 年 7 月，是通过合并美国证券交易商协会（NASD，美国当时最有影响的证券业自律组织）以及纽约证券交易所的成员监管、执行和仲裁职能而成立的。

FINRA 在确保美国金融体系的完整性方面起着至关重要的作用，而这一切对纳税人都是免费的。在美国证监会（SEC）的监督下，FINRA 的主要职责有：

（1）制定并执行规则，以规范美国所有注册经纪交易商和注册经纪人的道德活动；

（2）监督公司是否遵守这些规则；

（3）促进市场透明度；

（4）进行投资者教育。

在 2018 年，FINRA 针对不道德行为，对注册经纪人和公司采取了 921 项纪律处分，罚款 6 100 万美元，下令赔偿受害投资者 2 550 万美元，将 900 多个欺诈和内幕交易案件转介给 SEC 和其他机构进行诉讼和（或）起诉。

2. 投资者教育

FINRA 充分利用网络平台开展投资者教育。其网站 finra. org 为包括美国老年人在内的广泛受众提供投资者教育内容，通过向投资者提供丰富的信息，帮助他们做到明白投资、规避风险。

FINRA 投资者教育基金（The FINRA Investor Education Foundation）是美国致力于投资者教育的最大的非营利性基金。FINRA 成立于 2003 年，致力于为投资者提供相关知识、技能和工具，使他们在整个人生中都能做出明智的财务决策。基金会通过投资者教育计划和研究来完成这项任务，这些投资者计划和研究可以帮助他们实现其财务目标并在一个复杂而动态的世界中保护他们。此外，该基金每年面向社会接受投资者教育研究与培训项目的资助申请，分期分批资助投资者教育项目。

（1）保护投资者免受欺诈

FINRA 投资者教育基金基于研究的保护投资者的活动有助于让投资者认识到，任何有积蓄的人都有可能成为诈骗犯的目标。该活动收集了诈骗犯常用的话术，并鼓励所有投资者提出问题并检查相关信息。基金与美国商业改善局（Better Business Bureau）、美国退休人员协会（AARP）、美国证券交易委员会以及许多其他机构合作，提醒投资者注意投资欺诈的危险信号，并使消费者有能力打击欺诈者。

（2）助力打击欺诈

从执法者到消费者、倡导者和技术娴熟的志愿者，FINRA 投资者教育基金及其合作伙伴已经培训了数千人，以发现、预防和应对金融欺诈。这些培训将正确的工具交到那些有能力保护消费者并在欺诈行为发生时采取适当措施的人手中。FINRA 基金会的打击金融欺诈网络遍布全国，并且规模日益扩大。

（3）国家金融能力研究

个人和家庭必须应对各种令人困惑的财务决策。在与联邦机构协商后，FINRA 投资者教育基金赞助了《国家金融能力研究》，以对金融能力指标进行基准测试，并评估这些指标如何随人口、行为、态度和金融素养特征而变化。

该研究调查收支平衡、提前规划、金融产品管理、财务知识和决策。该研究始于 2009 年，每三年更新一次。该研究的第四次也是最近一次是在 2018 年进行的。这些研究的所有数据和报告均可免费获得。它们生动地描述了美国国民的金融知识、技能、态度和行为。

FINRA 投资者教育基金于 2019 年 12 月发布《美国投资者：国家金融能力研究报告》，对美国人的投资习惯、态度和知识进行了全面的探索，包括对经纪人/顾问、网站、移动 APP、加密货币、投资工具的使用、首选投资信息来源和对市场下跌的反应的分析研究。

研究表明，许多投资者对其所支付的各种费用感到困惑。近三分之一的投资者认为他们根本不为投资账户支付任何费用或支出，或者他们不知道自己要支付多少。同时，美国仅有不到三分之一的人口在非退休账户上进行投资。这些研究结果突显了研究人员、政策制定者、倡导者和行业利益相关者需要继续开发创新投资者工具和资源，以更好地教育投资者并帮助他们免受欺诈。

（二）美国投资公司协会（ICI）

1. 职责

美国投资公司协会（ICI）是代表全球受监管基金的领先协会，包括美国的共同基金，交易所交易基金（ETF），封闭式基金和单位投资信托（UIT），以及全球司法管辖区的提供给投资者的类似基金。ICI 旨在鼓励遵守高道德标准，增进公众理解，并以其他方式促进基金、其股东、董事和顾问的利益。ICI 的成员在美国管理的总资产为 24.1 万亿美元，为超过 1 亿的美国股东提供服务，在其他司法管辖区管理的资产为 7.7 万亿美元。ICI 通过 ICI Global 开展国际工作，在伦敦、香港和华盛顿特区设有办事处。

ICI 承担着三个核心任务：鼓励所有行业参与者遵守高道德标准；促进基金、股东、董事和投资顾问的利益；促进公众对共同基金和其他投资公司的了解。这三个目标是 ICI 代表基金及其股东参加众多活动的基本组织原则。

长期以来，鼓励所有行业参与者提倡高道德标准一直是 ICI 的核心任务。1940 年国会通过《投资公司法》时，富兰克林·罗斯福（Franklin Roosevelt）总统赞扬了行业支持者们致力于在证券行业中实现更高的行为标准，尤其是当证券市场从 20 世纪 20 年代和 30 年代丑闻中逐渐恢复之时。对实现更高行为标准的坚持推动了《投资公司法》的颁布以及 ICI 前身的成立，并始终如一地引领基金行业支持有效监管和合理信托行为。

ICI 代表基金及其股东不断推行一些计划，包括提升基金经理的作用、参与证券市场计划、增加税收递延储蓄机会以及确保对基金投资者的公平税收。

长期以来，提高公众对共同基金的了解一直是 ICI 的核心任务，并且随着多年来共同基金概念已成为主流，其公众宣传也在不断发展。如今，ICI 在政策制定者、舆论领袖和全球媒体面前担任基金及其股东的发言人。

2. 投资者教育

ICI 在投资者教育方面非常注重为投资者提供充分的信息和资料，这些信息包括扫盲式的基础知识和各种基金产品的介绍。ICI 在其网站为投资者提供了丰富的信息。内容涵盖投资指南（如什么是投资、什么是风险）、共同基金指南、投资共同基金存在的问题等。

ICI 专门设立了投资者教育基金会。ICI 投资者教育基金会（ICIEF）成立于 1989 年，与政府机构和其他非营利组织合作，为各种特定受众开发、提供和推广投资者教育计划。ICIEF 还参与了在全国范围内促进储蓄和投资的金融教育倡导联盟、会议和倡议。自 2010 年以来，ICIEF 已通过针对中学生的"金融公园计划"（Finance Park program）与大华盛顿地区青少年成就组织（JA）合作，ICIEF 在弗吉尼亚州费尔法克斯县、蒙哥马利县和马里兰州乔治王子县的"金融公园"举办了一系列教育展览和互动游戏。

（三）美国证券业及金融市场协会（SIFMA）

1. 职责

2006 年，美国证券业协会（The Securities Industry Association，SIA）和美国债券市场协会（The Bond Market Association）合并，成立美国证券业及金融市场协会（The Securities Industry and Financial Markets Association，SIFMA）。SIFMA 是美国证券业的代言人，汇集了数百家经纪交易商、投资银行和资产管理公司，代表了它们的共同利益，提倡建立有效和有弹性的资本市场。SIFMA 代表行业的近 100 万名员工，倡导立法、制定法规和商业政策，这些法律、法规和商业政策会影响个人和机构投资者、股票和固定收益市场以及相关产品和服务。SIFMA 是一个旨在促进市场弹性、公平有序、法规知情和遵从以及市场有效运营的行业协调机构。SIF-MA 还提供有关行业政策和专业发展的论坛。SIFMA 是全球金融市场协会（GFMA）在美国的区域成员，在纽约和华盛顿特区设有办事处。

2. 投资者教育

美国证券业及金融市场协会下设一个非营利性教育机构——"投资者教育基金会"（The Foundation for Investor Education，FIE）。FIE 致力于帮助所有背景的个人培养对金融市场的知识和了解。FIE 利用金融业的支持和专业知识，提供投资者教育计划和工具，以加强社区之间的经济机会，并提高个人对全球市场认识和利益的获取。

FIE 的主要工作包括：通过一流的教育计划为全国 4 年级至 12 年级的老师提供支持，使学生学习真实世界并获得乐趣；与该领域的主要领导者和组织合作，以达成最佳的实践和思想的前瞻性；以及提供必要的工具，以帮助个人加深对个人理财的了解，并做出支持终生成功的明智决策。

八、纽约证券交易所

纽约证券交易所致力于向大众介绍储蓄与投资的基本知识，宣传交易所的各项规则和服务，鼓励投资者到纽约交易所进行投资。纽交所的投资者教育内容与自身的功能紧密相关，其教育工作主要围绕纽交所的各项业务、产品以及监管职能展开，目的在于促进投资者对交易所的了解，增强交易所的声誉，同时帮助投资者有效参与证券投资。

纽交所在网站上向投资者提供诸多投资者教育相关资料，帮助投资者更好地了解股票、基金、债券等投资产品。同时网站还展示了纽交所的各类信息，包括纽交所在全球资本市场中的重要地位、历史沿革、交易运作的方式、监管权力、指数的编制，如何通过纽交所进行投资等，以加深投资者对纽交所的了解。此外，纽交所在网站上也开设有网上教育课程。课程分成不同的层次，由浅入深地向投资者介绍证券市场及纽约交易所的相关知识。

除此之外，纽交所也举办了一系列诸如针对教师、新闻工作者、大学生的教育活动。针对负责金融知识教育的中小学教师，交易所的专业人员会向其介绍交易知识，内容涵盖证券市场架构、证券市场监管、交易平台与技术、衍生产品、证券行业就业等。教师们可以参观交易大厅，与现场交易员直接沟通。针对大学教授和新闻工作者，纽交所不定期邀请其到交易所的交易大厅与专业人员进行为期一天的交流和监控区参观。针对大学生，纽交所不定期地举办时长约一个半小时的投资讲座，对证券交易进行一般性介绍，回答大学生的提问，并当场分发一些宣传材料。

九、金融机构

鉴于美国的监管体制是以市场力量作为驱动的，美国的官方或半官方机构对商业机构的投资者教育干预较少。美国的商业金融机构在提供投资者教育方面具有较强的积极性、主动性，并基于其社会责任，注重消费者的意识培养。美国的商业金融机构承担首大量的投资者教育工作。美国证券市场的中介机构，如证券公司、经纪人、证券咨询机构的服务非常发达。尽管目前网上交易越来越多，大多数美国人的投资还是通过经纪人完成的，或者是在咨询投资顾问后进行的。因此，所有的证券中介机构为开发市场都非常重视投资者教育。根据自身特点，他们主要强调的是一对一的咨询，即每个经纪人在充分了解客户情况的基础上，向客户推介各种投资产品，回答他们所有的问题。除一对一的咨询外，中介机构还凭借自己强大的经济实力，开展面向社会大众的教育活动。措施包括：免费寄送投资宣传册、举办各种免费的学习班、开设专门的网站等。中介机构的投资者教育也可以理解为一种市场营销的手段。

金融机构案例——富达投资

在美国，富达投资自20世纪80年代开始为美国投资者提供投资者教育。基于丰富的海外经验，富达投资的投资者教育主要关注以下几点原则：（1）通俗易懂，为投资者提供易于理解的投资者教育材料；（2）与目标受众的相关性，为投资者提供横跨生命阶段的财务规划支持；（3）基于研究的投资者教育和投资者教育的长期性。

1. 通俗易懂

富达投资致力以通俗易懂的方式推动投资者教育，提高投资者认知。在美国，富达投资创新性地推出了一系列以储蓄、退休、教育、购房为背景的储蓄与计划工具。相应的准则简单明了，并配合计算器，更便于投资者根据自己的情况进行理解。以储蓄为例，提出50/15/5的"储蓄及开支黄金准则"，即不超过50%的税后收入用于基本开支，15%的税前收入用于退休储蓄，5%的税后收入进行短期储蓄，以应对意外开支。这一黄金准则基于富达投资对数百种情况的分析，富达投资的研究发现，坚持50/15/5的黄金准则，投资者有极大的可能维持财务稳定并在退休时维持当前的生活水准。投资者在计算器中输入家庭年收入、每月基本开支、短期储蓄、退休储蓄等信息后，将会获得相应的建议，可借此调整储蓄与支出，以实现更稳定的财务状况。

2. 目标受众的相关性

富达投资为投资者提供横跨生命阶段的财务规划支持，提出"财务健康"的概念，衡量预算、债务、储蓄、保护四方面。针对预算，富达投资提出"储蓄及开支黄金准则"；针对债务，推出购房和教育的相关工具；针对储蓄，提出以退休为目的的"经验法则"；针对保护，推出有紧急资金的相关准则和工具。从储蓄和规划，到投资和财富增长，富达投资通过帮助投资者掌控自己的财务未来，来改善人们的财务健康和身心健康，以便他们能够在他们生活的其他重要领域寻求更好的平衡。

3. 基于研究及长期性

一切基于事实。基于充分的研究和对市场的深入理解，富达投资为投资者提供的投资者教育是高效的、极具信服力的。并且，富达投资为投资者提供长期的投资者教育。富达投资希望通过长期及持续的投资者教育，帮助投资者改善投资和财务状况，做出更明智的决策。

十、美国投资者教育工作对中国的启示

通过对美国投资者教育工作开展情况的考察，并且结合中国的实际情况，我们应在以下方面有所加强：

（一）加强金融机构开展投教工作的积极性和主动性，激发其内在动力

由于监管体制的不同，美国主要以市场力量作为驱动，官方机构对金融机构进行投资者教育的干预较少。美国的金融机构往往出于公司客户服务和品牌建设以及投资者意识培养等原因，更为主动地进行投资者教育，帮助投资者获得基本的金融知识和投资技能，引导投资者理性投资、树立正确的风险意识和维权意识，保护投资者正当权益。尤其是自美国推广养老金以来，诸多基金公司在投资者教育上展开了激烈的竞争，不断提高投资者教育理论和实践的水平。

而在国内，监管部门和行业协会对金融机构开展投资者教育有着清晰的指导。的确，作为推动金融机构开展投资者教育的外部力量，监管部门对金融机构开展投教工作的强制性要求对整个金融市场投教工作的推动和引导有着明显的作用。然而，在这过程中也出现了金融机构缺乏主动开展

投教工作的内在动力问题。未来应当注重加强金融机构在投资者教育中的积极性和主动性，金融机构的积极参与不仅能够大大提高投资者教育理论和实践的整体水平，而且从金融机构的角度更便于了解投资者的需求，为投资者提供更具针对性的投资者教育内容。

以富达国际为例，在中国，富达国际开展投教工作的积极性和主动性体现在深入了解投资者、为投资者提供渠道丰富的长期性投资者教育资源等方面。2019 年，富达国际携手某互联网机构开展第二次《2019 年中国养老前景调查报告》调研。这一调研有助于深入了解大众对于养老的认知，尤其是年轻一代的养老规划痛点，可以帮助资管机构了解面向相关群体进行投资者教育的着眼点，以便为投资者提供更有针对性的投资者教育内容及工具，帮助人们更好地提升财务状况。富达国际还对中国大众富裕投资者进行研究，完成了人群画像，从财富水平、决策独立性、投资经验等维度分析，区分出了四类人群——富足自主决策者（高财富水平、高决策独立性、投资经验丰富）、决策依赖者（高财富水平、低决策独立性、投资经验一般）、数字化大众群体（低财富水平、高决策独立性、投资经验丰富）和激进派新手（中等财富水平、低决策独立性、缺乏投资经验）。这四类人群占据了市值的 70%。他们有着不同的产品偏好、购买平台偏好及内容偏好。通过了解这四类大众群体的特征以及生活目标、态度、志向，可以更有针对性地为其提供投资者教育材料，帮助投资者们更好地实现人生目标。

（二）加强对投资者长期接受投教意识的培养，为投资者提供长期性投教资源

投资者开始接受金融教育的时间可以反映投资者的金融教育基础，为投资者培养良好的金融意识提供保障。在美国，投资教育是"全程进行"的。一个美国人在不同年龄段可参加不同内容的教育项目：在幼儿园阶段

可能被传授基本的金融概念，随后在中学又可以学习货币数学等课程，成人之后还可参加旨在提高货币管理技能的培训项目。并且，行业组织、交易所等也都积极提供长期的投资者教育材料，尤其是将目光投向初高中学生，以及中小学负责金融知识教育的教师等。

而在国内，投资者接受经济与金融相关教育的起步时间远远晚于诸如美国等市场发展较为成熟的发达国家，我国在国民教育阶段开展投资者教育的发展空间巨大。调查数据显示，绝大部分投资者都是在大学及以后阶段才开始接受经济与金融相关教育，仅23%的投资者在大学之前了解过经济与金融相关知识。投资者教育是一项长期性、系统性的工作。长期持续的投资者教育能够帮助投资者提升其养老意识与养老规划能力，这在我国老龄化社会到来、国家积极推进建设多层次养老保障体系的背景下尤其重要。我国应当加强对投资者长期接受投教意识的培养，积极推动将投资者教育纳入国民教育体系，为投资者提供丰富的长期性投教资源，从而提升公民金融素养。

（三）了解投资者投教渠道及形式偏好，积极拓展投资者教育线上渠道

投教渠道及形式也是影响投教效率的重要因素。美国在投资者教育的形式与渠道方面也曾进行一系列的探索。从最初的"教科书式"的文字形式投资者教育材料，到通过互联网为投资者提供更具体验性、手把手的投资者教育，以"小测试"的形式，通过分析投资者输入的内容，告诉投资者及投资顾问在财务方面投资者可能想要或需要什么，帮助他们向前迈出一少。

在我国，2018年针对中国投资者教育现状的调查结果显示[①]，投资者

---

① http://www.xinhuanet.com/fortune/2019-03/07/c_1210075208.htm。

对网站、电视电台、各类交易软件等线上渠道的接受度与现场教育活动、纸质材料（书籍、报刊）等线下渠道的接受度相当，表明投资者更偏好"线上＋线下"相结合的投教渠道；而目前投教主体最常采用的仍为线下渠道，对线上投教渠道的关注和开拓明显不足表明线上渠道的投教工作亟待补充和丰富。在了解投资者投教渠道偏好及形式的基础上，机构应当从多方面积极拓展投资者教育渠道，尤其关注线上投教渠道，并致力为投资者提供更具体验性和互动性的投资者教育，由此提升投资者教育的覆盖面和投资者接受投资者教育的积极性。

（四）注重投资者教育与目标受众的相关性，提供符合投资者需求的、更具针对性的投教内容

美国实施全方位金融教育。特别重视对那些缺乏基本金融知识、家庭困难群体的教育，针对少数族裔、女性、老年人等设有专门的投资者教育项目，并且投资者教育内容多种多样。以美国财政部的金融教育办公室为例，该办公室提供的培训项目很少直接涉及股市。相反，绝大多数项目是与资本市场高度相关领域的普及性介绍，包括所得税征收、银行服务、个人债务管理以及社会保障机制等。美联储也专门设立金融教育网站，其内容以传播金融知识、帮助投资者进行自我保护为主，具体而言主要是对宏观经济指标、货币创造机制、外汇买卖、房屋按揭贷款、利率决定及金融市场工具的介绍。美国的金融机构也致力于提供与目标受众高度相关的投资者教育材料。

我国存在着投资者与施教者之间投教内容需求与供给错位的现象。调查显示投资者更偏好了解宏观经济运行情况及发展走势、学习个人财富管理规划知识、知晓各种类型投资风险，而金融机构提供的投教内容则主要集中于证券、期货基础知识的普及、介绍新产品和新政策、非法证券活动的识别与防范等。并且，我国的投资者教育集中在股票领域，导致导向性

偏差的存在，忽略了日常投资理财的重要性和长期性。相关机构需要更多了解投资者需求，注重投资者教育与目标受众的相关性，改善投教内容，提供符合投资者需求、更具针对性的投教内容。同时在进行投教工作时，应当平衡介绍资本市场的各种工具，帮助投资者了解基本的金融知识，提升其金融素养。

加拿大投资者教育案例

宏利投资管理　邱铠平　孔仲翘

一、概要

加拿大是金融素养排名前五的国家①，该国在促进投资者教育和投资者保护方面的工作做得很好。本报告旨在通过探讨加拿大在投资者教育与保护方面的成功要素为中国的行业实践提供借鉴和参考。

具体而言，在投资者教育方面，加拿大的成功要素包括如下方面：政府在国家层面设定投资者教育策略并在该方面投入充分的资源；当地金融机构积极参与、提升加拿大投资者教育水平；成立成熟的全国三支柱养老金体系；众多雇主参与协助雇员建立长期养老金计划；国家推出投资产品税优政策和投资产品多样化的养老金计划，鼓励民众做长期养老金供款。在投资者保护方面，加拿大拥有成熟的证券监管框架确保金融服务机构的偿债能力；执行证券业务相关法例；监督证券业务分销商②的市场行为；确保销售公司（分销商）和投资顾问的受托责任和专业精神。

为了提高中国的投资者教育与保护水平，本报告建议中国推出全国层面的投资者教育策略并在该方面投入资源来推动战略发展；增加金融行业

---

① https：//gflec.org/wp－content/uploads/2015/11/3313－Finlit_Report_FINAL－5.11.16.pdf?x22667。

② 证券业务分销商种类详情在本报告的"加拿大证券产品分销商"部分。

内的投资顾问数量；在养老金方面，鼓励雇主参与第二支柱和搭建具有税优和多元化产品的第三支柱；引入专业外资参与中国投资者教育。我们预测，中国在投资者保护方面的工作会随着证券行业规模的增长进一步提升，中国未来会实施更多的金融监管措施，并同步提高当地分销商和投资顾问的职业行为与要求。

二、加拿大投资者教育实践与经验部分

（一）加拿大投资者教育概况

在投资者教育文化方面，加拿大被视为拥有良好投资者教育的国家。标准普尔评级服务全球金融素养调查显示，加拿大是金融素养排名前五的国家。经济合作与发展组织（Organization for Economic Co - operation and Development，OECD）2015 年的一份调查①显示，加拿大是金融素养排名第四的国家。OECD 的调查报告中提到金融素养高的国家具有以下三方面的特征：第一是"理财认识"，这表示民众拥有基本的投资和理财观念知识，包括通胀、复利效应等；第二是"财务行为"，这表示民众在财务行为方面会体现出储蓄、按时支付账单、长期投资计划等的良好习惯；第三是"财务态度"，这表示民众会表现出良好的财政态度，如避免大量短期销售与重视长期储蓄等。加拿大在"财务行为"和"财务态度"方面表现突出。

虽然加拿大的金融素养指标排名靠前，但是加拿大民众在"理财认识"方面的表现并不突出。联邦政府加拿大金融能力调查（CFCS）的国内调查结果显示，接受调查的受访者回答了 14 个金融知识相关问题，平均得分为 60.6%，代表加拿大民众的金融知识仍有改善的空间。

---

① https：//www.oecd.org/daf/fin/financial - education/OECD - INFE - International - Survey - of - Adult - Financial - Literacy - Competencies.pdf。

新规下的健康投资文化培育

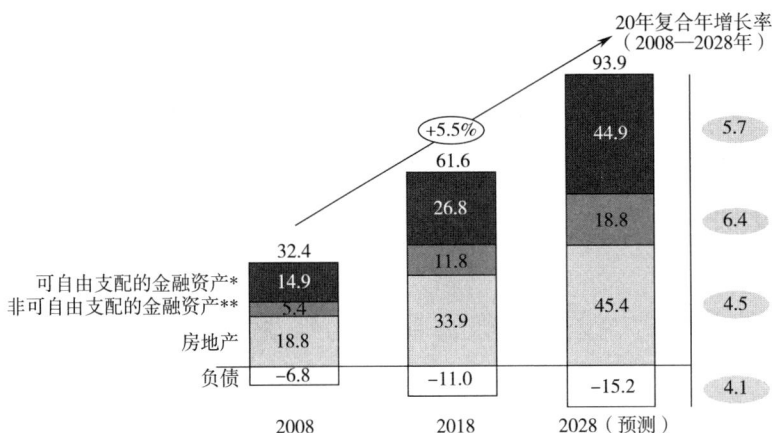

* 可自由支配的金融资产包括：现金、定期存款、债券、股票、资本积累计划（Capital Accumu-lation Program，CAP）、其他资产

* *非自由支配的金融资产包括：加拿大退休金计划（CPP）、魁北克退休金计划（QPP）、确定给付制（DB）①、人寿保险准备金

图1② 加拿大家庭资产负债表

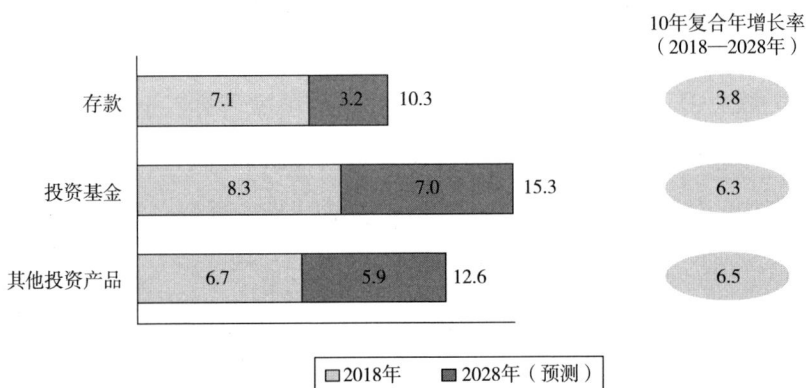

图2③ 加拿大投资产品分类资管规模（万亿元，人民币）

---

① 确定给付制（DB）：DB 是一种由雇主资助的退休计划，雇员的福利是通过一个公式计算出来的，该公式考虑了几个因素，比如工作年限和工资历史。雇主而不是雇员负责 DB 的所有规划和投资风险。DB 福利可以像年金一样按固定月份支付，也可以一次性支付。该定义资料来源：https：//www.investopedia.com/terms/d/definedbenefitpensionplan.asp。

② Investor Economic – "Household – balance – sheet" 报告 – 2019，226 – 231 页。1 加元兑 5 元人民币。

③ Investor Economic – "Household – balance – sheet" 报告 – 2019，62 页。1 加元兑 5 元人民币。

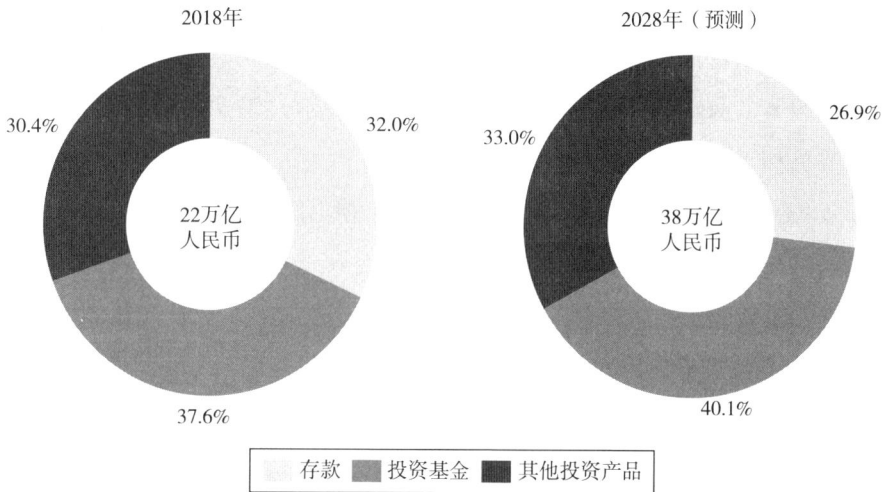

图 2　加拿大投资产品分类资管规模（万亿元，人民币）（续）

图 1 显示加拿大的总家庭资产量与增长率高于总家庭负债的相应指标，其国家的资产净值增长是一个健康经济的迹象。图 2 显示加拿大的总投资基金和其他投资产品的资产规模与长期增长率高于存款的相应指标，此代表大多数（约 70%）加拿大民众会将资金投资于投资基金和其他投资产品，少数会做银行存款，该等投资行为是高水平财务素养国家的特征。

（二）多个机构积极参与增强民众投资者教育理念及知识

1. 政府和监管部门——建立全国性的投资者教育战略并建立相关专门政府部门

加拿大政府银行已将金融知识列为国家的优先事项，其国家宪法赋予各省承担投资者教育的责任。联邦政府的角色是帮助、协调各省和地方的投资者教育工作。为了确保国家在金融素养方面的改善，加拿大在 2001 年建立了加拿大金融消费者署（Financial Consumer Agency of Canada，

FCAC）。该政府机构主要承担的职责是确保联邦监管金融实体遵守消费者保护措施、促进金融教育、提高消费者的权利和责任意识。FCAC 的年度预算由加拿大政府银行提供，使其采取行动，进行研究和开发对消费者友好的项目和工具。

FCAC 对投资者教育和保护的贡献体现在以下方面：

一是明确设定加拿大全国的投资者教育和保护战略。2014 年，FCAC 与利益相关方举行了会谈，并在全国范围内就投资者教育问题进行了磋商。2015 年 6 月 9 日，FCAC 发布加拿大全国的投资者教育和保护战略，其战略目的为帮助加拿大民众提升财务管理观念，战略详情包括建立项目实施时间表和强调优先事项。

二是任命一位金融知识领袖。从 2014 年 4 月到 2019 年 4 月，FCAC 任命了一位委员领导负责推动加拿大全国的投资者教育和保护战略。其责任包括每年向财政部长提供年度议会报告，与利益相关方（包括公共、私营和非营利部门）进行高效合作，直接与加拿大民众合作来实施投资者教育和保护战略。2019 年 4 月，加拿大政府决定废除金融知识领袖的职位，该职位的职责现归为 FCAC 专员（Commissioner）职责的一部分。

三是建立全国金融知识指导委员会。该委员会协助金融知识领袖推动加拿大全国的投资者教育和保护战略。它拥有 15 名来自银行业、保险业、证券业、会计业等不同金融服务行业背景的自愿性成员。为了确保加拿大全国的投资者教育和保护战略有效执行，不同成员会在各自的金融服务行业内推动与投资者教育和投资者保护相关的认知活动与机构项目。

四是建立 FCAC 监督架构①。该监督框架描述了 FCAC 应用的原则和流程。该原则与流程是为了监督和监管 FCAC 实体的运作，并确保金融消费者继续受益于适用的保护措施。

---

① https：//www. canada. ca/en/financial－consumer－agency/services/industry/supervision－framework. html。

现时 FCAC 的最终目的是实现国家金融素养战略① （National Strategy for Financial Literacy – Count me in，Canada），这包括教育加拿大民众做出明智的金钱和债务管理、未来理财计划和储蓄、防止欺诈和金融滥用。作为推广计划的一部分，FCAC 为加拿大民众举办全国性会议，供应免费教育资源（如金融知识数据库）来满足不同加拿大民众，包括老年人、青年人、原住民（Aboriginal People）、新移民和加拿大低收入人群的金融素养教育需求。

为了确保实现国家金融素养战略的最终目的，每年 FCAC 均会通过年报披露其在投资者教育和保护战略目标相关工作的进展。自 2015 年启动该战略以来，FCAC 在投资者教育方面，取得了以下成就：FCAC 网站的内容和互动工具的访问量超过 1 300 万次；超过 180 万加拿大人参与了 FCAC 的金融教育项目；超过 1 500 万人次观看 FCAC 的教育视频；超过 2 500 种资源储存在金融素养数据库。

除 FCAC 之外，另外一家全国政府机构即加拿大证券管理局（Canada Securities Administrators，CSA）② 旗下的投资者教育委员会（Investor Education Committee，IEC）也协助不同省级的监管局推动建立数字化投资者教育材料。IEC 由省和地区证券监管机构的代表组成，旨在提升加拿大民众的财务决策能力。为了实现这一宗旨，IEC 努力为加拿大不同省开发投资者教育和欺诈预防资源项目，其项目目标通常为提高民众对投资主题和投资者相关政策的认识。至今，该机构推出过的相关项目包括：要求分销商向投资者提供简明扼要的产品披露文件（ETF Facts 项目）、要求分销商向所有客户提供详细的交易费用年度报告（CRM2 项目）、使用社交平台介绍加密货币产品与相关投资风险的教育视频等。

---

① https：//www. canada. ca/en/financial – consumer – agency/programs/financial – literacy/financial – literacy – strategy. html#3。

② https：//www. securities – administrators. ca/uploadedFiles/General/pdfs/CSA_ InvestorEd_ Annual-Report_2019_ EN. pdf。

2. 政府和监管部门——省级

不同省级的证券监管机构也会推出各自地区相关的投资者教育材料与项目。例如，安大略省证券委员会（Ontario Securities Commission，OSC）的投资者办公室（Investor Office）建立了线上投资者教育平台 Getsmarter-aboutmoney. ca[①]，并提供金融工具以帮助投资者做出更好的财务决策。该平台包含基本的投资者教育内容，包括：基本投资产品介绍，例如股票、债券、公募基金、另类资产等；针对民众的生命周期提供不同理财规划解决方案，例如存钱购买房屋、为小孩教育学费存钱、为退休后生活做财务计划等；不同的政府投资税优计划细节，例如不同养老金计划的税优法案等；为协助市民的理财规划，该平台网页也有提供电子理财计算器功能，例如复利计算器、日常消费计算器、应急基金计算器、退休后现金流计算器、教育成本计算器等。

除了在线投资者教育工具之外，加拿大其他省级监管局还提供面对面的金融知识培训课程，例如马尼托巴省的 Manitoba Financial Literacy Forum[②] 安排每月举办投资者教育课程，主题包括理财计划的成功要素，如何避免投资产品诈骗，如何做退休计划等。该课程由金融机构投资顾问代表讲授，每节课程的平均收费为一百元人民币。

3. 行业协会

不同金融行业协会也会参与提高加拿大民众的金融素养意识。例如加拿大信用咨询协会（Credit Counselling Canada）通过其合格信用顾问网络为民众提供非营利信贷咨询相关的金融知识教育，以确保市民的最大利益被放在第一位。该协会通过以下形式提供定制的金融素养课程，包括面对面会议、现场社区分享会议、在线研讨会、雇员学习会议等，讨论的主要

---

① https://www.getsmarteraboutmoney.ca/。

② http://manitobafinancialliteracy.com/。

内容包括贷款方案、欺诈监测和预防、预算和资金管理等。

4. 加拿大证券产品分销商

加拿大有 9 大分销渠道，这些分销渠道会各自推行投资者教育相关的活动与项目，是加拿大整体投资者教育的主要贡献者之一。表 1 是加拿大金融领域的分销渠道简介①。

表 1　加拿大金融领域分销渠道

销售渠道	定义	机构	咨询顾问
网络券商	提供在线直接证券（如股票或固定收益工具）和投资基金（如共同基金或 ETF）的买卖订单。	18 家供应商	不适用
直接销售渠道	提供量身定制的投资理财产品，平台包括：银行及投资产品电子银行平台、在线财富公司、机器人理财。	15 家在线顾问公司；12 家独立基金公司	不适用
分行顾问	提供财务咨询和财务规划服务，例如：CIBC②Imperial Service、TD Wealth Financial Planning③ 或 RBC④ Financial Planning。		7 千名顾问
零售银行	前台银行人员提供日常银行服务		4.75 万名顾问
财务顾问	该类别的公司包括注册经销商⑤公司；未经注册，只收取理财规划咨询费用的公司；以及人寿保险分销商。该类别的公司都拥有 IIROC⑥ 或 MFDA⑦ 牌照。	83 个注册经销商；149MGA™；3 个专门的销售人员团队	3 万名顾问

---

① Investor Economic – "Household – balance – sheet" 报告 – 2019，60 页。
② CIBC（Canadian Imperial Bank of Commerce）：加拿大帝国商业银行。
③ TD Bank（Toronto – Dominion Bank）：加拿大道明银行。
④ RBC（Royal Bank of Canada）：加拿大皇家银行。
⑤ 经销商（Dealer）在北美用于描述券商公司，其从业证券经纪业务。
⑥ IIROC（Investment Industry Regulatory Organization of Canada）：加拿大投资业监管组织。
⑦ MFDA（Mutual Fund Dealers Association）：加拿大共同基金交易商协会。

销售渠道	定义	机构	咨询顾问
全服务经纪商	与零售分销业务相关的 IIROC 成员公司，其通过投资顾问推销投资和保险产品。	10 家存款机构的旗下公司；36 家单独公司	1 万名顾问
私人投资顾问	属于私人理财管理领域的渠道，通常以授权账户提供投资组合管理服务，投资产品通常以汇集基金为主。	250 家 PM① 公司；15 家 IIROC – 注册公司	1200 位客服经理
私人银行	属于私人理财管理领域的渠道，涵盖私人银行管理资产、汇集基金以及投资组合经理提供的单独管理或专户账户。	10 家存款机构	564 位私人银行家
私人信托	属于私人理财管理领域的渠道，省级或联邦注册的信托公司。	19 家信托公司	360 位信托管理人

备注：* MGA = Managing General Agencies 是一种人寿销售人员牌照。

5. 雇主参与

在金融产品分销商的帮助下，加拿大许多雇主也积极为雇员建立养老金计划和提供投资者教育。团体养老金分销商（如宏利加拿大）会定期为雇主客户主办投资者教育相关的研讨会。根据国际雇员福利计划基金会（International Foundation of Employee Benefit Plans，IFEBP）2018 年美国和加拿大职场教育的研究报告结果②，8 家雇主中有 5 家雇主会为雇员提供某种财务教育活动，五分之三的雇主认为他们的课程是成功的。最有效的 5 种教育方法是免费的个人咨询服务、自愿课程、预计账户余额表、新雇员培训和退休计算器。前 5 个金融教育主题是退休计划福利、退休前财务规划、理财预算、投资管理和资产配置以及退休人员医疗保健。

（三）加拿大如何确保对投资者的保护

1. 加拿大证券业务监管机构体系与框架

为确保对投资者的保护，加拿大采用省级监管制度。联邦政府监管机

---

① PM（Portfolio Management）公司：资产组合管理公司。

② https：//www.ifebp.org/store/employee – benefits – survey/Pages/default.aspx。

构制定国家层级的投资原则，而省级的监管机构会将该等投资原则反映到各自地方性的投资规定里。因为该监管框架涉及多个省级监管机构之间的制度规定差异，加拿大民众可能会对该复杂的法规框架感到困惑。值得一提的是，虽然加拿大的现有监管体系有其不完美之处，但其也提供了以下与投资者保护相关的功能。

（1）证券监管框架功能一：确保金融服务机构的偿债能力，因为金融服务机构的破产会导致家庭资产和国家金融体系的崩溃

加拿大金融机构监督办公室[①]（Office of Superintendent of Financial Institutions，OSFI）是一个独立的联邦政府机构，监管400多家金融机构和1 200个退休金计划。该机构监督加拿大金融服务公司（银行与保险），它的主要责任是监督加拿大金融服务公司的偿付能力，即防止金融服务公司破产。

省级证券公司监管机构（如OSC）。加拿大各省和地区通过当地的证券委员会监督当地的经营交易商（如财务顾问公司、全服务经纪商）的偿付能力。

（2）证券监管框架功能二：执行与养老金和证券业务有关的法例

联邦政府：加拿大税务局负责制定与辅助储蓄和投资收入相关的税收政策。例如，加拿大政府通过了《所得税法案》来推出不同的税收递延计划，包括注册养老金计划（RPP）、注册退休储蓄计划（RRSP）、递延利润分享计划（DPSP）和免税储蓄账户（TFSA）等，并规定了各计划各自的细节。

省级证券公司监管机构（如OSC）：当涉及证券投资产品销售业务的主要相关立法，如《证券法》（安大略省），由各省证券监管机构负责。

证券业务与养老金业务（证券型）由不同的相关省级监管机构进行管理，详情见表2。

---

① https：//www.osfi-bsif.gc.ca/Eng/osfi-bsif/Pages/default.aspx。

表2　加拿大证券业务与养老金业务（证券型）省级立法监管机构

监管体系类别	证券业务	养老金业务（证券型）	功能
省级监管	• 省级证券监管机构 • 如：安大略省证券委员会（OSC）	• 省级金融服务监管部门 • 如：安大略省金融服务监管局（FSRA①）	• 在省级层面执行证券业务的相关规定，例如：披露获准进行的证券交易资产种类

　　加拿大证券管理局（Canadian Securities Administrators，CSA）：CSA 由加拿大 13 个省和地区的证券监管机构组成。该管理局的职责是协调各省证券监管机构之间在证券投资行业内的立法标准，以实现全国法律监管的一致性。鉴于 CSA 是一个自愿性实体，其主要发挥的作用为提供咨询与建议，没有实施法律的权力，不同的司法管辖区在证券法内容细节上会有差异。

　　（3）证券监管框架功能三：监督证券业务分销商的市场行为

　　证券业务与养老金业务（证券型）由不同的相关省级监管机构监管，详情如表 3 所示。

表3　加拿大监督证券业务与养老金业务（证券型）分销商市场行为省级监管机构

监管体系类别	证券业务（非零售银行渠道）	证券业务（零售银行渠道）	养老金业务（证券型）	功能
业务监管	• 加拿大投资业监管组织（IIROC） • 加拿大共同基金交易商协会（MF-DA）	• FCAC 只对证券业务与银行交叉业务作审查	• 加拿大投资业监管组织（IIROC） • 加拿大共同基金交易商协会（MF-DA）	• 对分销商的日常市场行为进行监督 • 审核分销商是否遵守 IIROC 或 MFDA 标准 • 可以对证券交易商市场的不当行为处以罚款
客户投诉机构	ADR 银行申诉专员办公室 ADRBO 银行与投资申诉专员办公室 OBSI			接受客户投诉 确保被误导的消费者得到赔偿

---

① FSRA：Financial Services Regulatory Authority Ontario。

　　加拿大投资业监管组织（Investment Industry Regulatory Organization of Canada，IIROC）：该监管组织成立于 2008 年，是加拿大全国性的自律组织（Self‐Regulatory Organization，SRO），负责监管加拿大所有的投资交易商以及债券和股票市场的交易活动。IIROC 通过分析投资顾问的熟练程度、建立交易商业务和财务行为的规则，以及通过制定和执行有关加拿大股票市场交易活动的市场诚信规则，履行其监管职责。为确保加拿大证券行业有效运行，IIROC 要求包括客户和交易商在内的所有加拿大利益相关者，都必须自律遵守 IIROC 的相关规则。

　　加拿大共同基金交易商协会（Mutual Fund Dealers Association，MFDA）：该协会是加拿大共同基金行业的国家自律组织（SRO）。MFDA 是一个非营利组织，其成员是在省级证券委员会注册的共同基金交易商。作为一个 SRO，MFDA 负责规范其成员及其交易商的业务运作、行为标准和商业行为，以加强投资者保护和增强公众对加拿大共同基金行业的信心。

　　与证券委员会不同，MFDA 和 IIROC 均不是政府机构，而是在证券委员会（如 OSC）的授权和监督下运作。然而，MFDA 和 IIROC 有权实施高于证券法设定的最低标准的准则，其成员（包括公司与投资顾问）需要遵守其设定的相关标准。

　　加拿大金融消费者署（FCAC）：该机构主要监管范畴是加拿大的银行业。在证券销售行业里，FCAC 负责监管加拿大内银行渠道的养老金投资产品的交易活动。

　　ADR 银行申诉专员办公室（ADR Chambers Banking Ombuds Office，ADRBO）和银行与投资申诉专员办公室（Ombudsman for Banking Services and Investments，OBSI）①：这两家机构由银行提供资金，它们会协助对投诉结果不满意的客户进行审核。OBSI 是一家非营利机构，而 ADRBO 是一

---

　　① https：//globalnews.ca/news/6568115/fcac‐report‐banking‐complaints‐ombudsman/。

家私营的营利性机构。两个机构在处理客户投诉的方式上也有显著差异：OBSI 依靠在金融领域有经验的员工来调查消费者投诉；ADRBO 则依靠与退休法官和律师签订合同来调查消费者投诉，而这些人士不一定有该行业的经验。

（4）证券监管框架功能四：确保投资顾问的受托责任和专业精神[1]

表4　加拿大证券业务与养老金业务（证券型）前台销售牌照

监管体系类别	证券业务（非零售银行渠道）	证券业务（零售银行渠道）	养老金业务（证券型）	功能
前台销售牌照	• IIROC – 证券业务销售 • MFDA – 共同基金销售		• IIROC 或 MFDA – 雇员/个人养老金，例如 RRSP 销售 • 相关人寿保险牌照 – 雇员/团体退休金，例如团体 RRSP	• 确认分销商和投资顾问达到了需要认证的教育和资格标准 • 确保销售公司（即分销商）和投资顾问的受托责任和专业精神

加拿大的投资顾问可根据自己的业务需求取得以下其中一种投资销售牌照：

IIROC 销售牌照：该牌照批准成员出售的证券产品种类繁多，包括股票、债券、共同基金、期权和期货等。IIROC 顾问通常服务于更成熟的客户，如大型公司客户、高净值个人客户，这些客户拥有更多样化的金融产品需求。根据 IIROC 法规的要求，成员公司（所有证券公司均为 IIROC 成员）中具有特定角色的人员，如投资组合管理或分支机构管理等监督角色，必须符合 IIROC 规定的教育和工作经验标准。

MFDA 销售牌照：该牌照的成员规则反映了由省级证券委员会根据国

---

[1]　https：//www.csi.ca/student/en_ca/licensing/index.xhtml。

家文书 31 – 103① 确定的共同基金的专业销售要求。除了当地的证券委员会（如 OSC）制定基本要求之外，MFDA 还为其成员制定了针对管理共同基金销售人员的能力要求。持 MFDA 销售牌照的投资顾问通常服务于一般购买共同基金产品的大众客户，这是加拿大投资顾问最普遍的牌照。因为在 MFDA 牌照下被监管的业务范围小于 IIROC 牌照下被监管的业务范围，所以持 MFDA 牌照的投资顾问所被监管的条例会少于 IIROC 牌照。MFDA 的诞生是因为银行希望它们的共同基金销售团队能够在无须进行更深入或更广泛授权的情况下销售共同基金。

2. 监管标准在不断提高

作为一个成熟的金融市场，加拿大证券监管机构不断推出新的监管标准，以确保投资者在不断变化的行业环境里得到良好的保护。加拿大市场监管机构会推出新条例与条例修正案，这可发生在金融业务价值链的不同层面里。以下是过往的一些案例。

CRM2（The Customer Relationship Model Phase II）②：指的是针对加拿大分销商和投资顾问的新规则，这些规则要求对客户账户成本和业绩有更高的透明度。

Client Focused Reforms 修正案③：这一修正案要求投资顾问和分销商为客户做出合适性投资决定时，需要告知潜在的利益冲突，以确保客户的利益保护。该修正案推出了"了解你的产品"（KYP）新要求和增强现有的"了解你的客户"（KYC）、适当性、利益冲突和关联披露方面的汇报与分析流程。

---

① 国家文书 31 – 103：2009 年 9 月 28 日，被称为 31 – 103 号国家文书（NI 31 – 103）的加拿大立法正式生效。如果个人代表注册交易商或顾问进行交易、包销或提供咨询，投资或作为注册公司的首席合规官或最终指定人员，都必须注册国家文书 31 – 103。资料来源：https://www.smarsh.com/regulations/national – instrument – 31 – 103 – ni – 31 – 103/。

② https://www.investopedia.com/terms/c/crm2.asp。

③ https://www.investmentexecutive.com/news/industry – news/what – to – make – of – the – csas – revised – client – focused – reforms/。

Proposed Amendments to Mutual Fund Sales Practices 修正案①：该修正案包括禁止基金组织向分销商支付预付佣金（DSC）②。以往 DSC 导致了分销商与客户之间的利益冲突，并导致了"锁定期"效应，令投资者不欲在赎回期间赎回，该决定可能不符合客户的最佳利益。

（四）加拿大投资者教育成功要素

与前文提及的 OECD 调查结果相关，加拿大民众在"财务行为"和"财务态度"投资者教育方面表现出色是因为：

1. 创造全国投资者教育策略并投入资源来推动战略

推出一个国家层面的投资者教育计划需要政府的强力支持与资源投入。加拿大在投资者教育方面的成功离不开政府的支持。为确保该项目的成功，加拿大制定了一项明确的战略（National Strategy for Financial Literacy – Count me in, Canada），并为此投入大量资源，包括建立投资者教育的专业政府部门（FCAC），任命金融知识领袖，建立全国金融知识指导委员会等。在政府的引导下，不同机构包括金融协会、分销商、雇主也积极参与、帮助加拿大的国家投资者教育计划，同心协力而作出重大贡献。

2. 加拿大通过多个金融产品分销商渠道为市民提供投资者教育

图 3 显示加拿大拥有 7 大投资产品销售渠道，它们都开发了以消费者为中心的网站，并提供许多与投资者教育相关的工具、计算器和其他资源，为加拿大投资者教育作出很大贡献。图 3 也显示，2018 年加拿大现有约 22 万亿人民币的家庭总资产，其资产的主要销售渠道是全服务经纪商，

---

① https://www.blakes.com/insights/bulletins/2020/canadian – securities – regulators – adopt – rules – against。

② DSC 是向共同基金投资者收取的费用，如果投资者在规定的时间内赎回或出售他们的投资，在 DSC 模式下，投资者不需要为购买共同基金证券支付初始销售费用，但分销商可以从共同基金经理处获得预付款。

占总渠道资产的 27%。我们估计,增长率高过市场平均率的直接销售渠道、网络券商、私人投资顾问、零售银行咨询渠道会承担越来越重要的销售角色。该等快速增长的渠道会在未来十年的加拿大投资者教育中扮演重要角色。

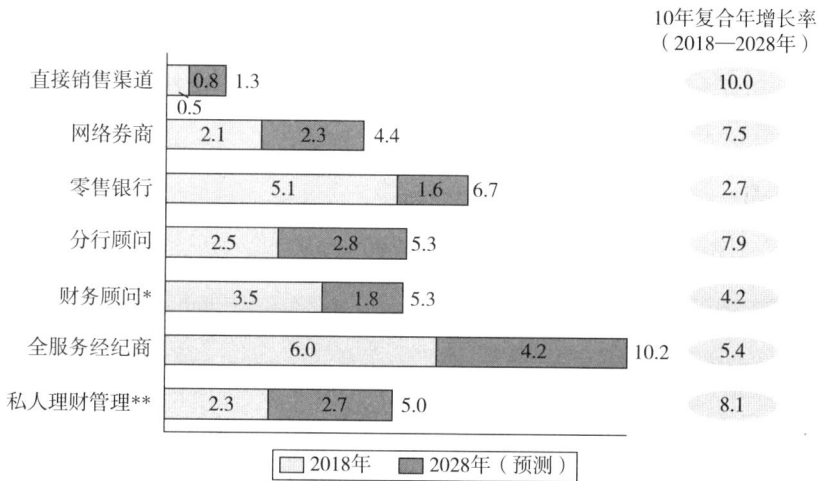

注:* 不包括集团保本基金,** 私人理财管理包括私人投资顾问、私人银行、私人信托。

图 3　加拿大投资行业销售渠道分类资管规模（万亿元,人民币）

此外,图 3 进一步显示,2018 年加拿大投资行业里除了网络券商的销售渠道之外,约 90% 的销售是通过与投资顾问相关的渠道进行,该等投资顾问持有 IIROC 或 MFDA 牌照。该发现表明加拿大客户喜欢通过投资顾问购买投资产品。因为顾客重视人与人之间的互动与咨询服务,所以我们估计直接类型销售渠道模式（如网络券商）在近期不会取代投资顾问的渠道模式。今后投资顾问在确保加拿大投资行业的未来增长和向民众传播投资者教育方面会发挥重要作用。

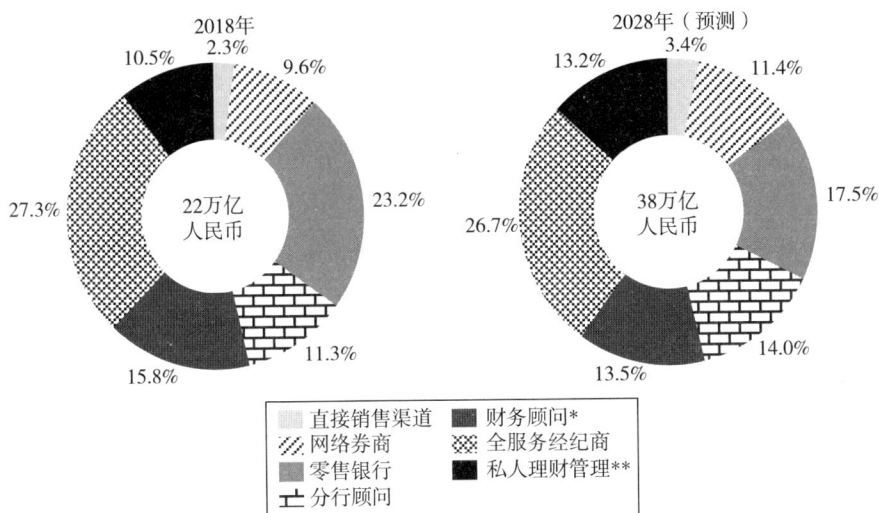

图4 加拿大投资行业销售渠道分类资管规模（百分比）

3. 加拿大拥有一个成熟的全国三支柱养老金体系，协助民众长期存款，其三支柱养老金体系满足了雇员整个生命周期的财务规划需求

一个发达的养老金体系会鼓励雇主和雇员进行积极的财务规划，这大大有助于该国的投资者教育。加拿大三支柱体系使用 DB 与 DC[①] 混合型。加拿大养老保障制度包括公共养老金、职业养老金及个人自愿养老储蓄计划三大支柱。加拿大的养老金制度因其涵盖世界银行所建议的三大养老金体系，是新兴国家效仿的理想体系[②]。

---

① DC（Defined Contribution）：缴费确定制，是企业根据各期提存的金额及基金的投资收益来确定养老金支付额的养老金计划。它是经过预测确定一个相对比较稳定的缴费标准（投保费率），然后按照该费率筹集养老保险基金（包括雇主和雇员的缴费），并完全或部分地存入参保人的个人账户。在参保人退休时，以其个人账户中的储存金额作为养老金。雇员而不是雇主负责 DC 的所有规划和投资风险。资料来源：http：//wiki. mbalib. com/wiki/Defined_ contribution。

② https：//www. pionline. com/article/20171122/ONLINE/171129941/world－bank－highlights－canadian－pension－model－as－ideal－system－for－emerging－countries－to－follow。

表5　加拿大三大支柱养老金体系简介

三支柱体系	五支柱体系	名称	资产规模（万亿元）①	资金来源	制度模式	运作模式
第一支柱	零支柱	老年保障金（OAS）	2.1②	政府财政	现收现付制	DB
		保证收入补贴（GIS）		政府财政	现收现付制	DB
	第一支柱	加拿大退休金计划（CPP）		雇主和雇员共同出资	积累制	DB
		魁北克退休金计划（QPP）			积累制	DB
第二支柱	第二支柱	注册养老金计划（RPP）	9.2		积累制	DB、DC
		集合注册养老金计划（PRPP）			积累制	DC
		团体注册退休储蓄计划（Group RRSP）	5.5		积累制	DC
第三支柱	第三支柱	注册养退休储蓄计划（RRSP）		个人自愿	积累制	DC
		免税储蓄账户（TFSA）	1.6	个人自愿	积累制	DC

以下是加拿大全国三支柱体系的发展历史。

（1）第一阶段"发生"，政府为市民提供基本养老金福利（1950年）

20世纪50年代和60年代，考虑到老年贫困率持续上升，加拿大政府开始通过以下途径构建第一支柱储蓄工具：为长者推出老年保障金收入辅助计划（Old Age Security Income Assistance Program For Seniors）；设立加拿大退休金计划（CPP）；推出保证收入补助金（Guaranteed Income Supplement）。

（2）第二阶段"发展"，20世纪70年代至80年代，发展第二支柱

因以下三个原因，政府发展了第二支柱：第一支柱养老金没能解决国家缺乏退休金的问题；20世纪80年代面对高通货膨胀，民众意识到自己需要做更充足的退休金准备；越来越多的市民和政界人士支持一项普遍

---

① Investor Economic – "Household – balance – sheet"报告 – 2019，108页。1加元兑5元人民币。
② 第一支柱资金规模只含CPP和QPP

的、以就业为基础的养老金计划，该计划可以在不同的工作岗位之间转移。

在第二支柱下设立的雇员养老金计划日渐重要，其占养老金收入的比率由 1973 年的 10% 上升至 2000 年的 30%。[①]

（3）第三阶段"现在"，加强个人与中小型企业参与

与此同时，虽然老年贫困率偏低，但加拿大决策官员关注寿命延长和人口老龄化对养老金制度构成的影响。政府推出计划来加强个人与中小企业的参与：2009 年，加拿大政府在第三支柱下推出免税储蓄账户（Tax Free Savings Accounts，TFSA）；2011 年，加拿大政府在第二支柱下推出汇集注册养老金计划（Pooled Registered Pension Plans，Pooled RPP）。

（4）第四阶段"未来"，确保民众作充分的养老金存款

自 2019 年起，加拿大养老金计划将会逐步加强，CPP 的收入替代率将会由 25% 逐步增加，预计最终在 2025 年前达到养老金收入的三分之一。这意味着市民需要提高供款，以在未来获得更高的福利。该项措施会提高市民获得的 CPP 养老金、可能获得的退休后福利、残疾养老金和遗属养老金。以下是该项措施的详情：

在 2019 年，雇员入息缴费的金额介于 3 500 加元和年度最高养老金收入的 57 400 加元。2019 年前，雇员需对 CPP 缴付 4.95% 的供款；2019—2023 年，雇员对 CPP 的收入贡献率将逐步提高 1%（由 4.95% 升至 5.95%）；从 2024 年开始，第二个更高的收入限额将会被引入，允许市民将额外的收益投资到 CPP。第一个收入限额将于 2025 年由现时的 57 400 加元上调至预估 69 600 加元。假如年收入超过第一个收入上限时，市民的收入将会受到第二个更高的收入限额所限制，预估约为 79 400 加元。

[①] 加拿大统计局。

4. 雇主参与与协助雇员长期养老金计划

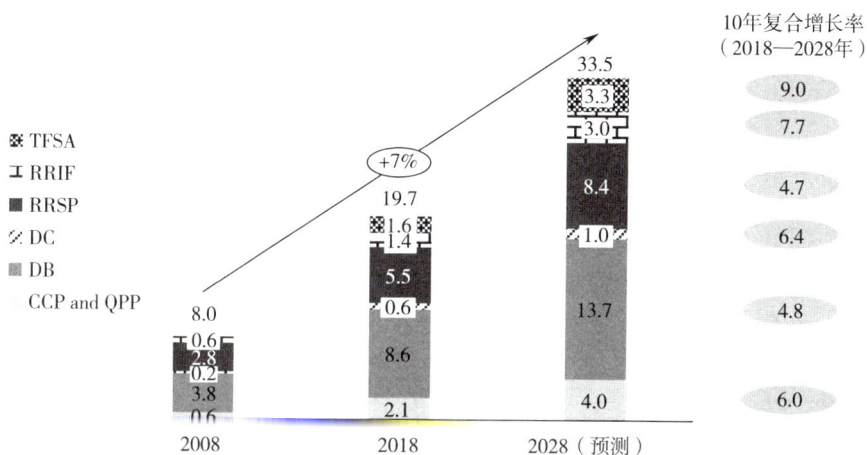

图 5　加拿大养老金计划资产规模，不同计划分类（万亿元，人民币）

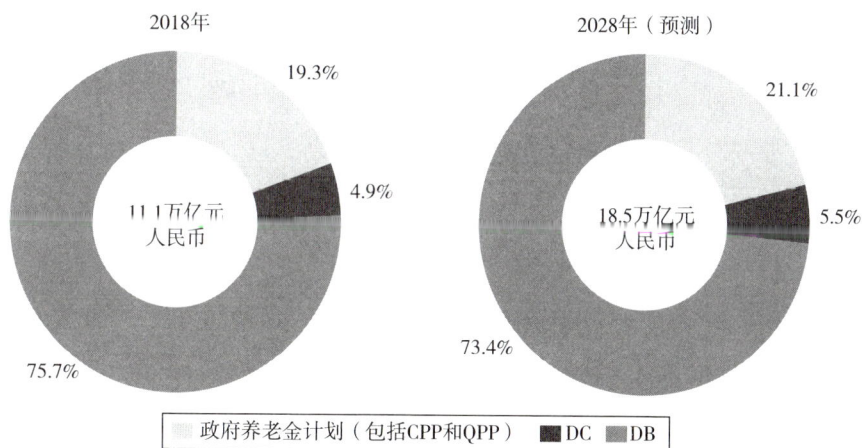

图 6　加拿大雇主资助储蓄计划资管规模（百分比）

表 6　加拿大雇主资助储蓄计划资管规模（复合年均增长率）

复合年增长率	全部	DB	DC	政府养老金计划（包括 CPP 和 QPP）
2008—2018 年	9.20%	8.50%	10.50%	12.30%
2018—2028 年	5.10%	4.80%	6.40%	6.00%

在投资者教育方面，雇主储蓄计划是鼓励雇员进行储蓄投资的重要方法，也是帮助雇员作理财计划的好方法，雇主会通过以下方式促进加拿大人增加储蓄。

（1）提供雇主资助储蓄计划①

前文图 5 显示加拿大的雇主资助储蓄计划是一个不断发展的行业。第二支柱 RPP 确定给付制（DB）是加拿大最大规模的养老金支柱。这是因为大部分的加拿大政府公共企业（约 87%）雇员参与 RPP 确定给付制（DB）计划。今后的趋势是许多私人机构把确定给付制（DB）计划转变为固定缴款（DC）计划和其他计划。总体来说，在 2007 年到 2017 年期间，积极的 RPP 成员在 DB 计划中的比例从 77% 下降到了 67%。虽然私营机构的 DB 覆盖率大幅下降（从 62% 下降到 41%），但公共部门的 DB 覆盖率只略有下降（从 93% 下降到 91%）。与美国不一样，加拿大政府公共机构决定坚持使用 RPP 确定给付制（DB）计划，这是其计划维持稳定资管规模增长的主要原因。另外在 2007—2017 年，公共机构 RPP DB 雇员数从 280 万增加到 330 万，加上公共机构的原雇员不断供款，这些都推动了 RPP 确定给付制（DB）资产增长。

（2）CCP 要求雇主提供对等存款率

加拿大的第一支柱 CPP 计划强制雇员及雇主均须向该计划缴付月薪5.1% 的费用。雇员和雇主不需要为任何雇员月薪中的前 3 500 元加币部分支付 CPP。加拿大政府通过推行 CCP 的强制性供款计划，有效地鼓励了雇

---

① https：//www.osfi - bsif. gc. ca/Eng/oca - bac/fs - fr/Pages/rpp_ rpa_2019. aspx。

员养成持续储蓄的习惯。

5. 推出投资产品税优政策与投资产品多样化的养老金计划，鼓励民众做长期养老金供款

10年复合增长率
（2018—2028年）

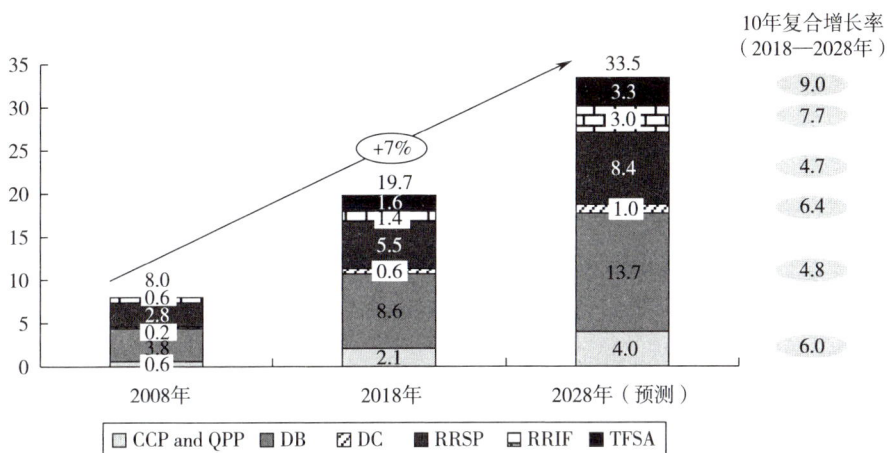

注：Investor Economic – "Household – balance – sheet" 报告 – 2019，108 页。1 加元兑 5 元人民币。图 5 和图 4 的数据差异是由于四舍五入造成的。

图 7　加拿大养老金计划资产规模，不同计划分类（万亿元，人民币）

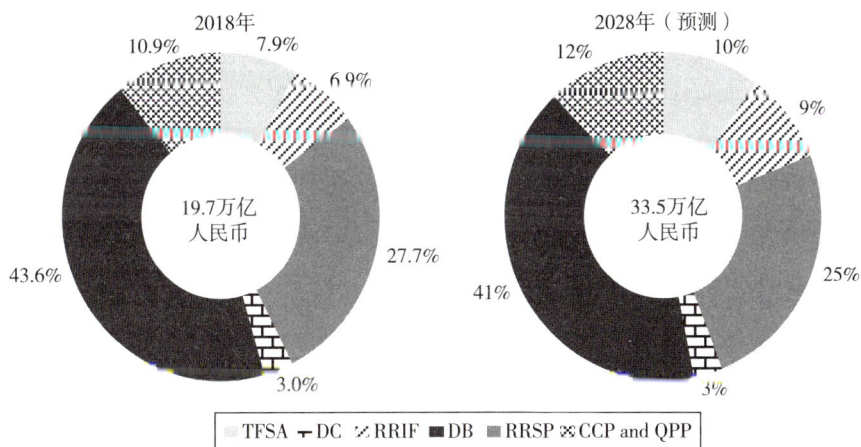

图 8　加拿大养老金计划资产规模，不同计划分类（百分比）

表7 加拿大供款可扣税养老金计划简介

	DC RPP①	RRSP②	DPSP①	TFSA
养老金计划简介	DC RPP 是一种由雇主注册与赞助的税收资助的安排，在正式的 DC 养老金计划中为雇员提供退休收入。	RRSP 是加拿大雇员和自雇者的养老金储蓄和投资工具。税前资金被放入 RRSP，在提现前免税，在提现后按边际税率征税	DPSP 是一种税收支持的安排，使雇主能够与雇员分享公司利润。	TFSA 是一个养老金储蓄账户。与 RRSP 最大的区别为税后资金被放入 TFSA。
养老金计划供款是否免税?	是	是	其养老金计划没有雇员供款参与。雇主供款在养老金计划之外支付时是应纳税的福利。	不是
养老金计划供款限额（2020 年）	少于 $ 27 830 及占本年入息的18%	少于 $ 27 830 及占上年入息的18%	少于 $ 13 915 及占本年入息的18%	$ 6 000
养老金计划是否能够结转未使用的供款限额	不是	是	不是	是
提款后，养老金取款供款限额是否会恢复	不适用	不是	不适用	是
养老金取款是否计入应纳税收入	是	是	是	不是。其中的供款、利息收入、股息和资本收益是免税的，可以免税提取。

① DC RPP 和 DPSP 的贡献限制是基于当年度的收入。所有对 DC RPP 或 DPSP 的缴款都报告为养老金调整数。养老金调整减少了下一年的存款准备金缴存空间。

② 存款准备金计划的供款限额是基于上一年的收入。

为了鼓励民众做长期养老金供款，加拿大推出了供款可扣税的养老金计划，包括 RPP、RRSP 计划、DPSP、TFSA 计划。前文图 7 显示加拿大的退休计划是一个不断发展的行业，其中可扣税的养老金计划（如 TFSA）的增长率高于传统团体养老金计划（如 DB）。推出可扣税的养老金计划是吸引更多民众做储蓄投资的好方法，同时也促使民众学习，增加财富管理的兴趣与认识。

自 2009 年推出 TFSAs 以来，这个计划吸引了显著的资金净流入。随着 TFSA 缴款人数的增加（从 2009 年的 450 万人增至 2017 年的 820 万人），缴纳 RRSP 的税务申报人数有所下降（从 2007 年的 630 万人降至 2017 年的 600 万人）[①]。这显示一些曾提供 RRSP 资金的人，现在正将这些资金投向 TFSA。这是因为与 RRSP 相比，TFSA 在养老金提款方面提供了更大的灵活性，尤其是对低收入的加拿大民众而言。另外 TFSA 之供款必须为扣税后资金，但是 TFSA 累积的投资收益和领取 TFSA 时是免税的。

同时，第二、第三养老金支柱的计划，包括注册养老金计划（RPP）、注册退休储蓄计划（RRSP）、递延利润分享计划（DPSP）和免税储蓄账户（TFSA）等税收递延计划，拥有多样化的投资类别。这也是吸引加拿大民众参与的重要因素之一。第二、第三养老金支柱的计划可作的投资类别包括[②]：

（1）货币、政府债券和其他存款

（2）大多数在指定证券交易所上市的证券，如公司股票、认股权证和期权，以及交易所交易基金和房地产投资信托的单位

（3）共同基金和分离式保本基金

---

① https：//www. osfi－bsif. gc. ca/Eng/oca－bac/fs－fr/Pages/rpp_ rpa_2019. aspx。

② https：//www. canada. ca/en/revenue－agency/services/tax/technical－information/income－tax/in-come－tax－folios－index/series－3－property－investments－savings－plans/series－3－property－invest-ments－savings－plan－folio－10－registered－plans－individuals/income－tax－folio－s3－f10－c1－quali-fied－investments－rrsps－resps－rrifs－rdsps－tfsas. html。

（4）加拿大国家储蓄债券和省级储蓄债券

（5）在指定的证券交易所上市的公司的债务

（6）具有投资级别评级的债务

（7）被保险的抵押或抵押

（五）宏利集团加拿大投资顾问业务投资者教育分享

1. 宏利集团加拿大投资顾问业务

投资经销商

宏利集团加拿大（简称为宏利加拿大）旗下的附属公司宏利证券、宏利私人理财属于不同类别的投资经销商，其各自会有自己注册的投资顾问团队，且会通过其各自的交易平台买卖宏利公司产品（宏利投资）或第三方供应商的投资产品。

宏利证券（Manulife Securities）[①]：主要业务为投资经销商。该业务针对的客户广泛，没有最低资管规模的要求。

宏利私人理财（Manulife Private Wealth）[②]：为私人财富市场提供服务，并将投资顾问与高净值客户体验联系起来。该业务针对的客户门槛为500万元人民币的资管规模。

表8　宏利顾问服务（证券相关）简介

宏利顾问服务（证券相关）		
交易范围	证券投资经销商	私人理财投资经销商
公司名称	宏利证券（MS） 拥有约1 200名分别注册在IIROC和MFDA下投资顾问	宏利私人理财（MPW） 通过投资顾问 获得高净值客户体验
产品范围	• 宏利投资管理 • 第三方投资产品	• 宏利投资管理 • 第三方私人理财产品

---

① https：//www. manulifesecurities. ca/clients. html。

② https：//www. manulifeprivatewealth. com/ca/en/services/investment – management#platform。

宏利加拿大投资顾问业务模式为"交易平台模式"，该模式中宏利的角色为：

（1）视中立及公正的理财建议为核心，旨在为客户财务安全保驾护航

宏利加拿大投资顾问业务的核心价值是为客户提供中立及公正的理财服务，通过专业的理财顾问为客户拟定科学严谨且公正的财富管理策略，帮助客户在海量的信息中选择适合自身的产品，从而尽可能降低风险，旨在让客户的长期财务安全得到保障。基于这个出发点，宏利加拿大投资顾问业务涵盖了理财计划、税务计划、养老计划、子女教育计划、遗产计划等诸多方面的服务，根据客户自身情况，保持公正和中立的原则，做出专业化的短期、中期、长期的财务安排。

根据 CIRANO Institute 2019 年的一份研究，相比于独立的投资者，在专业理财顾问建议下的投资者在 15 年中可以积累几乎多过 4 倍的资产。

（2）供应广泛投资产品

专有产品（Proprietary）：专有产品来自宏利投资管理（Manulife Investment Management）。

非专有产品（Non – Proprietary）：为了增加客户的投资选择和收益，以及为客户提供中立及公正的理财服务，宏利投资顾问销售平台上也包括行业第三方供应商的投资产品。在选择第三方产品的时候，理财顾问会帮助投资者做好科学严谨及中立的分析和筛选，并持续为投资者追踪他们的表现。这些第三方产品丰富了投资者的理财结构。

2. 宏利加拿大投资者教育经验

（1）为投资顾问提供投资者教育内容

从投资顾问的角度来看，向其客户提供与投资相关的教育最符合他们的利益，因为这能加深其与客户的关系，也能带来更多的潜在销售。因此，宏利加拿大在投资顾问投资者教育方面投入了许多资源，提升投资顾问的投资产品认识与服务能力。宏利创造的投资者教育工具包括：

提供内部员工培训课程：包括如何为客户定制理财解决方案、交叉销售、吸引新客户、确保客户保持全年联系等。

专有思想领导材料（ViewPoints）：除了内部员工培训之外，也有线上投资者教育相关的资料库，课题包括如何摆脱债务的压力、基于目标的投资规划、投资成功的五个永恒原则等。

（2）为潜在客户与现有客户提供投资者教育

全方位投资者教育内容分布模式：在投资者教育材料的传播方面，宏利使用了全方位投资者教育内容分布模式（包括营销渠道），具体模式包括精准邮件营销（Electronic Direct Mail，EDMs）、传统媒体、活动和会议、社交媒体、数字广告和专有内容网站，最大限度地扩大投资者教育材料的传播范围。

增值投资者教育资源：宏利创建了投资者教育中心①（Investor Education Centre）的网站，为投资者提供相关的文章和视频，帮助他们规划制定理财计划。目前的内容分为四个部分：遗产规划、税务规划、保护你的钱、投资基础。另外为了让客户了解最新的市场消息，宏利也有举办季度研讨会，邀请内部经济学家分享他们对投资市场的观点。

PlanRight 顾问服务②：在养老金业务方面，宏利协助养老金雇主客户，为其雇员提供额外理财建议服务。宏利设立了一个全面的计划，被称为"PlanRight"，由宏利聘请的持牌非委任投资顾问组成的专职小组提供支援。PlanRight 顾问会与客户雇员进行面对面的咨询会议，帮助他们规划广阔的财务愿景、提供建议并指导他们选择适当的财富解决方案，以帮助他们实现个人财务目标。

---

① https：//www. manulifesecurities. ca/clients/resources/investor – education. html。

② http：//events. snwebcastcenter. com/manulife/GBRS/Prod/PlanRight/Sponsor/en/our – services. shtml。

（六）对中国的借鉴和启示

1. 投资者教育

（1）推出全国投资者教育策略并投入资源来推动战略发展

为了确保中国全方位提升投资者教育水平，中国可借鉴加拿大政府的做法，制定明确的国家层面的投资者教育战略，并投入大量资源以确保该等战略的实施与成功。中国可考虑建立投资者教育的专业政府部门、任命一位或多位经验丰富的项目负责人以及建立全国投资者教育知识指导委员会。设立这些不同的部门或角色可确保多个机构包括政府部门、行业协会、雇主和金融企业之间的协同，共同协力推动投资者教育和保护相关的认知活动的推广。

（2）增加全国投资顾问数量

表 9　中国与加拿大平均投资顾问潜在覆盖人口

	中国	加拿大
国家人口	14 亿[1]	3 800 万
投资顾问	350 000	110 246
平均投资顾问潜在覆盖人口*	4 000	345

注：* 平均投资顾问潜在覆盖人口＝国家人口/投资顾问。

与加拿大的 11 万（其中约 8 万 MFDA[2]、约 3 万 IIROC[3]）投资顾问相比，中国证券业拥有约 35 万从业人员[4]，是加拿大的三倍，但是由于中国的人口是加拿大的大约 35 倍，中国的平均投资顾问潜在覆盖人口（约 4 千人）远远高于加拿大（345 人）的平均投资顾问潜在覆盖人口，这显示

---

① 资料来源：世界银行，截至 2018 年 12 月 31 日。

② https：//mfda. ca/about/。

③ https：//www. iiroc. ca/investors/Documents/what - do - you - know - about - your - financial - advisor_ en. pdf。

④ https：//www. 233. com/zq/xinde/201910/16170302506. html。

中国的投资顾问人数拥有巨大的增长空间，以充分支持中国不断增长的金融顾问服务需求。投资顾问是投资者教育的老师，能够与大众密切互动，因此增加投资顾问人数会提高中国整体的投资者教育水平。

（3）更多雇主参与第二支柱养老金，提升雇员长期储蓄和理财观念

表10　中国与加拿大养老金计划参与数据

	中国 – 企业年金①	加拿大＊②
参与雇员	250 万	330 万
参与雇主	9.6 万	8.8 万

注：＊私人企业雇主养老金计划，包括 DC RPP、团体 RRSP、DPSP、EPSP（雇员利润分享计划）、团体 TFSA、RIF（Registered Retirement Income Fund）/LIF（Life Income Fund）、IPP（Individual Pension Funds）、PRPP/VRSP（Voluntary Retirement Savings Plans）、其他 CAP。非 RPP – DB 计划。

在私人机构领域里，加拿大的第二支柱 RPP 计划的参与雇员人数高于中国的第二支柱企业年金计划人数。这体现中国的私人机构在第二支柱参与率低。为了推动中国在第二支柱的雇员参与率，中国可增加雇主参与性，手段包括向雇主宣传建立雇员养老金计划对雇主的好处、强制雇主为雇员在第二支柱养老金供款等。

（4）推出享有税优和多元化的第三支柱产品，鼓励普通市民通过其计划作存款与投资

我们注意到，中国政府已经开始推动第三支柱的发展，如在 2018 年中国推出了个人税收递延型商业养老保险试点和近期中国允许金融市场供应养老目标基金。为了确保未来中国第三支柱的成功发展，中国政府可考虑介绍更多个人的投资计划，该等计划可含税务优惠、产品多元化、灵活可携带等特征，来吸引大量民众的参与。

---

① 2019 年全国企业年金基金业务数据。

② Investor Economics – "2019 年 Group Retirement Savings and Pensions" 报告，第 8 页。

（5）引入专业外资参与中国投资者教育

外资金融服务公司大部分都把投资者教育融合在其产品和客户服务里。通过开放和引入外资参与到中国的金融服务和养老金业务，不同外资可分享国外投资者教育的最佳实践案例，并将其引入中国市场里，例如根据不同的客户生命周期需求来提供适当的产品和投资者教育，举办知名度高和具有吸引力的投资者教育活动等。外国公司不仅会向中国分享很多它们多年以来所积累的投资者教育经验，其本身的参与行为也将促使当地金融公司开发或改善它们现有的投资者教育相关的项目。这都将有利于整个国家的投资者教育发展。

2. 投资者保护

在金融监管框架方面，没有一个放之四海而皆宜的标准及框架。中国采用中央级别的机构监管与功能监管相结合的模式（"一委一行两会"，即国务院金融稳定发展委员会、中国人民银行、中国银行保险监督管理委员会和中国证券监督管理委员会），而加拿大采用省级监管模式。这两种模式都有其历史和文化原因，并根据各自国家的政治与金融体系特征得以形成。与加拿大类似，中国也会不断推出新的立法或进一步修订相关法律法规、条例等，进一步完善国家及地方层面的投资者保护。

一个国家的投资者保护标准会随着证券行业规模的增长进一步提升，因为整个行业会受到更大压力以确保所有投资者得到保护。此外，一个规模大和持续增长的行业，由于具有巨大的金融商机，会吸引质量高的参与者（分销商和投资顾问），并为监管机构吸引更多的优秀行业专业人士，以帮助建设更完善的监管框架并促进证券行业健康和可持续的增长。通过加拿大的案例研究，我们可以看到该国经历了以上的发展过程，包括实施更多的监管条例，提高分销商和投资顾问的专业水平（如 II-ROC 和 MFDA 牌照），以持续改善投资者保护。我们预测，在中国证券业的增长过程中，与加拿大相似，中国也会不断提升投资者保护方面的能力，实施更多的金融监管措施，并同时提高当地分销商和投资顾问的职业行为与要求。①

中国台湾地区投资者教育案例

富邦华一银行　王文锋　邱泽惠　纪睿坤

一、中国台湾地区案例分析

随着台湾地区民众消费及投资风气改变和 2005 年起台湾地区发生的卡债风暴，以及 2008 年 9 月雷曼兄弟宣告破产等，加强风险管理及投资人保护，已是全球投资人教育刻不容缓的课题。台湾地区金融教育已渐被重视，特别是在培养年轻一代正确金融观念的教育训练上，台湾地区的政府单位、非政府单位与部分金融机构纷纷开办年轻一代的金融训练课程。

（一）台湾地区各主体和主要方式

台湾地区鉴于原金融集团跨行合并式与异业结盟者日渐增多，为避免保险、证券、金融等多元监理制度所可能产生叠床架屋的管理问题，于 2004 年 7 月 1 日起，新设"行政院金融监督管理委员会"（以下简称"金管会"），以实践金融监理一元化目标。

"金管会"以各种途径为投资者提供便民服务，主要包括以下几种途径：提供民众陈情或检举专线，检举范围包括金融服务业、财务违失等事项；提供民众不实谣言检举窗口；提供民众 24 小时紧急通报专线，供投资者或一般民众咨询或申诉银行、证券期货、保险等业务及金融消费争议、金融债务协商等事项，反映银行业重大突发性金融事件；特别设立"1998 金融服务专线"以方便民众在涉及金融消费及业务需要咨询服务时，可以快速得到专人服务。

2002 年，台湾地区专门成立了"证券投资人及期货交易人保护中心"（以下简称"投资人保护中心"）。该中心系依投资人保护法设立的财团法人保护机构，除负责提供投资人证券及期货相关法令的咨询及申诉服务、买卖有价证券或期货交易因民事争议的调处外，亦为投资人提起团体诉讼或仲裁求偿，并针对证券商或期货商因财务困难无法偿付的问题，设置了保护基金办理偿付善意投资人的作业。

台湾证券交易所积极开创各项多元方式服务投资人。我们身处信息充斥且快速变化的网络时代，因此台湾证交所不断推陈出新，提供包括证交所官网、公开资讯观测站、基本市况报道、网络信息商店、影音传播网、投资人知识网及证交所 Facebook 粉丝专页等在内的多元网络平台，以供投资人查询信息与学习知识，快速实时且不受地区限制地服务投资人。

为散播金融知识种子，近年亦不遗余力地推广不同客群的证券知识，采用多样化、轻松且活泼的方式办理各项宣传及推广活动，尝试从民众日常生活场合及习惯中，发掘可以拉近与社会大众距离的渠道。目前台湾证券交易所依倡导对象推广，可分为校园倡导及社会倡导两大部分：校园倡导部分，包含办理大专院校金融讲堂、全国教师研习营、青少年理财营、校园证券智能王知识竞赛等；社会倡导部分，包含设置"虚拟投资人阅览室"，提供网络查询各项证券开户或事务数据、办理网络闯关有奖征答活动、印制证券知识倡导漫画、拍摄证券投资教育倡导短片等，提供学习正确证券知识的多元管道。

1. 影音专区—知识篇

台湾证券交易所官网设有专门的影音专区，以动画的形式提供认购权证、台湾存托凭证、指数型股票基金等金融基础知识科普，寓教于乐，通俗易懂，并辅以古代和现代两个动画科普版本，清晰地展示各类金融概念的发展历史，并提供小测验供投资者检验自学效果。

2. 电子书专区—宣导画册

台湾证券交易所官网设有电子书专区，以漫画的形式科普证券市场的认知、ETN 投资知识、证券投资观念（包括反洗钱、逐笔交易、除息除权、长短线投资、定期定额等）、黄金股商品的类型特性、ETF 商品类型、防范金融风险等，寓教于乐，为青少年的投资者教育提供了丰富的资源。

3. 设立影音教学专区

台湾证券交易所官网设有影音教学专区，提供各类投资知识的直播以及回看，直播内容紧跟市场变化，为投资者提供各类丰富的学习资源。

4. 设立社区大学讲座

台湾证券交易所定期与全台湾各小区、大学等单位合作办理讲座，规划精彩主题，让普通民众更了解金融知识，开展金融投资者教育。课程内容主要包括：基金投资与目标到期债券基金、退休理财大解析、股东必须了解的公司治理制度、防范金融诈骗保障投资权益、与股票市场的初次接触、理财与报税。

5. 提供"虚拟投资人阅览室"

台湾证券交易所为投资人提供服务不打烊的网络平台，投资人可进入阅览室，轻松浏览查询专区，包括"投资人个人资料查询区""指数股票型基金区""台湾证券交易所 FB"及"倡导文宣资源区"等专栏，更提供可受理投资人宝贵意见或陈情的"民意信箱"，以便实时快速响应各方意见。

台湾证券交易所竭诚且贴心服务于投资人，一步一脚印，踏实又创新地使证券市场更贴近投资大众。

鉴于一般大众购买金融服务业所提供的金融商品及服务的日益普遍，

而金融服务业所提供的金融商品及服务形态日趋复杂专业，金融消费者与金融服务业在财力、信息及专业面实质不对等，容易发生交易纠纷。一旦发生相关争议，若遵循司法途径，救济所耗费成本不符经济效益，因此有必要在诉讼途径外提供金融消费者一具金融专业且能公平合理、迅速有效处理相关争议的机制。

财团法人金融消费评议中心更专门为投资者设立教育宣导园地，使投资者更了解金融知识，设立内容如下：

1. 举办校园巡回讲座，守护投资者金融消费权益。

财团法人金融消费评议中心积极举办校园巡回讲座，宣传推广金融消费者保护相关法规，旨在帮助在校青少年增强金融诚信意识，提高金融风险防范和自我保护能力，履行社会责任，为优化地区金融环境、维护金融安全作出贡献。

2. 财团法人金融消费评议中心为投资者提供金融争议案例分享，以案释法，使投资者更加直观地了解如何保护消费者自身权益。

3. 财团法人金融消费评议中心提供影音媒体专区，包括微电影、宣导短片、广播等，使投资者更加生动形象地了解金融知识，保护消费者权益。

台湾地区银行机构近年来不仅向一般成人民众推广金融知识及权益，更把教育触角延伸至儿童及青少年，深信所有的观念及习惯多是从小养成，引导小朋友建立正确金钱价值观，在未来能有智慧地运用金钱，避开风险，实现自我理想。

以下案例为台北富邦金控为儿童提供的教育服务。

1. 动画影片

台北富邦金控采用一系列影片向儿童推广理财教育，强调金钱观念、信用观念以及网络诈骗的重要性，确保儿童从小具备金融基本知识。

2. 桌上游戏

台北富邦银行与富邦文教基金会联手研发各式各样的创意金融教材，并于 2004 年研发《富邦勇者传说》桌上游戏，让儿童从游戏中加深理财观念，借此达到寓教于乐的目的。《富邦勇者传说》是一个追寻梦想、挑战任务、学习理财知识的冒险游戏，鼓励玩家了解到财富不只是有形的资产，更包含许多无形资产。该游戏适用年龄为 9 岁以下儿童，需由家长及老师陪伴。

3. 网站上提供儿童与生活相关理财知识

台北富邦银行网站上提供简而易懂的理财观念，使儿童更能加深理解，并运用在日常生活中。以下为网站文教内容：

好习惯（1）：每天记录收入与支出

现在文具店或书局都有可爱精美的记账本（或称为收支簿），小朋友也可以自己准备一本空白笔记本，注明"日期""收入""支出"以及"结余"，就可以当做记账本。如果今天领到了 20 元，买了一个橡皮擦 10 元，还剩下 10 元，就应该在"收入"写上零用钱 20 元、"支出"为买橡皮擦的 10 元、而"结余"就是指剩下的 10 元。如此一来，就能清楚知道是收入多、还是支出多，也知道有没有乱花钱了。

好习惯（2）：随时储蓄累积银行存款

小朋友在家可以准备一个存钱罐，把爸爸妈妈给的零用钱，或帮忙做家事得到的奖励金存进去，等累积到一个数目后（如 500 台币或 1 000 台币），再请爸爸妈妈帮忙存进账户里，帮助小朋友理解储蓄的概念。

好习惯（3）：定期检视存折与收支

教育小朋友，不仅要养成每天记账与定期到银行存钱的好习惯，还要记得定期检视收支的情况，如果发现花钱的速度比存钱还快，或只是把钱存着而未好好地运用，都不是正确的理财方法。

4. 金融机构为儿童举办暑期夏令营活动

年轻一代是国家未来的栋梁，金融教育若能越早接触越好，由儿童开始在教育及生活方面做起，将可使国民从小养成正确的金钱观念或理财理念，更可以减少成人后，在日常生活中修正错误所付出的代价。

早在1998年，台北富邦银行已体会到金融智能教育的重要性，亦是台湾第一家率先办理儿童理财夏令营的金融机构，目前已超过4 500名学员结业。随着行动通讯、社群媒体、云端科技技术日益发达，台北富邦银行更增加了"行动理财大对决"课程，内容包含数字金融的应用、网络金融安全等，让儿童在分组竞赛中充分了解当前最新的数位动脉。

（二）投资者结构、金融素养水平

目前台湾地区投资者结构，分为四大块：台湾地区自然人、非台湾地区自然人、台湾地区法人、非台湾地区法人。

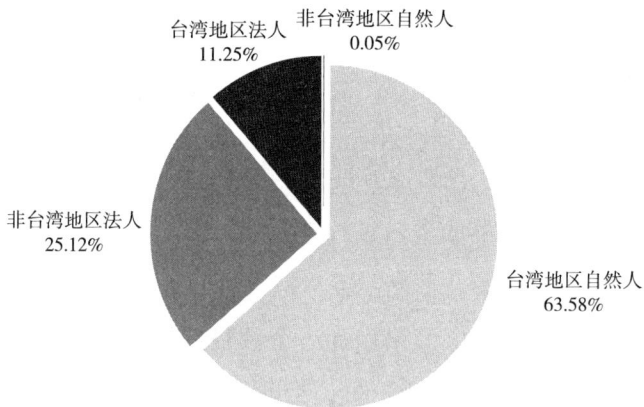

图1 台湾投资人类别交易比重

（资料来源：台湾证券交易所）

根据台湾证券交易所数据（截至2020年4月30日）显示，目前台湾地区自然人交易比重最为显著（63.58%），其次是非台湾地区法人（25.12%），而非台湾地区自然人比重最小。

金融服务机构必须在销售前了解客户及风险承受的能力。以下为证券投资信托基金履行销售主要情况：

1. 客户基本信息

台湾地区金融机构要求自然人客户提供如下信息：姓名、身份证号、性别、国籍、受教育程度、婚姻状况、行业（列举多个行业供勾选）、家庭年收入、理财经验、投资目的、可承受价格波动程度、投资资金来源、常用的投资工具等。

2. 客户风险承受能力

台湾地区金融机构业者采用问卷方式，对客户进行风险承受能力评估，并按照金融服务业者提供的对照表确定自己的投资者类型（保守型、稳健型、积极型）及适合投资的产品风险等级。

二、中国大陆投资者教育和保护现状及改进建议

（一）投资者教育和保护的定义及目的

按照国际证监会组织的定义，投资者教育即针对个人投资者进行的有目的、有计划、有组织的系统社会活动，其最终目的是培养投资者理性的投资理念和习惯，从而保护投资者自身的合法权益和利益，促进资本市场的稳定运行。国际证监会（IOSCO）将"保护投资者"列为对资本市场的三大监管目标之首，并设立专门的中小投资者委员会。

（二）大陆投资者保护的法规发展

大陆的证券市场于 1989 年开始试运行。1994 年以前，证券市场主要由国务院出台的有关条例进行规范，投资人保护制度也大多由这些条例规定。1994 年之后，《公司法》《证券法》《证券投资者保护基金管理办法》

等与投资人保护相关的法律相继制定和实施，将有关中小投资人保护的法规规章以国家立法的方式确认。为保护投资人权益，各种通知不断以国务院或者证监会的名义下发，如《关于发布〈上市公司股东大会规范意见〉的通知》《关于发布〈关于在上市公司建立独立董事制度的指导意见〉的通知》等。2006 年大陆证券市场进入又一个活跃期，投资人保护的问题也日益严重。为此，大陆重新修订实施《公司法》《证券法》以及《刑法修正案（六）》。同一时期，《中小企业板投资者权益保护指引》等法律法规也颁布实施。这些法律法规的修订与颁布标志着大陆的投资者保护机制的制度设计开始进入一个相对成熟阶段。为进一步保护投资人权益，国务院办公厅 2013 年末发布了《国务院办公厅关于进一步加强资本市场中小投资者合法权益保护工作的意见》（"新国九条"），针对长期以来投资人保护中存在的突出问题，构建了资本市场中小投资人权益保护的制度体系，成为指导大陆证券市场中小投资人权益保护工作和促进资本市场持续健康发展的纲领性文件。

2005 年 8 月，中国证券投资者保护基金有限责任公司（简称中投保）注册成立，主要应对证券公司倒闭破产引发的投资者债权损失风险。2011 年底，中国证监会投资者保护局（简称投保局）正式成立，并负责投保基金的业务监管。中国证监会投保局的一项重要任务就是督导并促进投资者教育服务。2016 年 12 月 12 日，中国证监会发布《证券期货投资者适当性管理办法》（证监会令第 130 号，以下简称《办法》），这是中国资本市场首部专门规范适当性管理的行政规章，是投资者保护领域的基础性制度。2018 年 4 月 27 日，中国人民银行、银保监会、证监会、外管局联合印发的《关于规范金融机构资产管理业务的指导意见》（银发〔2018〕106 号）（以下简称《资管新规》）中着重强调了打破刚性兑付，标志着资管业务进入了"去杠杆、调结构、控风险"的资管新时代。2019 年 3 月，中国证监会与教育部联合印发《关于加强证券期货知识普及教育的合作备忘录》，标志着持续推进投资者教育纳入国民教育体系。2020 年 3 月 1 日，《中华人民共和国证券法》（以下简称新《证券法》）进行了重新修订，突出强调了投资者权益保护，特别是中小投资者权益保护这一主线，并在第六章新设"投资者保护"专章。新《证券法》的实行大大加强了对投资者的保护。这一系列的法规的建立和修订表明了监管部门对投资者适当性管理和保护制度正在逐步形成体系。

（三）大陆投资者教育现状

目前我国投资者教育活动的主体可以主要划分为以下三大类：一是金融监管部门（一行两会）和各交易所（证券交易所、期货交易所）、各类行业协会（证券业协会、基金业协会等）；二是金融机构（证券公司、期货公司、基金公司、银行、信托公司、保险公司等）；三是基础教育单位（小学、初中、高中）、高等院校（大学）、各类媒体（电视台、报纸、网站等）以及其他第三方机构。根据《我国证券投资者教育的效率分析与制度建构》课题组 2019 年发布的中国投资者教育现状调查报告显示，我国投资者教育主要呈现以下四大趋势：

1. 投教主体呈现多元化发展趋势，媒体力量在投教工作中崭露头角

调查数据显示，2019 年我国投教主体的整体发展呈现多元化趋势，多层次、系统性的投教体系已初具雏形。金融机构仍是我国投资者教育的主力军，投资者对金融机构投教工作的知悉度、参与度与满意度都最高。值得注意的是，媒体力量在投教中的作用逐渐凸显，在所有主体中仅次于金融机构排名第二，表明媒体已成为我国投资者教育多层次主体中的重要一员。

2. 金融机构上下一体的"金字塔"投教网络初步形成，投教人员专职率显著提升

问卷数据显示，金融机构开展投教工作的除了专职投教人员外，还有投资顾问、财富顾问、理财规划师、客户经理以及其他不同岗位人员，表明金融机构已经初步形成了上下一体的"金字塔"投教网络。同时，在开展投教工作的人员中，专职从事某一项投教工作的人员占比从2018年的34%提升到了2019年的37.55%，投教人员的工作更加专职化、专业化。

3. 施教者的"教师资质"与责任感意识均达到合格标准

问卷调查数据表明，金融机构具体实施投资者教育工作的人员中，85.04%的投教人员学历为本科及以上，且基本具有财经教育背景；77.46%的投教人员受过投教专项培训。调查评估数据显示，作为施教者的员工专业金融素养得分达3.28分（总分5分），远超投资者专业金融素养均分2.13分，体现出施教者的专业性，表明目前金融机构的投教人员具备开展投教工作的基本资质。

4. 投资者教育呈现"互联网化"特征，投教内容要求"精益求精"

数据显示，分别有70.64%与65.79%的投资者偏好通过"新媒体"（网站、QQ、微信、论坛、微博等）与"金融机构交易终端"等渠道接受投资者教育，使我国投资者教育形成了明显的"互联网化"特征。但是仍有57.44%的投资者偏好通过"教育机构的课程或讲座"接受教育，说明线下施教依然是投资者教育的重要渠道。

（四）台湾地区投资者教育和保护对中国大陆的借鉴和启示

目前，大陆资本市场投资者数量高达1.6亿，其中95%以上为中小投资者。他们不仅是市场的参与者，更是提升市场活力的关键要素。建构和完善投资者保护制度体系，是深化资本市场改革的必要条件，也是维护市场稳定的前提基础。既要重视资本市场直接融资功能，又要注意投资者保护，二者不可或缺。

台湾地区较早建立了多层次资本市场，满足了不同层次企业的发展需求，吸引了很多高科技企业上市，促进了台湾地区高科技产业的发展。同时，台湾地区资本市场非常重视投资者教育和保护工作，促进了投资和融资的平衡发展。台湾地区金融业的集中监管与稳健的对外开放政策也为台湾地区资本市场的发展与国际地位奠定了良好的基础。综合来看，台湾地区的投资者保护活动教育工作有很多发展经验都值得学习和借鉴，本文主要讨论以下几个方面的建议。

1. 投资者保护方面

如前文所述，目前大陆地区关于适当性义务的规范主要以不同类型的"卖方机构"为视角，且主要集中在部门规章和自律规则层面，效力层级较低，在法律层面的落实尚处于起步阶段。参考台湾地区立法经验，随着大陆地区功能监管、行为监管机制的完善，未来或可在现行《证券法》《证券投资基金法》《资管新规》等规范和实践基础上，从不同金融产品中抽象出统一的基本要求，推进金融消费者保护或金融商品交易在法律或行政法规层面的特别立法，从而实现适当性义务在不同类型卖方机构间的统一。

2. 投资者教育方面

（1）重视培养投资者的理财意识

台湾地区机构投资者教育、财商培养项目通常都是建立在大众对理财重要性与必要性的认知基础上的。开展投资者教育的机构在进行知识普及之前都会告知投资者学习投资理财的必要性、进行财务规划或投资理财的原因与好处，帮助投资者树立健康的理财观念。日常生活中，家庭、学校、社区等也会积极参与投资理财的启蒙或培养活动。例如，设计相关寓教于乐的活动，从小培养儿童的金钱意识与理财思维；相关机构指导教师在学校开展财商教育；举办"理财月"活动，通过多种形式如商场活动、电视节目等，向市民介绍与宣传理财知识，营造全民参与理财的活跃氛围。通过各种方式引起大众对理财的兴趣与重视，让大众认识到投资理财与自身生活息息相关，有助于培养他们深入学习投资理财相关知识、进行财务规划的热情。

（2）重视投资者的需求与体验

台湾地区的投资者教育并不是由专业机构或教育机构进行单向的知识输出，而是基于对投资者的了解，站在投资者的立场，以投资者需求为出发点开展教育。例如，通俗易懂的文字材料，让每个投资者都能读懂晦涩难懂的金融知识；很多金融知识的普及围绕着投资者的生活场景展开；重视投资者的反馈，如台湾地区"金管会"特别设立的"1998 金融服务专线"等。大陆的投教机构可参考台湾地区的经验，将大众消费、储蓄、投资与理财、财务规划等相关场景罗列，根据对应的场景梳理需求，比如把人的生命周期分为不同的阶段，再根据每个场景或阶段的需求策划内容，把相关的金融知识和大众生活紧密地结合起来。

（3）利用丰富的资源，开展多元的投教活动

台湾地区的投资者教育采取线上与线下相结合的方式，开展的形式丰富多样，包括出版刊物、视频教学、游戏、模拟体验、线上交流、知识竞赛、专题活动等，且多方机构共同参与，各自发挥自己的专业优势，重视营造良好、专业投教氛围，多维度、全方面地将投资者教育融入大众的生活中。大陆或可参考台湾地区投教机构的多元化活动开展方式，充分利用各路资源，将投资者教育制度改进的重点放在创新投资者教育的内容、形式和方法上。金融机构应当结合行为经济学的研究成果，分析投资者行为偏好的影响因素，将投资者教育的内容重点放在投资知识和理解、金融技巧和能力上，采取互动性强的教育方式。证券业协会、证监会和交易所应当对好的教育方式进行宣传和推广。此外，大陆或可整合投资者教育内容，建立全行业的投资者教育网站。目前，中国证监会及派出机构、保护基金、证券业协会等均在其网站开设了投资者教育栏目，但各自分散在不同的网站上。建议将各个机构、单位网站上相对独立的投资者教育专栏进行统一管理，统筹网上教育资源，建立一个全国性、行业性的投资者教育网站，发挥监管部门和行业的合力，加强投资者教育。